FEDERICO GARCÍA LORCA

Poesía completa

❧

Federico García Lorca, considerado uno de los escritores españoles más influyentes de todos los tiempos, nació en Fuente Vaqueros, Granada, en 1898 y murió fusilado en agosto de 1936. Se licenció en Derecho en la Universidad de Granada, donde también cursó estudios de Filosofía y Letras. En 1919 estuvo en Madrid, en la Residencia de Estudiantes, donde convivió con parte de los que después formarían la Generación del 27, y en 1932 dirigió la compañía de teatro La Barraca. En poesía, sus obras más emblemáticas son el *Romancero Gitano*, donde el lirismo andaluz llega a su cumbre y universalidad, y *Poeta en Nueva York*, conjunto de poemas, adscritos a las vanguardias de principios del siglo XX, escritos durante su estancia en la Universidad de Columbia. Entre sus obras dramáticas destacan *Bodas de sangre*, *La casa de Bernarda Alba* y *Yerma*.

PRIMERA EDICIÓN VINTAGE ESPAÑOL, NOVIEMBRE 2012

Copyright © Herederos de Federico García Lorca

Todos los derechos reservados. Publicado en los Estados Unidos
de América por Vintage Español, una división de Random House,
Inc., Nueva York, y en Canadá por Random House of Canada
Limited, Toronto. Esta edición fue originalmente publicada en
España en tres partes distintas por Random House Mondadori,
S. A., Barcelona, en 2003. Copyright © 2003 por Random House
Mondadori, S. A. Copyright de los prólogos © 2003
por Miguel García-Posada.

Vintage es una marca registrada y Vintage Español y su colofón
son marcas de Random House, Inc.

Los textos proceden de *Obras Completas* (edición de Miguel García-
Posada), 4 vols., Galaxia Gutenberg-Círculo de Lectores, Barcelona,
1996–1997, salvo *Poeta en Nueva York*, que ha sido reordenado y
corregido según el original aparecido en 1998. Hemos tenido tam-
bién en cuenta la edición de C. Maurer, Granada, 2001.

Información de catalogación de publicaciones disponible en la
Biblioteca del Congreso de los Estados Unidos.

Vintage ISBN: 978-0-307-47575-6

www.vintageespanol.com

Impreso en los Estados Unidos de América
10 9 8 7 6 5

Poesía completa

FEDERICO GARCÍA LORCA

Edición y prólogos de Miguel García-Posada

Vintage Español
Una división de Random House, Inc.
Nueva York

ÍNDICE GENERAL

Primeras canciones

De «Suites»

Canciones (1921-1924)

SEGUNDA PARTE

Poemas en prosa

Poeta en Nueva York

NOTA DEL EDITOR

Esta edición recoge la producción esencial de Federico García Lorca, aquella que fue el centro de su actividad creadora y contó con su autorización o con su visto bueno, salvadas algunas y accidentales excepciones. En esa confianza ponemos al alcance del lector *la poesía completa* del gran poeta español.

Poesía completa

PRIMERA PARTE

PRÓLOGO

La poesía de Lorca

En 1933, Federico García Lorca pronunció en Buenos Aires y Montevideo su conferencia «Juego y teoría del duende». Se trata de una teoría de la cultura y del arte español, pero también de una poética, en condensada y hermosa síntesis. El texto describe tres figuras, que son otros tantos conceptos fundamentales: la musa, el ángel, el duende. La musa es la inteligencia y explica la poesía de Góngora, y el ángel es la gracia, la «inspiración»: en ella tienen su origen la poesía de Garcilaso o la de Juan Ramón Jiménez. ¿Y el duende? Lorca delimita las diferencias con toda precisión:

> Ángel y musa vienen de fuera; el ángel da luces y la musa da formas [...] Pan de oro o pliegue de túnicas, el poeta recibe normas en su bosquecillo de laureles. En cambio, al duende hay que despertarlo en las últimas habitaciones de la sangre.

El ángel, la imaginación, y la musa, la inteligencia, son exteriores al fenómeno poético profundo, ese que nos pone en contacto con los centros últimos de la vida. De ahí la definición, que Lorca da y que relaciona al duende con la consciencia trágica del vivir:

> [...] el duende no llega si no ve posibilidad de muerte, si no sabe que ha de rondar su casa, si no tiene seguridad que ha de mecer esas ramas que todos llevamos y que no tienen, que no tendrán consuelo.

Y añade poco después:

> [...] el duende hiere, y en la curación de esta herida que no se cierra nunca está lo insólito, lo inventado de la obra de un hombre.

El duende es, pues, «el dolor mismo, la conciencia hiriente y no resignada, del mal o de la desdicha» (Marie Laffranque). Lorca supera las poéticas descriptivas. El arte, la poesía, busca la revelación de la realidad profunda, esencial. Cierto, al formular su poética del duende estaba también definiendo su posición estética de los años treinta, cuando dejó atrás posiciones en teoría más racionalistas, como las que suscitaron su fervor gongorino de 1926-1927. Pero también es verdad que muy pronto, fuera o no consciente por entero del fenómeno, la poética del duende marcó todo su arte. De ahí la cantidad de elementos irracionales, mágicos, que lo pueblan.

Hay en casi toda su poesía un clima sonambular, de irrealidad, de sueño, que la baña, recubre y llena de misteriosa fascinación. El poeta que alumbra el mito de la luna que rapta al niño en el romance inicial del *Primer romancero gitano*, estaba habitado por fuerzas irracionales, oscuras, que lo llevaron a la cristalización de fórmulas imaginativas insólitas en la poesía contemporánea. Y obliga a pensar en los grandes plásticos del siglo: el Picasso de los minotauros y el *Guernica*, Marc Chagall y sus ideaciones de la vida judía, cierto Miró. Cabe explicar así la singularidad de Lorca, dueño siempre de una técnica refinada y, sin embargo, viajero al mismo tiempo por los últimos fondos de lo real y lo ultrarreal, sea el terror de la historia y el terror de la muerte, la fascinación del deseo y la fascinación de los límites, «las cosas del otro lado». La técnica es un mero soporte, nunca un fin. El gran imaginativo no se desborda; sus metáforas son precisas, nítidas, pero es claro que el poeta no se agota en ellas, como le ocurre a Góngora. Cuando se proclama en el «Romance de la Guardia Civil española» que «La media luna, soñaba / un éxtasis de cigüeña», no se trata sólo de la imagen zoomórfica, sino de la presencia de la luna creciente en el cielo de los gitanos: luna inquietante, si no maléfica, reina de la vida y de la muerte, que ilumina la ciudad, perfecta pero a punto de ser destruida.

Lorca, podríamos concluir, es un poeta simbólico, sí, pero no se trata sólo de eso. Es la comunión de cielo y tierra, la proximidad de lo alto y lo bajo, la percepción continua de una realidad más vasta, todo ello bajo la dirección de un instinto verbal que sorprende al lenguaje en su intersección, arbitraria pero operativa, con los grandes planos de las cosas.

Ardiente de inspiración, precisa de formas, esta poesía es el resultado de una escritura que hubo de confrontarse con las tradiciones y los cánones vigentes cuando su autor compareció en la literatura española. El modernismo había entrado ya en decadencia, aunque siguiera dominando el gusto poético mayoritario, y por eso casi toda la poesía juvenil es modernista. Con Rubén Darío, y en buena medida a través de Rubén Darío, a quien admiró mucho, asimiló la lección de los simbolistas: Baudelaire, Rimbaud, Verlaine y Lautréamont, que resuenan en sus primeros textos. Desde antes quizá conocía también a Victor Hugo, entonces muy difundido en España.

Pero las fuentes no bastan para explicar a un escritor. Y el hecho es que algunas composiciones del *Libro de poemas*, las más tardías, muestran ya una voz diferenciada, perfilada en sus elementos básicos, aunque carezcan todavía del resplandor de la madurez. Esa primera voz singularizada procede de la magistral asimilación de los ritmos (neo) populares. La poesía española vive ya en pleno posmodernismo, pero nadie se había adentrado antes por estos caminos como lo hizo Lorca, seguro en su recreación de ritmos y formas de la tradición. La confirmación de que los hallazgos no eran casuales se produce en 1921, el primer año de la primera madurez lorquiana. El Lorca del veintiuno posee ya un universo propio en visión y en expresión. Evolucionará, sí, pero no cambiará en lo sustancial, pues su universo se presenta como una maraña de temas, motivos y símbolos que se repiten e imbrican con admirable fidelidad.

La *frustración* es el tema central. Todo este universo se alimenta de esa sustancia última, por más que su manifestación se produzca en planos muy diversos. Son los jinetes que galopan sabiendo que nunca llegarán a su destino; es el sueño imposible de la infancia de donde el adulto es desgajado de modo artero; es el tormento de la mujer sin hombre o sin hijos. Este destino trágico se proyecta sobre un doble plano: el metafísico y el histórico, el ontológico y el social. No siempre son disociables, a veces aparecen unidos; pero es necesario señalar su doble naturaleza para la correcta comprensión de un discurso complejísimo. En *Poeta en Nueva York*, por ejemplo, se oyen voces terribles contra la civilización capitalista, pero también los fantasmas del tiempo, la naturaleza y la muerte dejan sentir su presencia oscura. Debe subrayarse esta capacidad del poeta para articular su mundo sobre planos en principio contradictorios. Lejos del optimismo revolucionario, pone su palabra al servicio de todos los oprimidos y marginados, sin mengua de sentirse aterrado ante la amenaza del tiempo, la muerte, y el destino de un mundo azaroso e incierto.

El tema del *amor* es esencial. Energía clamorosa, cósmica, el sexo hace saltar la gran prohibición cultural de Occidente: el incesto, al que remite el romance de «Thamar y Amnón». El amor es inseparable del deseo, pero no puede decirse que Lorca desconozca su dimensión espiritual, según corrobora con precisión la «Oda a Walt Whitman», de *Poeta en Nueva York*, uno de cuyos grandes temas es la agonía del amor en el mundo. Sin duda el poeta se siente fascinado por la expresión erótica del amor, canta jubiloso el frenesí de los cuerpos y se deleita en la descripción de las formas hermosas. Este pansexualismo explica la justificación de la doble opción amorosa, homosexual y heterosexual, que celebra la misma «Oda» donde se legitima que el hombre conduzca su deseo «por vena de coral o celeste desnudo».

Pero el eros y el amor están siempre amenazados, cercados, y se enfrentan de continuo a la maldición y a la destrucción. Una pena oscura, secreta, que supura como una llaga oculta, recorre la poesía amorosa lorquiana más intimista e incluso alcanza a poemas que sólo de manera periférica tocan el tema del amor, hasta el período de Nueva York. Entonces, en la gran urbe, la pena se vuelve desesperación, protesta abierta contra los ultrajes recibidos por el amor. La épica del *Romancero gitano* estallaba ya en todas las direcciones posibles del lamento amoroso, pero eran personajes quienes vivían y decían ese lamento: femeninos, sí, mas también masculinos (el amante abandonado y traicionado de «Muerto de amor»). Después, esa pena, que tiene que ver con la condición homoerótica, vuelve a manar, incontenible, insomne y un sí es no es hermética, de los versos del *Diván del Tamarit*, para volverse canto de felicidad por la plenitud del amor, y dolor de abismos por el temor a su pérdida en los sonetos amorosos.

Otro tema esencial es la *esterilidad*. La renuncia a la perpetuación de la especie posee evidente dimensión trágica. Por eso, la voz lírica clama contra la voz del «amor oscuro», que es estéril: «no me quieras perder en la ma-

leza / donde sin fruto gimen carne y cielo». «Maleza»:
desolación silvestre y estéril. La obsesión de la infancia
perdida encuentra aquí una de sus causas más notables,
pues el otro rostro del niño no engendrado es el niño
muerto de la propia infancia, un niño que se niega a mo-
rir. Los numerosos niños muertos (ahogados y sepultos
sin paz, muy a menudo) que recorren este universo son el
efecto de esa infancia perdida y sangrante siempre.

Corolario inevitable del tema de la *frustración*, la
muerte es otro tema nuclear. Tanto, que Pedro Salinas
pudo afirmar que Lorca siente la vida por vía de la muer-
te. Entre ésta y la vida se produce una tensión constante.
El poeta se muestra fiel heredero de la tradición román-
tica, que lleva hasta sus últimas consecuencias. Él vio a
su duende instalado en el ámbito de las sombras y toda
su obra se presenta como un enfrentamiento continuo a
los poderes maléficos. De ahí que el tema del *carpe diem*
rebrote con tanta intensidad. Por eso, entre otras razo-
nes, nunca es un poeta tétrico. El canto apasionado a la
materia terrestre pertenece a la misma médula de la obra
lorquiana, que celebra todos los elementos naturales de
su germinación y de su plenitud. Amor y muerte. Amor
contra la muerte.

El gran binomio romántico se reencarna en nuestro
poeta, que lo lleva hasta sus últimas consecuencias enla-
zándolo con las corrientes más hondas del existencialis-
mo. «Toda muerte es, en cierto modo, asesinato», escri-
bió su hermano Francisco a propósito de esta obra. Ahí
veía él la causa de tanta muerte violenta en ella, pues la
violencia constituye la verdadera cara de la muerte.
Pero ésta es también un castigo. Lorca la siente en su rea-
lidad más tangible, en la descomposición de los cuerpos
(el «silencio con hedores» del que habla el *Llanto por Ig-
nacio Sánchez Mejías*), y en la nada y el olvido adonde
se precipitan los muertos, vueltos ya materia mineral:

«No te conoce el lomo de la piedra», dice el mismo *Llanto*. Pero a veces este desenlace, con el que se desmarcaba de su primera fe católica, que rescató en varias ocasiones del pasado —así en la «Oda al Santísimo Sacramento del Altar»–, da paso a otra realidad más siniestra, acaso huella al revés, huella culpable, de la fe desaparecida, acaso vestigio también del pensamiento arcaico: la vida de los muertos en la tumba, porque aquí los muertos no mueren del todo e inertes no pierden la conciencia. Fue en Nueva York cuando esta visión se abrió paso como una especie de fulgurante y desolada revelación. Una tradición muy antigua nutría al poeta. Es que el cantor de la vida albergaba también a un metafísico capaz de enfrentarse a los enigmas de la condición humana y del mundo.

Así sucede en su tratamiento del *tema del tiempo*, que lo hace revolverse contra el principio de identidad, pues los hombres pierden día a día sus señas distintivas y, además, el yo es plural. Más aún: todo es aleatorio, arbitrario. Las cosas son lo que son como pudieron ser de otra manera. En este contexto se impone como evidente e inevitable el apartamiento de la fe religiosa que había recibido de niño, sustituida aquélla una y otra vez por la consciencia del desvalimiento de la criatura humana, abandonada en un mundo confuso y oscuro: «El mundo solo por el cielo solo / y el aire a la salida de todas las aldeas», deploran los versos de «Navidad en el Hudson», en *Poeta*. Eso no impide rebrotes ocasionales de la fe cristiana, como la «Oda al Santísimo». En todo caso, la heterodoxia es total: Jesús aparece como el agente de una redención inútil, traicionado por su Iglesia y ajeno el mundo a su mensaje.

Tanta desazón, tanta insistente lucidez, no consiguieron anular la presión de la historia sobre la obra lorquiana. No practicó Federico la prédica política al modo de algunos compañeros de generación. En realidad, rebasa –más que rechaza– los planteamientos doctrinales, destinados a concitar adhesiones. Pues la verdad es que, sin teñir su poesía de otro color que no fuera el poético, pocos poetas como él han llevado a sus versos el tema de la revolución y su cara opuesta: la represión, la reacción. He ahí el «Romance de la Guardia Civil española», que se anticipa al delirio plástico del *Guernica*. Poco más tarde, en el Nueva York sacudido por los primeros síntomas de la Gran Depresión, Lorca profundizaba su visión social y política. Enfrentado con el rostro más duro del capitalismo en crisis, profetizaba la invasión de la ciudad –la civilización– por la naturaleza enfurecida, que brotará de entre sus ruinas. Su instinto lo llevó a trascender el folclore negro y a ver la raza negra como la víctima que era –y eso en tiempos en que la mentalidad colonial dominaba a buena parte de la *intelligentsia* europea–, y denunciar a los blancos y apelar a su exterminación en nombre de la naturaleza escarnecida y humillada, con la que comulgan los negros («El rey de Harlem»), y a la que se adscriben también los «pequeños animalitos», que se hallan sometidos al holocausto de la sociedad industrial («Nueva York. Oficina y denuncia»).

Este rico complejo de temas se encauza a través del lenguaje más peculiar de todo el siglo en lengua española, cuya creación es a buen seguro la máxima hazaña del autor. Un rasgo lo define: es un *discurso de lo concreto*, que renuncia a la expresión conceptual, abstracta, especulativa. El mundo es contemplado desde y por una conciencia que cabría calificar de sensorial. De ahí la importancia de la metáfora y la personificación. El poeta debía ser, según señalaba él a propósito de Góngora, «profesor en los cinco sentidos corporales», con la vista en primer lugar. Esta participación de los cinco sentidos hace que todo se anime, esté o parezca vivo. El mundo se tiñe de verde, como sucede en el «Romance sonámbulo»; la luna es una dama del novecientos con polisón de nardos, resplandeciente en su halo luminoso, según el «Romance de la luna, luna»... Esta animación de lo existente elimina toda dimensión tétrica, sumido el lector en esa sinfonía de verdes, damas lunares, vientos-sátiros, navajas como peces, montes gatunos, ríos de la fantasía, caballos de la soledad. Nadie en el siglo XX, al menos en castellano, ha ido más lejos que Lorca en esta poetización del discurso. Sus efectos son inmediatos: comulgamos con esta poesía, nos hacemos una con ella, al margen de sus contenidos, más allá de sus perspectivas doctrinales o ideológicas.

El sortilegio se apoya en la retórica. En primer lugar, en la metáfora. Lorca es un gran metafórico. Tuvo maestros modernos: Ortega, Gómez de la Serna. Con todo, su gran maestro fue Góngora. De él aprendió a ser profesor en los cinco sentidos; de él recibió la gran lección de un discurso que era, antes que nada, poético y en él aprendió a metaforizar mediante la elaboración compleja de los referentes, fruto de la escasa tangencia entre los planos relacionados, y la elusión del plano real, así como también de él aprendió la alusión.

La compleja elaboración afecta también al tejido discursivo. Lorca maneja con maestría la elipsis, la condensación expresiva. Sean los versos del «Romance sonámbulo»: «Barandales de la luna / por donde retumba el agua». Se ha aducido a propósito de estos versos un pasaje del *Quijote*: «el temeroso ruido de aquella agua en cuya busca venimos, que parece que se despeña y derrumba desde los altos montes de la Luna» (I, 20). Pero nada que ver con nuestro poema. Aquí la gitana enamorada aparece ahogada en el aljibe al que se ha arrojado y en el que se refleja la baranda. El gitano, contrabandista y amante suyo, quiere subir hasta las «verdes barandas», en la placita del Sacromonte, donde ella debería estar esperándolo; cerca de allí corre el Darro. El poeta condensa todo esto en dos versos sobre los que gravita la luz sombría de la luna, y los barandales por ella iluminados se vuelven barandales de la muerte, englobados los de la placita y el aljibe. Esta técnica de condensación es barroca pero no gongorina: viene de los grandes prosistas, con Quevedo al frente.

Convierte Lorca la metáfora en formidable instrumento de conexión de los planos más distintos de la realidad. Y, así, lo terrestre y lo celeste, lo alto y lo bajo, lo próximo y lo remoto, lo material y lo inmaterial, se unen y abrazan en esta poesía. La luna «mueve sus brazos», vale como decir sus rayos; el pandero de la gitana es una «luna de pergamino»; el vientre de la niña deseada por el viento resulta ser «una rosa azul»; los cañaverales cuando el viento los sopla son «flautas de umbría». He aquí una de las grandes lecciones de esta poesía. Sin abstracciones filosóficas, sin altas invocaciones, este mundo visible, tangible y audible, palpitante de sensaciones, es capaz de acogerlo todo. Para eso valen tanto el orbe pequeño de los gitanos de Andalucía como los espacios enormes de Nueva York.

Pero Lorca va más allá de la metáfora. Su poesía tiende a alojarse en símbolos, que cargan de densidad imágenes y signos: metáforas simbólicas, recurrentes, y símbolos puros. La creación de este lenguaje simbólico deriva de dos fuentes: la tradición simbolista y el folclore. Usa Lorca sus símbolos en función de los contextos. Los términos simbólicos pueden tender a la representación de determinado valor o valores, que pueden ser excluyentes o complementarios respecto a otros, siendo también posible la ambigüedad. La luna puede ser un símbolo de muerte, pero también puede serlo de vida o de ambas cosas a la vez. Hay, pues, una polivalencia contextual. El código lorquiano consta de símbolos centrales. El más insistente es el de la *luna*, que Lorca hereda del Romanticismo y explora y renueva hasta las últimas consecuencias. Y está el *agua*, símbolo erótico y de fecundación, pero también agente de la muerte. Símbolo capital es asimismo la *sangre*, que es vida (generación, sexualidad, fertilidad) y puede ser, además, sufrimiento (sangre «negra»). Otro símbolo es el *caballo*, rey de un amplísimo bestiario, identificado de modo sucesivo con la vida, con el eros, con la destrucción que el amor puede aparejar, pero también con la expresión de valores sombríos, funestos. Si el caballo reina en el bestiario, las *hierbas* lo hacen en la flora, que tampoco es escasa. Con insistencia se convierten las hierbas en representación de la muerte, pero no siempre. Siente Lorca predilección por los *metales* y los objetos metálicos, que tienden a hospedar su significado en dominios sombríos: plata de la luna, cuchillos, puñales, bisturíes, lancetas, espadas, agujas, alfileres, monedas...

Este código se trasciende a su vez en modelos superiores de orden mítico, que expresan revelaciones primordiales. Los gitanos de Lorca vienen de la Andalucía del cante jondo: son mitos del dolor y del amor, viven en comunión con la naturaleza: por eso la luna se lleva al niño, el viento acosa a la gitana y el Camborio arroja limones al agua y la pone de oro. Las fuentes de estos mitos son diversas. La Biblia es, en todo caso, central, y en ella resulta clave la imagen de Cristo como arquetipo del sacrificio. También la mitología clásica provee al poeta: las Parcas, Venus y los grandes dioses se asoman a este mundo.

Símbolos, también espacios simbólicos: así, Andalucía

es el gran espacio mítico de Lorca: Andalucía romana y vieja, sobre todo, musulmana y sabia, dionisíaca y trágica, es elevada a un rango superior, como el que ocupan la Inglaterra de Shakespeare y la Grecia de los grandes trágicos. Es la «Andalucía del llanto» que celebran el *Poema del cante jondo*, el *Romancero gitano* y las tragedias: una Andalucía que se siente más que se ve. Andalucía de perseguidos: de ahí la fascinación del poeta por el flamenco, que lo conduce a lo gitano en la medida en que el cante, aunque de origen peninsular, fue moldeado por la raza. Andalucía, espacio máximo del amor y la muerte, también del misterio y de la comunión con la naturaleza: Lorca estiliza y depura la turbia materia romántica.

Fiel siempre a sí mismo, él es el más variado de nuestros poetas modernos. Del *Poema del cante jondo* a *Canciones*, del *Romancero gitano* a *Poeta en Nueva York*, del *Llanto* a los *Sonetos*, del libro de *Odas* a *Poemas en prosa*. Cada libro supone un planteamiento distinto, una experiencia estética diferente.

LOS LIBROS

Esta sección de *Poesía completa* acoge su poesía inicial, las muestras más personales del *Libro de poemas*, y los dos ciclos iniciales de la primera madurez, el de *suites* y el de las canciones. El *Libro de poemas* es una antología profunda de la poesía juvenil. Persisten en él todavía las huellas modernistas, neorrománticas, que dan lugar aún a poemas espléndidos, pero lo más notable, a más de la concentración temática, lo constituye la asimilación de los materiales folclóricos, tradicionales, y el uso de los metros ligeros, como en algunas de las baladas. Siguen las inquietantes *suites* –sólo aquellas que el poeta publicó y revisó–, donde alienta el metafísico; tres fueron incluidas en el heterogéneo volumen *Primeras canciones*, publicado en 1936 pero fechado a título indicativo en 1922, volumen que ofrece poemas de épocas ulteriores y debemos leer en lo sustancial como una anticipación del libro de *Suites*, que el autor no llegó a publicar. Escritas de 1920 a 1923, sus motivos esenciales se repiten, según el título de los poemas y su carácter de *suites* –composiciones musicales, danzas, escritas todas en el mismo tono–, y en ellas el poeta aborda sus grandes temas obsesivos, con voluntad de objetivación, fruto de la entonces dominante *poesía pura*. El *Poema del cante jondo*, publicado en 1931, pero escrito ahora, está concebido como una *suite*; lo encontrará el lector en la segunda parte.

Canciones es un milagro de arquitecturas leves y profundas a la vez, con más de ochenta composiciones. Es la obra más versátil por la pluralidad de motivos que acoge: colores, noches, recuerdos colegiales, juegos eróticos, fauna, flora... Los poemas se agrupan en diversas series: «Teorías», «Nocturnos de la ventana», «Canciones para niños», «Andaluzas»... hasta once. Nunca tal vez mostró el poeta como ahora su rostro risueño. Valga la «Canción del mariquita», burla deliciosa, *scherzo* amable. La ternura por «los pequeños animalitos» alumbra ese prodigio que es «El lagarto está llorando». Pero la gracia y el juego se quiebran y ceden el paso a la expresión del malestar íntimo: «... quita la gente invisible / que rodea perenne mi casa!». Repárese en especial en la serie «Trasmundo». La sección «Andaluzas» representa una incursión raigal por el mundo del mediodía, que anuncia el *Romancero*. En suma, poemas breves, pluralidad de motivos; juego, de una parte, tirón hacia los ámbitos oscuros, intuición abismal del enigma, de otra; y siempre la expresión virginal, alada, transparente. Es el libro lorquiano más inatendido por la crítica, debido a buen seguro a su misma perfección ensimismada, a su condición de obra clausa y autosuficiente, pero está poblado de claves deslumbrantes.

Juego y teoría del duende

Señoras y señores:

Desde el año 1918, que ingresé en la Residencia de Estudiantes de Madrid, hasta el 1928 en que la abandoné, terminados mis estudios de Filosofía y Letras, he oído en aquel refinado salón, donde acudía para corregir su frivolidad de playa francesa la vieja aristocracia española, cerca de mil conferencias.

Con gana de aire y de sol, me he aburrido tanto, que al salir me he sentido cubierto por una leve ceniza casi a punto de convertirse en pimienta de irritación.

No. Yo no quisiera que entrara en la sala ese terrible moscardón del aburrimiento que ensarta todas las cabezas por un hilo tenue de sueño y pone en los ojos de los oyentes unos grupos diminutos de puntas de alfiler.

De modo sencillo, con el registro en que mi voz poética no tiene luces de madera, ni recodos de cicutas, ni ovejas que de pronto son cuchillos de ironía, voy a ver si puedo daros una sencilla lección sobre el espíritu oculto de la dolorida España.

El que está en la piel de toro extendida entre los Júcar, Guadalfeo, Sil o Pisuerga (no quiero citar a los caudales junto a las ondas color melena de león que agita el Plata), oye decir con medida frecuencia: «Esto tiene mucho duende». Manuel Torres, gran artista del pueblo andaluz, decía a uno que cantaba: «Tú tienes voz, tú sabes los estilos, pero no triunfarás nunca porque tú no tienes duende».

En toda Andalucía, roca de Jaén o caracola de Cádiz, la gente habla constantemente del duende y lo descubre en cuanto sale con instinto eficaz.

El maravilloso cantaor El Lebrijano, creador de la *De-bla*, decía: «Los días que yo canto con duende, no hay quien pueda conmigo»; la vieja bailarina gitana La Malena exclamó un día oyendo tocar a Brailowski un fragmento de Bach: «¡Olé! ¡Eso tiene duende!» y estuvo aburrida con Gluck y con Brahms y con Darius Milhaud; y Manuel Torres, el hombre de mayor cultura en la sangre que he conocido, dijo, escuchando al propio Falla su *Nocturno del Generalife*, esta espléndida frase: «Todo lo que tiene sonidos negros tiene duende». Y no hay verdad más grande.

Estos sonidos negros son el misterio, las raíces que se clavan en el limo que todos conocemos, que todos ignoramos, pero de donde nos llega lo que es sustancial en el arte. Sonidos negros, dijo el hombre popular de España, y coincidió con Goethe, que hace la definición del duende al hablar de Paganini, diciendo: «Poder misterioso que todos sienten y ningún filósofo explica».

Así pues, el duende es un poder y no un obrar, es un luchar y no un pensar. Yo he oído decir a un viejo maestro guitarrista: «El duende no está en la garganta; el duende sube por dentro, desde las plantas de los pies». Es decir, no es cuestión de facultad, sino de verdadero estilo vivo; es decir, de sangre; de viejísima cultura, y, a la vez, de creación en acto.

Este «poder misterioso que todos sienten y ningún filósofo explica» es, en suma, el espíritu de la Tierra, el mismo duende que abrasó el corazón de Nietzsche, que lo buscaba en sus formas exteriores sobre el puente Rialto o en la música de Bizet, sin encontrarlo y sin saber que el duende que él perseguía había saltado de los misterios griegos a las bailarinas de Cádiz o al dionisíaco grito degollado de la siguiriya de Silverio.

Así pues, no quiero que nadie confunda el duende con el demonio teológico de la duda, al que Lutero, con un sentimiento báquico, le arrojó un frasco de tinta en Nuremberg, ni con el diablo católico, destructor y poco inteligente, que se disfraza de perra para entrar en los conventos, ni con el mono parlante que lleva el Malgesí de Cervantes en la *Comedia de los celos y las selvas de Ardenia.*

No. El duende de que hablo, oscuro y estremecido, es descendiente de aquel alegrísimo demonio de Sócrates, mármol y sal, que lo arañó indignado el día que tomó la cicuta, y del otro melancólico demonillo de Descartes, pequeño como una almendra verde, que, harto de círculos y líneas, salía por los canales para oír cantar a los grandes marineros borrosos.

Todo hombre, todo artista, llámese Nietzsche o Cézanne, cada escala que sube en la torre de su perfección es a costa de la lucha que sostiene con su duende, no con su ángel, como se ha dicho, ni con su musa. Es preciso hacer esta distinción, fundamental para la raíz de la obra.

El ángel guía y regala como san Rafael, defiende y evita como san Miguel, anuncia y previene como san Gabriel. El ángel deslumbra, pero vuela sobre la cabeza del hombre, está por encima, derrama su gracia, y el hombre sin ningún esfuerzo realiza su obra, o su simpatía o su danza. El ángel del camino de Damasco y el que entra por la rendija del balconcillo de Asís, o el que sigue los pasos de Enrique Susón, *ordenan,* y no hay modo de oponerse a sus luces, porque agitan sus alas de acero en el ambiente del predestinado.

La musa dicta y en algunas ocasiones sopla. Puede relativamente poco, porque ya está lejana y tan cansada (yo la he visto dos veces), que tuvieron que ponerle medio corazón de mármol. Los poetas de musa oyen voces y no saben dónde, pero son de la musa que los alienta y a veces se los merienda, como en el caso de Apolli-

naire, gran poeta destruido por la horrible musa con que
lo pintó el divino angélico Rousseau. La musa despier-
ta la inteligencia, trae paisajes de columnas y falso sabor
de laureles, y la inteligencia es muchas veces la enemi-
ga de la poesía, porque limita demasiado, porque eleva
al poeta en un trono de agudas aristas, y le hace olvidar
que de pronto se lo pueden comer las hormigas, o le pue-
de caer en la cabeza una gran langosta de arsénico, con-
tra la cual no pueden las musas que viven en los mo-
nóculos o en la rosa de tibia laca del pequeño salón.

Ángel y musa vienen de fuera; el ángel da luces y la
musa formas. (Hesíodo aprendió de ella.) Pan de oro o
pliegue de túnica, el poeta recibe normas en su bosque-
cillo de laureles. En cambio, al duende hay que desper-
tarlo en las últimas habitaciones de la sangre. Y recha-
zar al ángel, y dar un puntapié a la musa, y perder el
miedo a la sonrisa de violetas que exhala la poesía del
XVIII y al gran telescopio en cuyos cristales se duerme la
musa, enferma de límites.

La verdadera lucha es con el duende.

Se saben los caminos para buscar a Dios. Desde el mo-
do bárbaro del eremita al modo sutil del místico. Con
una torre como santa Teresa o con tres caminos como
san Juan de la Cruz. Y aunque tengamos que clamar
con voz de Isaías: «Verdaderamente tú eres Dios escon-
dido», al fin y al cabo Dios manda al que lo busca sus
primeras espinas de fuego.

Para buscar al duende no hay mapa ni ejercicio. Sólo se
sabe que quema la sangre como un trópico de vidrios,
que agota, que rechaza toda la dulce geometría apren-
dida, que rompe los estilos, que se apoya en el dolor
humano que no tiene consuelo, que hace que Goya, maes-
tro en los grises, en los platas y en los rosas de la mejor
pintura inglesa, pinte con las rodillas y los puños con ho-
rribles negros de betún; o desnuda a *mossèn* Cinto Ver-

daguer en el frío de los Pirineos, o lleva a Jorge Manrique a esperar a la muerte en el páramo de Ocaña, o viste con un traje verde de saltimbanqui el cuerpo delicado de Rimbaud, o pone ojos de pez muerto al Conde de Lautréamont en la madrugada del *boulevard*.

Los grandes artistas del sur de España, gitanos o flamencos, ya canten, bailen o toquen, saben que no es posible ninguna emoción sin la llegada del duende. Ellos engañan a la gente y pueden dar sensación de duende sin haberla, como os engañan todos los días autores o pintores o modistas literarios sin duende; pero basta fijarse un poco y no dejarse llevar por la indiferencia, para descubrir la trampa y hacerles huir con su burdo artificio.

Una vez la cantaora andaluza Pastora Pavón, *la Niña de los Peines*, sombrío genio hispánico, equivalente en capacidad de fantasía a Goya o Rafael *el Gallo*, cantaba en una tabernilla de Cádiz. Jugaba con su voz de sombra, con su voz de estaño fundido, con su voz cubierta de musgo; y se la enredaba en la cabellera o la mojaba en manzanilla o la perdía por unos jarales oscuros y lejanísimos. Pero nada; era inútil. Los oyentes permanecían callados.

Allí estaba Ignacio Espeleta, hermoso como una tortuga romana, a quien preguntaron una vez «¿Cómo no trabajas?»; y él, con una sonrisa digna de Argantonio, respondió: «¿Cómo voy a trabajar, si soy de Cádiz?».

Allí estaba Elvira *la Caliente*, aristócrata ramera de Sevilla, descendiente directa de Soledad Vargas, que en el treinta no se quiso casar con un Rothschild, porque no la igualaba en sangre. Allí estaban los Floridas, que la gente cree carniceros, pero que en realidad son sacerdotes milenarios que siguen sacrificando toros a Gerión, y en un ángulo el imponente ganadero don Pablo Murube, con un aire de máscara cretense. Pastora Pavón terminó de cantar en medio del silencio. Solo, y con sarcasmo, un hombre pequeñito, de esos hombrines bailarines que salen de pronto de las botellas de aguardiente, dijo en voz muy baja: «¡Viva París!», como diciendo: «Aquí no nos importan las facultades, ni la técnica, ni la maestría. Nos importa otra cosa».

Entonces la Niña de los Peines se levantó como una loca, tronchada igual que una llorona medieval, y se bebió de un trago un gran vaso de cazalla como fuego, y se sentó a cantar, sin voz, sin aliento, sin matices, con la garganta abrasada, pero... con duende. Había logrado matar todo el andamiaje de la canción, para dejar paso a un duende furioso y avasallador, amigo de los vientos cargados de arena, que hacía que los oyentes se rasgaran los trajes, casi con el mismo ritmo con que se los rompen los negros antillanos del rito lucumí apelotonados ante la imagen de santa Bárbara.

La Niña de los Peines tuvo que desgarrar su voz porque sabía que la estaba oyendo gente exquisita que no pedía formas sino tuétano de formas, música pura con el cuerpo sucinto para poderse mantener en el aire. Se tuvo que empobrecer de facultades y de seguridades; es decir, tuvo que alejar a su musa y quedarse desamparada, que su duende viniera y se dignara luchar a brazo partido. ¡Y cómo cantó! Su voz ya no jugaba, su voz era un chorro de sangre, digna, por su dolor y su sinceridad, de abrirse como una mano de diez dedos por los pies clavados, pero llenos de borrasca, de un Cristo de Juan de Juni.

La llegada del duende presupone siempre un cambio radical en todas las formas. Sobre planos viejos, da sensaciones de frescura totalmente inéditas, con una calidad de cosa recién creada, de milagro, que llega a producir un entusiasmo casi religioso.

En toda la música árabe, danza, canción o elegía, la llegada del duende es saludada con enérgicos «¡Alá, Alá!», «¡Dios, Dios!», tan cerca del «¡Olé!» de los toros que quién sabe si será lo mismo, y en todos los cantos del sur de España la aparición del duende es seguida por sinceros gritos de «¡Viva Dios!», profundo, humano, tierno grito, de una comunicación con Dios por medio de los cinco sentidos, gracias al duende que agita la voz y el cuerpo de la bailarina; evasión real y poética de este mundo, tan pura como la conseguida por el rarísimo poeta del XVII, Pedro Soto de Rojas, a través de siete jardines, o la de Juan Calímaco por una temblorosa escala de llanto.

Naturalmente, cuando esta evasión está lograda, todos sienten sus efectos; el iniciado, viendo cómo el estilo vence a una materia pobre, y el ignorante, en el no sé qué de una auténtica emoción. Hace años, en un concurso de baile de Jerez de la Frontera, se llevó el premio una vieja de ochenta años contra hermosas mujeres y muchachos con la cintura de agua, por el solo hecho de levantar los brazos, erguir la cabeza, y dar un golpe con el pie sobre el tabladillo; pero en la reunión de musas y de ángeles que había allí, belleza de forma y belleza de sonrisa, tenía que ganar y ganó aquel duende moribundo, que arrastraba sus alas de cuchillos oxidados por el suelo.

Todas las artes son capaces de duende, pero donde encuentra más campo, como es natural, es en la música, en la danza, y en la poesía hablada, ya que éstas necesitan un cuerpo vivo que interprete, porque son formas que nacen y mueren de modo perpetuo y alzan sus contornos sobre un presente exacto. Muchas veces el duende del músico pasa al duende del intérprete, y otras veces, cuando el músico o el poeta no son tales, el duende del

intérprete, y esto es interesante, crea una nueva maravi-
lla que tiene en la apariencia, nada más, la forma primi-
tiva. Tal el caso de la enduendada Eleonora Duse, que
buscaba obras fracasadas para hacerlas triunfar gracias
a lo que ella inventaba, o el caso de Paganini, expli-
cado por Goethe, que hacía oír melodías profundas de
verdaderas vulgaridades, o el caso de una deliciosa
muchacha del Puerto de Santa María a quien yo le vi
cantar y bailar el horroroso cuplé italiano «¡O Marí!»
con unos ritmos, unos silencios, y una intención que ha-
cían de la pacotilla napolitana una dura serpiente de oro
levantado.

Lo que pasa es que, efectivamente, encontraban algu-
na cosa nueva que nada tenía que ver con lo anterior,
que ponían sangre viva y ciencia sobre cuerpos vacíos
de expresión.

Todas las artes, y aun los países, tienen capacidad de
duende, de ángel, y de musa, y así como Alemania tiene,
con excepciones, musa, y la Italia tiene permanente-
mente ángel, España está en todos los tiempos movida
por el duende. Como país de música y danzas milena-
rias donde el duende exprime limones de madrugada, y
como país de muerte. Como país abierto a la muerte.

En todos los países la muerte es un fin. Llega y se co-
rren las cortinas. En España no. En España se levantan.
Muchas gentes viven allí entre muros hasta el día en que
mueren y las sacan al sol. Un muerto en España está
más vivo como muerto que en ningún sitio del mundo:
hiere su perfil como el filo de una navaja barbera. El
chiste sobre la muerte o su contemplación silenciosa son
familiares a los españoles. Desde *El sueño de las calave-
ras*, de Quevedo, hasta el *Obispo podrido*, de Valdés
Leal, y desde la Marbella del siglo XVII, muerta de par-
to en mitad del camino, que dice:

La sangre de mis entrañas
cubriendo el caballo está;
las patas de tu caballo
echan fuego de alquitrán,

al reciente mozo de Salamanca, muerto por el toro, que
clama:

Amigos, que yo me muero;
amigos, yo estoy muy malo.
Tres pañuelos tengo dentro
y este que meto son cuatro

hay una barandilla de flores de salitre donde se asoma
un pueblo de contempladores de la muerte; con versícu-
lo de Jeremías por el lado más áspero, o con ciprés fra-
gante por el lado más lírico, pero un país donde lo más
importante de todo tiene un último valor metálico de
muerte.

La casulla y la rueda del carro, y la navaja y las barbas
pinchosas de los pastores y la luna pelada y la mosca y
las alacenas húmedas y los derribos y los santos cubier-
tos de encaje y la cal y la línea hiriente de aleros y mira-
dores, tienen en España diminutas hierbas de muerte,
alusiones y voces perceptibles para un espíritu alerta,
que nos llenan la memoria con el aire yerto de nuestro
propio tránsito. No es casualidad todo el arte español
ligado con nuestra tierra, llena de cardos y piedras defi-
nitivas, no es un ejemplo aislado la lamentación de Ple-
berio o las danzas del maestro Josef María de Valdiviel-
so, no es un azar el que de toda la balada europea se
destaque esta amada española:

Si tú eres mi linda amiga,
¿cómo no me miras, di?
Ojos con que te miraba

> a la sombra se los di.
> Si tú eres mi linda amiga,
> ¿cómo no me besas, di?
> Labios con que te besaba
> a la tierra se los di.
> Si tú eres mi linda amiga,
> ¿cómo no me abrazas, di?
> Brazos con que te abrazaba
> de gusanos los cubrí.

ni es extraño que en los albores de nuestra lírica suene esta canción:

> Dentro del vergel
> moriré.
> Dentro del rosal
> matar me han.
> Yo me iba, mi madre,
> las rosas coger,
> hallara la muerte
> dentro del vergel.
> Yo me iba, mi madre,
> las rosas cortar,
> hallara la muerte
> dentro del rosal.
> Dentro del vergel
> moriré,
> dentro del rosal,
> matar me han.

Las cabezas heladas por la luna que pintó Zurbarán, el amarillo manteca con el amarillo relámpago del Greco, el relato del padre Sigüenza, la obra íntegra de Goya, el ábside de la iglesia del Escorial, toda la escultura policromada, la cripta de la casa ducal de Osuna, la muerte con la guitarra de la capilla de los Benavente en Medina de Rioseco, equivalen, en lo culto, a la romería de San Andrés de Teixido, donde los muertos llevan sitio en la procesión, a los cantos de difuntos que cantan las mujeres de Asturias con faroles llenos de llamas en la noche de noviembre, al canto y danza de la Sibila en las catedrales de Mallorca y Toledo, al oscuro *In record* tortosino, y a los innumerables ritos del Viernes Santo, que con la cultísima fiesta de los toros, forman el triunfo popular de la muerte española. En el mundo, solamente México puede cogerse de la mano con mi país.

Cuando la musa ve llegar a la muerte, cierra la puerta, o levanta un plinto, o pasea una urna, y escribe un epitafio con mano de cera, pero en seguida vuelve a regar su laurel, con un silencio que vacila entre dos brisas. Bajo el arco truncado de la Oda, ella junta con sentido fúnebre las flores exactas que pintaron los italianos del xv y llama al seguro gallo de Lucrecio para que espante sombras imprevistas.

Cuando ve llegar a la muerte el ángel, vuela en círculos lentos y teje con lágrimas de hielo y narcisos la elegía que hemos visto temblar en las manos de Keats, y en las de Villasandino, y en las de Herrera, en las de Bécquer, y en las de Juan Ramón Jiménez. Pero ¡qué terror el del ángel si siente una araña, por diminuta que sea, sobre su tierno pie rosado!

En cambio, el duende no llega si no ve posibilidad de muerte, si no sabe que ha de rondar su casa, si no tiene seguridad que ha de mecer esas ramas que todos llevamos, que no tienen, que no tendrán consuelo.

Con idea, con sonido, o con gesto, el duende gusta de los bordes del pozo en franca lucha con el creador. Ángel y musa se escapan con violín o compás, y el duende hiere, y en la curación de esta herida que no se cierra nunca está lo insólito, lo inventado de la obra de un hombre.

La virtud mágica del poema consiste en estar siempre enduendado para bautizar con agua oscura a todos los que lo miran, porque con duende es más fácil amar, comprender, y es *seguro* ser amado, ser comprendido, y esta lucha por la expresión y por la comunicación de la expresión adquiere a veces en poesía caracteres mortales.

Recordad el caso de la flamenquísima y enduendada santa Teresa, flamenca no por atar un toro furioso y darle tres magníficos pases, que lo hizo, ni por presumir de guapa delante de fray Juan de la Miseria, ni por darle una bofetada al Nuncio de Su Santidad, sino por ser una de las pocas criaturas cuyo duende (no cuyo ángel, porque el ángel no ataca nunca) la traspasa con un dardo, queriendo matarla por haberle quitado su último secreto, el puente sutil que une los cinco sentidos con ese centro en carne viva, en mar viva, del Amor libertado del Tiempo.

Valentísima vencedora del duende, y caso contrario al de Felipe de Austria, que, ansiando buscar musa y ángel en la teología y en la astronomía, se vio aprisionado por el duende de los ardores fríos en esa obra del Escorial, donde la geometría limita con el sueño, y donde el duende se pone careta de musa para eterno castigo del gran Rey.

Hemos dicho que el duende ama el borde de la herida y se acerca a los sitios donde las formas se funden en un anhelo superior a sus expresiones visibles.

En España (como en los pueblos de Oriente donde la danza es expresión religiosa) tiene el duende un campo sin límites sobre los cuerpos de las bailarinas de Cádiz, elogiadas por Marcial, sobre los pechos de los que cantan, elogiados por Juvenal, y en toda la liturgia de los toros, auténtico drama religioso, donde, de la misma manera que en la misa, se adora y se sacrifica a un dios.

Parece como si todo el duende del mundo clásico se agolpara en esta fiesta perfecta, exponente de la cultura y la gran sensibilidad de un pueblo que descubre en el hombre sus mejores iras, sus mejores bilis y su mejor llanto. Ni en el baile español ni en los toros se divierte nadie; el duende se encarga de hacer sufrir, por medio del drama sobre formas vivas, y prepara las escaleras para una evasión de la realidad que circunda.

El duende opera sobre el cuerpo de la bailarina como el aire sobre la arena. Convierte con mágico poder una hermosa muchacha en paralítica de la luna, o llena de rubores adolescentes a un viejo roto que pide limosna por las tiendas de vino; da con una cabellera olor de puerto nocturno y en todo momento opera sobre los brazos, en expresiones que son madres de la danza de todos los tiempos.

Pero imposible repetirse nunca. Esto es muy interesante de subrayar. El duende no se repite, como no se repiten las formas del mar en la borrasca.

En los toros adquiere sus acentos más impresionantes porque tiene que luchar, por un lado, con la muerte, que puede destruirlo, y, por otro lado, con la geometría, con la medida, base fundamental de la fiesta.

El toro tiene su órbita, el torero la suya, y entre órbita y órbita hay un punto de peligro, donde está el vértice del terrible juego.

Se puede tener musa con la muleta y ángel con las banderillas y pasar por buen torero, pero en la faena de capa, con el toro limpio todavía de heridas, y en el momento de matar, se necesita la ayuda del duende para dar en el clavo de la verdad artística.

El torero que asusta al público en la plaza con su temeridad no torea, sino que está en ese plano ridículo, al alcance de cualquier hombre, de *jugarse la vida*; en cambio, el torero mordido por el duende da una lección de música pitagórica, y hace olvidar que tira constantemente el corazón sobre los cuernos.

Lagartijo con su duende romano, Joselito con su duende judío, Belmonte con su duende barroco, y Cagancho con su duende gitano enseñan desde el crepúsculo del anillo a poetas, pintores y músicos, cuatro grandes caminos de la tradición española.

España es el único país donde la muerte es el espectáculo nacional, donde la muerte toca largos clarines a la llegada de las primaveras, y su arte está siempre regido por un duende agudo que le ha dado su diferencia y su cualidad de invención.

El duende que llena de sangre, por vez primera en la escultura, las mejillas de los santos del maestro Mateo de Compostela, es el mismo que hace gemir a san Juan de la Cruz o quema ninfas desnudas por los sonetos religiosos de Lope.

El duende que levanta la torre de Sahagún o trabaja calientes ladrillos en Calatayud o Teruel, es el mismo que rompe las nubes del Greco y echa a volar a puntapiés alguaciles de Quevedo y quimeras de Goya.

Cuando llueve, saca a Velázquez, enduendado en secreto detrás de sus grises monárquicos; cuando nieva, hace salir a Herrera desnudo para demostrar que el frío no mata, cuando arde, mete en sus llamas a Berruguete, y le hace inventar un nuevo espacio para la escultura.

La musa de Góngora y el ángel de Garcilaso han de soltar la guirnalda de laurel cuando pasa el duende de san Juan de la Cruz, cuando

El ciervo vulnerado
por el otero asoma.

La musa de Gonzalo de Berceo y el ángel del Arcipreste de Hita se han de apartar para dejar paso a Jorge Manrique cuando llega herido de muerte a las puertas del castillo de Belmonte. La musa de Gregorio Hernández y el ángel de José de Mora han de alejarse para que cruce el duende que llora lágrimas de sangre de Mena, y el duende con cabeza de toro asirio de Martínez Montañés; como la melancólica musa de Cataluña y el ángel mojado de Galicia han de mirar, con amoroso asombro, al duende de Castilla, tan lejos del pan caliente y de la dulcísima vaca, que pasa con normas de cielo barrido y tierra seca.

Duende de Quevedo y duende de Cervantes, con verdes anémonas de fósforo el uno y flores de yeso de Ruidera el otro, coronan el retablo del duende de España.

Cada arte tiene, como es natural, un duende de modo y forma distinta, pero todos unen sus raíces en un punto, de donde manan los sonidos negros de Manuel Torres, materia última y fondo común incontrolable y estremecido, de leño, son, tela, y vocablo.

Sonidos negros detrás de los cuales están ya en tierna intimidad los volcanes, las hormigas, los céfiros, y la gran noche, apretándose la cintura con la Vía Láctea.

Señoras y señores: He levantado tres arcos, y con mano torpe he puesto en ellos a la musa, al ángel y al duende.

La musa permanece quieta; puede tener la túnica de pequeños pliegues o los ojos de vaca que miran en Pompeya, o la narizota de cuatro caras con que su gran amigo Picasso la ha pintado. El ángel puede agitar cabellos de Antonello de Messina, túnica de Lippi, y violín de Massolino o de Rousseau.

El duende... ¿Dónde está el duende? Por el arco vacío entra un aire mental que sopla con insistencia sobre las cabezas de los muertos, en busca de nuevos paisajes y acentos ignorados; un aire con olor de saliva de niño, de hierba machacada y velo de medusa, que anuncia el constante bautizo de las cosas recién creadas.

De «Libro de poemas»

A mi hermano Paquito

Palabras de justificación

Ofrezco en este libro, todo ardor juvenil, y tortura, y ambición sin medida, la imagen exacta de mis días de adolescencia y juventud, esos días que enlazan el instante de hoy con mi misma infancia reciente.

En estas páginas desordenadas va el reflejo fiel de mi corazón y de mi espíritu, teñido del matiz que le prestara, al poseerlo, la vida palpitante en torno recién nacida para mi mirada.

Se hermana el nacimiento de cada una de estas poesías que tienes en tus manos, lector, al propio nacer de un brote nuevo del árbol músico de mi vida en flor. Ruindad fuera el menospreciar esta obra que tan enlazada está a mi propia vida.

Sobre su incorrección, sobre su limitación segura, tendrá este libro la virtud, entre otras muchas que yo advierto, de recordarme en todo instante mi infancia apasionada correteando desnuda por las praderas de una vega sobre un fondo de serranía.

Veleta

Julio de 1920
FUENTE VAQUEROS
GRANADA

Viento del Sur.
Moreno, ardiente,
Llegas sobre mi carne,
Trayéndome semilla
De brillantes
Miradas, empapado
De azahares.

Pones roja la luna
Y sollozantes
Los álamos cautivos, pero vienes
¡Demasiado tarde!
¡Ya he enrollado la noche de mi cuento
En el estante!

Sin ningún viento,
¡Hazme caso!
Gira, corazón;
Gira, corazón.

Aire del Norte,
¡Oso blanco del viento!,
Llegas sobre mi carne
Tembloroso de auroras
Boreales,
Con tu capa de espectros

Capitanes,
Y riyéndote a gritos
Del Dante.
¡Oh pulidor de estrellas!
Pero vienes
Demasiado tarde.
Mi almario está musgoso
Y he perdido la llave.

Sin ningún viento,
¡Hazme caso!
Gira, corazón;
Gira, corazón.

Brisas gnomos y vientos
De ninguna parte,
Mosquitos de la rosa
De pétalos pirámides,
Alisios destetados
Entre los rudos árboles,
Flautas en la tormenta,
¡Dejadme!
Tiene recias cadenas
Mi recuerdo,
Y está cautiva el ave
Que dibuja con trinos
La tarde.

Las cosas que se van no vuelven nunca,
Todo el mundo lo sabe,
Y entre el claro gentío de los vientos
Es inútil quejarse.

¿Verdad, chopo, maestro de la brisa?
¡Es inútil quejarse!

Sin ningún viento,
¡Hazme caso!
Gira, corazón;
Gira, corazón.

La sombra de mi alma

Diciembre de 1919
MADRID

La sombra de mi alma
Huye por un ocaso de alfabetos,
Niebla de libros
Y palabras.

¡La sombra de mi alma!

He llegado a la línea donde cesa
La nostalgia,
Y la gota de llanto se transforma,
Alabastro de espíritu.

(¡La sombra de mi alma!)

El copo del dolor
Se acaba,
Pero queda la razón y la sustancia

De mi viejo mediodía de labios,
De mi viejo mediodía
De miradas.

Un turbio laberinto
De estrellas ahumadas
Enreda mi ilusión
Casi marchita.

¡La sombra de mi alma!

Y una alucinación
Me ordeña las miradas.
Veo la palabra amor
Desmoronada.

¡Ruiseñor mío!
¡Ruiseñor!
¿Aún cantas?

Si mis manos pudieran deshojar

10 de noviembre de 1919
GRANADA

Yo pronuncio tu nombre
En las noches oscuras
Cuando vienen los astros
A beber en la luna
Y duermen los ramajes

De las frondas ocultas.
Y yo me siento hueco
De pasión y de música.
Loco reloj que canta
Muertas horas antiguas.

Yo pronuncio tu nombre
En esta noche oscura,
Y tu nombre me suena
Más lejano que nunca.
Más lejano que todas las estrellas
Y más doliente que la mansa lluvia.

¿Te querré como entonces
Alguna vez? ¿Qué culpa
Tiene mi corazón?
Si la niebla se esfuma,
¿Qué otra pasión me espera?
¿Será tranquila y pura?
¡¡Si mis dedos pudieran
Deshojar a la luna!!

Balada de un día de Julio

Julio de 1919

Esquilones de plata
Llevan los bueyes.

– ¿Dónde vas, niña mía,
De sol y nieve?

– Voy a las margaritas
Del prado verde.

– El prado está muy lejos
Y miedo tiene.

– Al airón y a la sombra
Mi amor no teme.

– Teme al sol, niña mía,
De sol y nieve.

– Se fue de mis cabellos
Ya para siempre.

– ¿Quién eres, blanca niña?
¿De dónde vienes?

– Vengo de los amores
Y de las fuentes.

Esquilones de plata
Llevan los bueyes.

– ¿Qué llevas en la boca
Que se te enciende?

– La estrella de mi amante
Que vive y muere.

– ¿Qué llevas en el pecho
Tan fino y leve?

– La espada de mi amante
Que vive y muere.

– ¿Qué llevas en los ojos
Negro y solemne?

– Mi pensamiento triste
Que siempre hiere.

– ¿Por qué llevas un manto
Negro de muerte?

– ¡Ay, yo soy la viudita
Triste y sin bienes

Del conde del Laurel
De los Laureles!

– ¿A quién buscas aquí
Si a nadie quieres?

– Busco el cuerpo del conde
De los Laureles.

– ¿Tú buscas el amor,
Viudita aleve?
Tú buscas un amor
Que ojalá encuentres.

– Estrellitas del cielo
Son mis quereres.
¿Dónde hallaré a mi amante
Que vive y muere?

– Está muerto en el agua,
Niña de nieve,
Cubierto de nostalgias
Y de claveles.

– ¡Ay!, caballero errante
De los cipreses,
Una noche de luna
Mi alma te ofrece.

– Ah Isis soñadora,
Niña sin mieles
La que en bocas de niños
Su cuento vierte.
Mi corazón te ofrezco,
Corazón tenue,
Herido por los ojos
De las mujeres.

– Caballero galante,
Con Dios te quedes.
Voy a buscar al conde
De los Laureles...

Adiós, mi doncellita,
Rosa durmiente,
Tú vas para el amor
Y yo a la muerte.

Esquilones de plata
Llevan los bueyes.

Mi corazón desangra
Como una fuente.

«In memoriam»

Agosto de 1920

Dulce chopo,
Dulce chopo,
Te has puesto
De oro.
Ayer estabas verde,
Un verde loco
De pájaros
Gloriosos.
Hoy estás abatido
Bajo el cielo de Agosto
Como yo bajo el cielo
De mi espíritu rojo.
La fragancia cautiva
De tu tronco
Vendrá a mi corazón
Piadoso.
¡Rudo abuelo del prado!
Nosotros,
Nos hemos puesto
De oro.

Tarde

Noviembre de 1919

Tarde lluviosa en gris cansado,
Y sigue el caminar.
Los árboles marchitos.
                    Mi cuarto, solitario.
Y los retratos viejos
Y el libro sin cortar...

Chorrea la tristeza por los muebles
Y por mi alma.
        Quizá,
No tenga para mí Naturaleza
El pecho de cristal.

Y me duele la carne del corazón
Y la carne del alma.
           Y al hablar,
Se quedan mis palabras en el aire
Como corchos sobre agua.

Sólo por tus ojos
Sufro yo este mal,
Tristezas de antaño
Y las que vendrán.

Tarde lluviosa en gris cansado,
Y sigue el caminar.

Prólogo

24 de julio de 1920
VEGA DE ZUJAIRA

Mi corazón está aquí,
Dios mío.
Hunde tu cetro en él, Señor.
Es un membrillo
Demasiado otoñal
Y está podrido.
Arranca los esqueletos
De los gavilanes líricos
Que tanto, tanto lo hirieron,
Y si acaso tienes pico
Móndale su corteza
De Hastío.

Mas si no quieres hacerlo,
Me da lo mismo,
Guárdate tu cielo azul,
Que es tan aburrido,
El rigodón de los astros
Y tu Infinito,
Que yo pediré prestado
El corazón a un amigo.
Un corazón con arroyos
Y pinos,
Y un ruiseñor de hierro
Que resista
El martillo
De los siglos.

Además, Satanás me quiere mucho,
Fue compañero mío
En un examen de
Lujuria, y el pícaro,
Buscará a Margarita
–Me lo tiene ofrecido–,
Margarita morena,
Sobre un fondo de viejos olivos,
Con dos trenzas de noche
De Estío,
Para que yo desgarre
Sus muslos limpios.
Y entonces, ¡oh Señor!,
Seré tan rico
O más que tú,
Porque el vacío
No puede compararse
Al vino
Con que Satán obsequia
A sus buenos amigos.
Licor hecho con llanto.
¡Qué más da!
Es lo mismo
Que tu licor compuesto
De trinos.

Dime, Señor,
¡Dios mío!
¿Nos hundes en la sombra
Del abismo?
¿Somos pájaros ciegos
Sin nidos?

La luz se va apagando.
¿Y el aceite divino?
Las olas agonizan.
¿Has querido
Jugar como si fuéramos
Soldaditos?
Dime, Señor,
¡Dios mío!
¿No llega el dolor nuestro
A tus oídos?
¿No han hecho las blasfemias
Babeles sin ladrillos
Para herirte, o te gustan
Los gritos?
¿Estás sordo? ¿Estás ciego?
¿O eres bizco
De espíritu
Y ves el alma humana
Con tonos invertidos?

¡Oh Señor soñoliento!
¡Mira mi corazón
Frío
Como un membrillo
Demasiado otoñal
Que está podrido!

Si tu luz va a llegar,
Abre los ojos vivos;
Pero si continúas
Dormido,
Ven, Satanás errante,
Sangriento peregrino,

Ponme la Margarita
Morena en los olivos
Con las trenzas de noche
De Estío,
Que yo sabré encenderle
Sus ojos pensativos
Con mis besos manchados
De lirios.
Y oiré una tarde ciega
Mi ¡Enrique! ¡Enrique!
Lírico,
Mientras todos mis sueños
Se llenan de rocío.
Aquí, Señor, te dejo
Mi corazón antiguo,
Voy a pedir prestado
Otro nuevo a un amigo.
Corazón con arroyos
Y pinos.
Corazón sin culebras
Ni lirios.
Robusto, con la gracia
De un joven campesino,
Que atraviesa de un salto
El río.

Balada interior

16 de julio de 1920
VEGA DE ZUJAIRA

A Gabriel

El corazón
Que tenía en la escuela
Donde estuvo pintada
La cartilla primera,
¿Está en ti,
Noche negra?

(Frío, frío,
Como el agua
Del río.)

El primer beso
Que supo a beso y fue
Para mis labios niños
Como la lluvia fresca,
¿Está en ti,
Noche negra?

(Frío, frío,
Como el agua
Del río.)

Mi primer verso,
La niña de las trenzas
Que miraba de frente,
¿Está en ti,
Noche negra?

(Frío, frío,
Como el agua
Del río.)

Pero mi corazón
Roído de culebras,
El que estuvo colgado
Del árbol de la ciencia,
¿Está en ti,
Noche negra?

(Caliente, caliente,
Como el agua
De la fuente.)

Mi amor errante,
Castillo sin firmeza,
De sombras enmohecidas,
¿Está en ti,
Noche negra?

(Caliente, caliente,
Como el agua
De la fuente.)

¡Oh, gran dolor!
Admites en tu cueva
Nada más que la sombra.
¿Es cierto,
Noche negra?

(Caliente, caliente,
Como el agua
De la fuente.)

¡Oh, corazón perdido!
¡Requiem aeternam!

Balada de la placeta

1919

Cantan los niños
En la noche quieta:
¡Arroyo claro,
Fuente serena!

Los niños
¿Qué tiene tu divino
Corazón en fiesta?

Yo
Un doblar de campanas
Perdidas en la niebla.

Los niños
Ya nos dejas cantando
En la plazuela.
¡Arroyo claro,
Fuente serena!

¿Qué tienes en tus manos
De primavera?

Yo
Una rosa de sangre
Y una azucena.

Los niños
Mójalas en el agua
De la canción añeja.
¡Arroyo claro,
Fuente serena!

¿Qué sientes en tu boca
Roja y sedienta?

Yo
El sabor de los huesos
De mi gran calavera.

Los niños
Bebe el agua tranquila
De la canción añeja.
¡Arroyo claro,
Fuente serena!

¿Por qué te vas tan lejos
De la plazuela?

Yo
¡Voy en busca de magos
Y de princesas!

Los niños
¿Quién te enseñó el camino
De los poetas?

Yo
La fuente y el arroyo
De la canción añeja.

Los niños
¿Te vas lejos, muy lejos
Del mar y de la tierra?

Yo
Se ha llenado de luces
Mi corazón de seda,
De campanas perdidas,
De lirios y de abejas.
Y yo me iré muy lejos,
Más allá de esas sierras,
Más allá de los mares,
Cerca de las estrellas,
Para pedirle a Cristo
Señor que me devuelva
Mi alma antigua de niño,
Madura de leyendas,
Con el gorro de plumas
Y el sable de madera.

Los niños
Ya nos dejas cantando
En la plazuela.
¡Arroyo claro,
Fuente serena!

Las pupilas enormes
De las frondas resecas,
Heridas por el viento,
Lloran las hojas muertas.

Hora de estrellas

1920

El silencio redondo de la noche
Sobre el pentágrama
Del infinito.

Yo me salgo desnudo a la calle,
Maduro de versos
Perdidos.
Lo negro, acribillado
Por el canto del grillo,
Tiene ese fuego fatuo,
Muerto,
Del sonido.
Esa luz musical
Que percibe
El espíritu.

Los esqueletos de mil mariposas
Duermen en mi recinto.

Hay una juventud de brisas locas
Sobre el río.

La balada del agua del mar

1920

A *Emilio Prados*
(*Cazador de nubes*)

El mar,
Sonríe a lo lejos.
Dientes de espuma,
Labios de cielo.

– ¿Qué vendes, oh joven turbia,
Con los senos al aire?

– Vendo, señor, el agua
De los mares.

– ¿Qué llevas, oh negro joven,
Mezclado con tu sangre?

– Llevo, señor, el agua
De los mares.

– ¿Esas lágrimas salobres
De dónde vienen, madre?

– Lloro, señor, el agua
De los mares.

– Corazón, y esta amargura
Seria, ¿de dónde nace?

– Amarga mucho el agua
De los mares.

– ¡Amarga mucho el agua
De los mares!

El mar,
Sonríe a lo lejos.
Dientes de espuma,
Labios de cielo.

Deseo

1920

Sólo tu corazón caliente,
Y nada más.

Mi paraíso un campo
Sin ruiseñor
Ni liras,
Con un río discreto
Y una fuentecilla.

Sin la espuela del viento
Sobre la fronda,
Ni la estrella que quiere
Ser hoja.

Una enorme luz
Que fuera
Luciérnaga
De otra,
En un campo de
Miradas rotas.

Un reposo claro
Y allí nuestros besos,
Lunares sonoros
Del eco,
Se abrirían muy lejos
Y tu corazón caliente,
Nada más.

Meditación bajo la lluvia
Fragmento

3 de enero de 1919

A José Mora

Ha besado la lluvia al jardín provinciano
Dejando emocionantes cadencias en las hojas.
El aroma sereno de la tierra mojada,
Inunda al corazón de tristeza remota.

Se rasgan nubes grises en el mudo horizonte.
Sobre el agua dormida de la fuente, las gotas
Se clavan, levantando claras perlas de espuma.
Fuegos fatuos, que apaga el temblor de las ondas.

La pena de la tarde estremece a mi pena.
Se ha llenado el jardín de ternura monótona.
¿Todo mi sufrimiento se ha de perder, Dios mío,
Como se pierde el dulce sonido de las frondas?

¿Todo el eco de estrellas que guardo sobre el alma
Será luz que me ayude a luchar con mi forma?

¿Y el alma verdadera se despierta en la muerte?
¿Y esto que ahora pensamos se lo traga la sombra?

¡Oh, qué tranquilidad del jardín con la lluvia!
Todo el paisaje casto mi corazón transforma,
En un ruido de ideas humildes y apenadas
Que pone en mis entrañas un batir de palomas.

Sale el sol.
            El jardín desangra en amarillo.
Late sobre el ambiente una pena que ahoga.
Yo siento la nostalgia de mi infancia intranquila,
Mi ilusión de ser grande en el amor, las horas
Pasadas como ésta contemplando la lluvia
Con tristeza nativa.
                    Caperucita roja
Iba por el sendero…
Se fueron mis historias, hoy medito, confuso,
Ante la fuente turbia que del amor me brota.

¿Todo mi sufrimiento se ha de perder, Dios mío,
Como se pierde el dulce sonido de las frondas?

Vuelve a llover.
El viento va trayendo a las sombras.

Sueño

Mayo de 1919

Iba yo montado sobre
Un macho cabrío.
El abuelo me habló
Y me dijo:

Ése es tu camino.
¡Es ése!, gritó mi sombra,
Disfrazada de mendigo.
¡Es aquel de oro, dijeron
Mis vestidos!
Un gran cisne me guiñó,
Diciendo: ¡Vente conmigo!
Y una serpiente mordía
Mi sayal de peregrino.
Mirando al cielo, pensaba:
Yo no tengo camino.
Las rosas del fin serán
Como las del principio.
En niebla se convierte
La carne y el rocío.

Mi caballo fantástico me lleva
Por un campo rojizo.
¡Déjame!, clamó, llorando,
Mi corazón pensativo.
Yo lo abandoné en la tierra,
Lleno de tristeza.
                        Vino

La noche, llena de arrugas
Y de sombras.

              Alumbran el camino,
Los ojos luminosos y azulados
De mi macho cabrío.

Aire de nocturno

1919

Tengo mucho miedo
De las hojas muertas,
Miedo de los prados
Llenos de rocío.
Yo voy a dormirme;
Si no me despiertas,
Dejaré a tu lado mi corazón frío.

¿Qué es eso que suena
Muy lejos?
Amor.
El viento en las vidrieras,
¡Amor mío!

Te puse collares
Con gemas de aurora.
¿Por qué me abandonas
En este camino?
Si te vas muy lejos

Mi pájaro llora
Y la verde viña
No dará su vino.

¿Qué es eso que suena
Muy lejos?
Amor.
El viento en las vidrieras,
¡Amor mío!

Tú no sabrás nunca,
Esfinge de nieve,
Lo mucho que yo
Te hubiera querido
Esas madrugadas
Cuando tanto llueve
Y en la rama seca
Se deshace el nido.

¿Qué es eso que suena
Muy lejos?
Amor.
El viento en las vidrieras,
¡Amor mío!

Primeras canciones

Remansos

Ciprés.
(Agua estancada.)

Chopo.
(Agua cristalina.)

Mimbre.
(Agua profunda.)

Corazón.
(Agua de pupila.)

REMANSILLO

Me miré en tus ojos
pensando en tu alma.

Adelfa blanca.

Me miré en tus ojos
pensando en tu boca.

Adelfa roja.

Me miré en tus ojos.
¡Pero estabas muerta!

Adelfa negra.

VARIACIÓN

El remanso del aire
bajo la rama del eco.

El remanso del agua
bajo fronda de luceros.

El remanso de tu boca
bajo espesura de besos.

REMANSO, CANCIÓN FINAL

Ya viene la noche.

Golpean rayos de luna
sobre el yunque de la tarde.

Ya viene la noche.

Un árbol grande se abriga
con palabras de cantares.

Ya viene la noche.

Si tú vinieras a verme
por los senderos del aire.

Ya viene la noche.

Me encontrarías llorando
bajo los álamos grandes.

¡Ay morena!
Bajo los álamos grandes.

MEDIA LUNA

La luna va por el agua.
¿Cómo está el cielo tranquilo?
Va segando lentamente
el temblor viejo del río
mientras que una rana joven
la toma por espejito.

Cuatro baladas amarillas

A Claudio Guillén

I

En lo alto de aquel monte
hay un arbolito verde.

Pastor que vas,
pastor que vienes.

Olivares soñolientos
bajan al llano caliente.

Pastor que vas,
pastor que vienes.

Ni ovejas blancas ni perro
ni cayado ni amor tienes.

Pastor que vas.

Como una sombra de oro
en el trigal te disuelves.

Pastor que vienes.

II

La tierra estaba
amarilla.

Orillo, orillo,
pastorcillo.

Ni luna blanca
ni estrellas lucían.

Orillo, orillo,
pastorcillo.

Vendimiadora morena
corta el llanto de la viña.

Orillo, orillo,
pastorcillo.

III

Dos bueyes rojos
en el campo de oro.

Los bueyes tienen ritmo
de campanas antiguas
y ojos de pájaro.
Son para las mañanas
de niebla, y sin embargo
horadan la naranja
del aire, en el verano.
Viejos desde que nacen
no tienen amo
y recuerdan las alas
de sus costados.
Los bueyes
siempre van suspirando
por los campos de Ruth
en busca del vado,
del eterno vado,
borrachos de luceros
a rumiarse sus llantos.

Dos bueyes rojos
en el campo de oro.

IV

Sobre el cielo
de las margaritas ando.

Yo imagino esta tarde
que soy santo.
Me pusieron la luna
en las manos.
Yo la puse otra vez
en los espacios
y el Señor me premió
con la rosa y el halo.

Sobre el cielo
de las margaritas ando.

Y ahora voy
por este campo
a librar a las niñas
de galanes malos
y dar monedas de oro
a todos los muchachos.

Sobre el cielo
de las margaritas ando.

Palimpsestos

A José Moreno Villa

I
CIUDAD

El bosque centenario
penetra en la ciudad
pero el bosque está dentro
del mar.

Hay flechas en el aire
y guerreros que van
perdidos entre ramas
de coral.

Sobre las casas nuevas
se mueve un encinar
y tiene el cielo enormes
curvas de cristal.

II
CORREDOR

Por los altos corredores
se pasean dos señores

    (Cielo
    nuevo.
    ¡Cielo
    azul!)

... se pasean dos señores
que antes fueron blancos monjes,
    (Cielo
    medio.
    ¡Cielo
    morado!)

... se pasean dos señores
que antes fueron cazadores.

(Cielo
viejo.
¡Cielo
de oro!)

... se pasean dos señores
que antes fueron...

(Noche.)

III
PRIMERA PÁGINA

A Isabel Clara, mi ahijada

Fuente clara.
Cielo claro.

¡Oh, cómo se agrandan
los pájaros!

Cielo claro.
Fuente clara.

¡Oh, cómo relumbran
las naranjas!

Fuente.
Cielo.

¡Oh, cómo el trigo
es tierno!

Cielo.
Fuente.

¡Oh, cómo el trigo
es verde!

Adán

Árbol de sangre moja la mañana
por donde gime la recién parida.
Su voz deja cristales en la herida
y un gráfico de hueso en la ventana.

Mientras la luz que viene fija y gana
blancas metas de fábula que olvida
el tumulto de venas en la huida
hacia el turbio frescor de la manzana,

Adán sueña en la fiebre de la arcilla
un niño que se acerca galopando
por el doble latir de su mejilla.

Pero otro Adán oscuro está soñando
neutra luna de piedra sin semilla
donde el niño de luz se irá quemando.

Claro de reloj

Me senté
en un claro del tiempo.
Era un remanso
de silencio,
de un blanco
silencio,
anillo formidable
donde los luceros
chocaban con los doce flotantes
números negros.

Cautiva

Por las ramas
indecisas
iba una doncella
que era la vida.
Por las ramas
indecisas.
Con un espejito
reflejaba el día
que era un resplandor
de su frente limpia.
Por las ramas
indecisas.
Sobre las tinieblas
andaba perdida,
llorando rocío,

del tiempo cautiva.
Por las ramas
indecisas.

Canción

Por las ramas del laurel
vi dos palomas oscuras.
La una era el sol,
la otra la luna.
Vecinitas, les dije,
¿dónde está mi sepultura?
En mi cola, dijo el sol.
En mi garganta, dijo la luna.
Y yo que estaba caminando
con la tierra a la cintura
vi dos águilas de mármol
y una muchacha desnuda.
La una era la otra
y la muchacha era ninguna.
Aguilitas, les dije,
¿dónde está mi sepultura?
En mi cola, dijo el sol.
En mi garganta, dijo la luna.
Por las ramas del cerezo
vi dos palomas desnudas,
la una era la otra
y las dos eran ninguna.

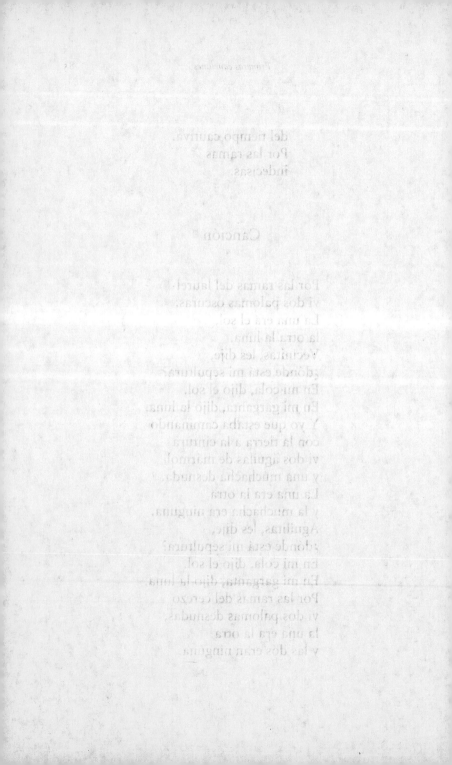

De «Suites»

Suite de los espejos

SÍMBOLO

Cristo
tenía un espejo
en cada mano.
Multiplicaba
su propio espectro.
Proyectaba su corazón
en las miradas
negras.
¡Creo!

EL GRAN ESPEJO

Vivimos
bajo el gran espejo.
¡El hombre es azul!
¡Hosanna!

REFLEJO

Doña Luna.
(¿Se ha roto el azogue?)
No.
¿Qué muchacho ha encendido
su linterna?
Sólo una mariposa
basta para apagarte.

Calla... ¡pero es posible!
¡Aquella luciérnaga
es la luna!

RAYOS

Todo es abanico.
Hermano, abre los brazos.
Dios es el punto.

RÉPLICA

Un pájaro tan sólo
canta.
El aire multiplica.
Oímos por espejos.

TIERRA

Andamos
sobre un espejo
sin azogue,
sobre un cristal
sin nubes.
Si los lirios nacieran
al revés,
si las rosas nacieran
al revés,
si todas las raíces
miraran las estrellas,
y el muerto no cerrara

sus ojos,
seríamos como cisnes.

CAPRICHO

Detrás de cada espejo
hay una estrella muerta
y un arco iris niño
que duerme.

Detrás de cada espejo
hay una calma eterna
y un nido de silencios
que no han volado.

El espejo es la momia
del manantial, se cierra,
como concha de luz,
por la noche.

El espejo
es la madre-rocío,
el libro que diseca
los crepúsculos, el eco hecho carne.

SINTO

Campanillas de oro.
Pagoda dragón.
Tilín, tilín,
sobre los arrozales.

Fuente primitiva.
Fuente de la verdad.
A lo lejos,
garzas de color rosa
y el volcán marchito.

LOS OJOS

En los ojos se abren
infinitos senderos.
Son dos encrucijadas
de la sombra.
La muerte llega siempre
de esos campos ocultos.
(Jardinera que troncha
las flores de las lágrimas.)
Las pupilas no tienen
horizontes.
Nos perdemos en ellas
como en la selva virgen.
Al castillo de irás
y no volverás
se va por el camino
que comienza en el iris.
¡Muchacho sin amor,
Dios te libre de la yedra roja!
¡Guárdate del viajero,
Elenita que bordas
corbatas!

«INITIUM»

Adán y Eva.
La serpiente
partió el espejo
en mil pedazos,
y la manzana
fue la piedra.

«BERCEUSE» AL ESPEJO DORMIDO

Duerme.
No temas la mirada
errante.
       Duerme.

Ni la mariposa,
ni la palabra,
ni el rayo furtivo
de la cerradura
te herirán.
       Duerme.

Como mi corazón,
así tú,
espejo mío.
Jardín donde el amor
me espera.

Duérmete sin cuidado,
pero despierta,
cuando se muera el último
beso de mis labios.

AIRE

El aire,
preñado de arcos iris,
rompe sus espejos
sobre la fronda.

CONFUSIÓN

Mi corazón
¿es tu corazón?
¿Quién me refleja pensamientos?
¿Quién me presta
esta pasión
sin raíces?
¿Por qué cambia mi traje
de colores?
¡Todo es encrucijada!
¿Por qué ves en el cielo
tanta estrella?
¿Hermano, eres tú
o soy yo?
¿Y estas manos tan frías
son de aquél?
Me veo por los ocasos,
y un hormiguero de gente
anda por mi corazón.

REMANSO

El búho
deja su meditación,
limpia sus gafas
y suspira.
Una luciérnaga
rueda monte abajo,
y una estrella
se corre.
El búho bate sus alas
y sigue meditando.

El jardín de las morenas
Fragmentos

PÓRTICO

El agua
toca su tambor
de plata.

Los árboles
tejen el viento
y las rosas lo tiñen
de perfume.

Una araña
inmensa
hace a la luna
estrella.

ACACIA

¿Quién segó el tallo
de la luna?
(Nos dejó raíces
de agua.)
¡Qué fácil nos sería cortar las flores
de la eterna acacia!

ENCUENTRO

María del Reposo,
te vuelvo a encontrar
junto a la fuentefría
del limonar.
¡Viva la rosa en su rosal!

María del Reposo,
te vuelvo a encontrar,
los cabellos de niebla
y ojos de cristal.
¡Viva la rosa en su rosal!

María del Reposo,
te vuelvo a encontrar.
Aquel guante de luna que olvidé,
¿dónde está?
¡Viva la rosa en su rosal!

LIMONAR

Limonar.
Momento
de mi sueño.

Limonar.
Nido
de senos
amarillos.

Limonar.
Senos donde maman
las brisas del mar.

Limonar.
Naranjal desfallecido,
naranjal moribundo,
naranjal sin sangre.

Limonar.
Tú viste mi amor roto
por el hacha de un gesto.

Limonar,
mi amor niño, mi amor
sin báculo y sin rosa.

Limonar.

Noche
Suite para piano y voz emocionada

RASGOS

Aquel camino
sin gente.
Aquel camino.

Aquel grillo
sin hogar.
Aquel grillo.

Y esta esquila
que se duerme.
Esta esquila…

PRELUDIO

El buey
cierra sus ojos
lentamente…
(Calor de establo.)

Éste es el preludio
de la noche.

RINCÓN DEL CIELO

La estrella
vieja
cierra sus ojos turbios.

La estrella
nueva
quiere azular
la sombra.

(En los pinos del monte
hay luciérnagas.)

TOTAL

La mano de la brisa
acaricia la cara del espacio
una vez
y otra vez.
Las estrellas entornan
sus párpados azules
una vez
y otra vez.

UN LUCERO

Hay un lucero quieto,
un lucero sin párpados.
– ¿Dónde?
– Un lucero...
En el agua dormida
del estanque.

FRANJA

El camino de Santiago.
(Oh noche de mi amor,
cuando estaba la pájara pinta
pinta
pinta
en la flor del limón.)

UNA

Aquella estrella romántica
(para las magnolias,
para las rosas).

Aquella estrella romántica
se ha vuelto loca.

Balalín,
balalán.

(Canta, ranita,
en tu choza
de sombra.)

MADRE

La osa mayor
da teta a sus estrellas
panza arriba.
Gruñe
y gruñe.

¡Estrellas niñas, huid;
estrellitas tiernas!

RECUERDO

Doña Luna no ha salido.
Está jugando a la rueda
y ella misma se hace burla.
Luna lunera.

HOSPICIO

Y las estrellas pobres,
las que no tienen luz,

¡qué dolor,
qué dolor,
qué pena!,

están abandonadas
sobre un azul borroso.

¡Qué dolor,
qué dolor,
qué pena!

COMETA

En Sirio
hay niños.

VENUS

Ábrete, sésamo
del día.
Ciérrate, sésamo
de la noche.

ABAJO

El espacio estrellado
se refleja en sonidos.
Lianas espectrales.
Arpa laberíntica.

LA GRAN TRISTEZA

No puedes contemplarte
en el mar.
Tus miradas se tronchan
como tallos de luz.
Noche de la tierra.

Tres estampas del cielo

Dedicadas a la señorita
Argimira López,
que no me quiso

I

Las estrellas
no tienen novio.

¡Tan bonitas
como son las estrellas!

Aguardan un galán
que las remonte
a su ideal Venecia.

Todas las noches salen a las rejas
—¡oh cielo de mil pisos!—
y hacen líricas señas
a los mares de sombra
que las rodean.

Pero aguardar, muchachas,
que cuando yo me muera
os raptaré una a una
en mi jaca de niebla.

II
GALÁN

En todo el cielo
hay un estrello.

Romántico y loco.
Con frac
de polvo
de oro.

¡Pero busca un espejo
para mirar su cuerpo!

¡Oh Narciso de plata
en lo alto del agua!

En todo el cielo
hay un estrello.

III
VENUS

Efectivamente
tienes dos grandes senos
y un collar de perlas
en el cuello.
Un infante de bruma
te sostiene el espejo.

Aunque estás muy lejana,
yo te veo
llevar la mano de iris
a tu sexo,
y arreglar indolente
el almohadón del cielo.

¡Te miramos con lupa,
yo y el Renacimiento!

Historietas del viento

I

El viento venía rojo
por el collado encendido
y se ha puesto verde, verde
por el río.
Luego se pondrá violeta,
amarillo y...
será sobre los sembrados
un arco iris tendido.

II

Viento estancado.
Arriba el sol.
Abajo
las algas temblorosas
de los álamos.
Y mi corazón
temblando.
Viento estancado
a las cinco de la tarde
sin pájaros.

III

La brisa
es ondulada
como los cabellos
de algunas muchachas.

Como los marecitos
de algunas viejas tablas.
La brisa
brota como el agua,
y se derrama
–tenue bálsamo blanco–
por las cañadas,
y se desmaya
al chocar con lo duro
de la montaña.

IV
ESCUELA

Maestro
¿Qué doncella se casa
con el viento?

Niño
La doncella de todos
los deseos.

Maestro
¿Qué le regala
el viento?

Niño
Remolinos de oro
y mapas superpuestos.

Maestro
¿Ella le ofrece algo?

Niño
Su corazón abierto.

Maestro
Decid cómo se llama.

Niño
Su nombre es un secreto.

(La ventana
del colegio
tiene una cortina
de luceros.)

El regreso

Yo vuelvo
por mis alas.

¡Dejadme volver!

¡Quiero morirme siendo
amanecer!

¡Quiero morirme siendo
ayer!

Yo vuelvo
por mis alas.

¡Dejadme retornar!

Quiero morirme siendo
manantial.

Quiero morirme fuera
de la mar.

CORRIENTE

El que camina
se enturbia.

El agua corriente
no ve las estrellas.

El que camina
se olvida.

Y el que se para
sueña.

HACIA...

Vuelve,
¡corazón!,
vuelve.

Por las selvas del amor
no verás gentes.
Tendrás claros manantiales.
En lo verde,
hallarás la rosa inmensa
del siempre.

Y dirás: ¡Amor!, ¡amor!,
sin que tu herida
se cierre.

Vuelve,
¡corazón mío!,
vuelve.

RECODO

Quiero volver a la infancia
y de la infancia a la sombra.

¿Te vas, ruiseñor?
Vete.

Quiero volver a la sombra
y de la sombra a la flor.

¿Te vas, aroma?
¡Vete!

Quiero volver a la flor
y de la flor
a mi corazón.

¿Te vas, amor?
¡Adiós!

(¡A mi desierto corazón!)

DESPEDIDA

Me despediré
en la encrucijada
para entrar en el camino
de mi alma.

Despertando recuerdos
y horas malas
llegaré al huertecillo
de mi canción blanca
y me echaré a temblar como
la estrella de la mañana.

RÁFAGA

Pasaba mi niña,
¡qué bonita iba!,
con su vestidito
de muselina
y una mariposa
prendida.

¡Síguela, muchacho,
la vereda arriba!
Y si ves que llora
o medita,
píntale el corazón
con purpurina
y dile que no llore
si queda solita.

La selva de los relojes

Entré en la selva
de los relojes.

Frondas de tic-tac,
racimos de campanas
y bajo la hora múltiple,
constelaciones de péndulos.

Los lirios negros
de las horas muertas,
los lirios negros
de las horas niñas.
¡Todo igual!
¿Y el oro del amor?

Hay una hora tan sólo.
¡Una hora tan sólo!
¡La hora fría!

MALEZA

Me interné
por la hora mortal.
Hora de agonizante
y de últimos besos.
Grave hora en que sueñan
las campanas cautivas.

Relojes de cuco,
sin cuco.

Estrella mohosa
y enormes mariposas
pálidas.

Entre el boscaje
de suspiros
el aristón
sonaba
que tenía cuando niño.

¡Por aquí has de pasar,
corazón!
¡Por aquí,
corazón!

VISTA GENERAL

Toda la selva turbia
es una inmensa araña
que teje una red sonora
a la esperanza.
¡A la pobre virgen blanca
que se cría con suspiros y miradas!

ÉL

La verdadera esfinge
es el reloj.
Edipo nacerá de una pupila.
Limita al Norte
con el espejo

y al Sur
con el gato.
Doña Luna es una Venus.
(Esfera sin sabor.)
Los relojes nos traen
los inviernos.
(Golondrinas hieráticas
emigran el verano.)
La madrugada tiene
un pleamar de relojes
donde se ahoga el sueño.
Los murciélagos nacen
de las esferas
y el becerro los estudia
preocupado.
¿Cuándo será el crepúsculo
de todos los relojes?
¿Cuándo esas lunas blancas
se hundirán por los montes?

ECO DEL RELOJ

Me senté
en un claro del tiempo.
Era un remanso de silencio,
de un blanco
silencio.

Anillo formidable
donde los luceros
chocaban con los doce flotantes
números negros.

MEDITACIÓN PRIMERA Y ÚLTIMA

El Tiempo
tiene color de noche.
De una noche quieta.
Sobre lunas enormes,
la Eternidad
está fija en las doce.
Y el Tiempo se ha dormido
para siempre en su torre.
Nos engañan
todos los relojes.
El Tiempo tiene ya
horizontes.

LA HORA ESFINGE

En tu jardín se abren
las estrellas malditas.
Nacemos bajo tus cuernos
y morimos.
¡Hora fría!
Pones un techo de piedra
a las mariposas líricas
y, sentada en el azul,
cortas alas
y límites.

[UNA... DOS... Y TRES]

Una... dos... y tres.
Sonó la hora en la selva.

El silencio
se llenó de burbujas
y un péndulo de oro
llevaba y traía
mi cara por el aire.
¡Sonó la hora en la selva!
Los relojes de bolsillo,
como bandadas de moscas,
iban y venían.

En mi corazón sonaba
el reloj sobredorado
de mi abuelita.

Suite del agua

PAÍS

En el agua negra,
árboles yacentes,
margaritas
y amapolas.

Por el camino muerto
van tres bueyes.
Por el aire,
el ruiseñor,
corazón del árbol.

TEMBLOR

En mi memoria turbia
con un recuerdo de plata,
piedra de rocío.

En el campo sin monte,
una laguna clara,
manantial apagado.

ACACIA

¿Quién segó el tallo
de la luna?

(Nos dejó raíces
de agua.)
¡Qué fácil nos sería cortar las flores
de la eterna acacia!

CURVA

Con un lirio en la mano
te dejo.
¡Amor de mi noche!
Y viudita de mi astro
te encuentro.

Domador de sombrías
mariposas,
sigo por mi camino.

Al cabo de mil años
me verás.
¡Amor de mi noche!
Por la vereda azul,
domador de sombrías
estrellas,
seguiré mi camino.
Hasta que el Universo
quepa en mi corazón.

COLMENA

¡Vivimos en celdas
de cristal,
en colmena de aire!
Nos besamos a través
de cristal.
¡Maravillosa cárcel,
cuya puerta
es la luna!

Cruz

NORTE

Las estrellas frías
sobre los caminos.
Hay quien va y quien viene
por selvas de humo.
Las cabañas suspiran

bajo la aurora perpetua.
¡En el golpe
del hacha
valles y bosques tienen
un temblor de cisterna!
¡En el golpe
del hacha!

SUR

Sur,
espejismo,
reflejo.
Da lo mismo decir
estrella que naranja,
cauce que cielo.

¡Oh la flecha,
la flecha!
El Sur
es eso:
una flecha de oro,
¡sin blanco! sobre el viento.

ESTE

Escala de aroma
que baja
al Sur
(por grados conjuntos).

OESTE

Escala de luna
que asciende
al Norte
(cromática).

Herbarios

LIBRO

I

El viajante de jardines
lleva un herbario.
Con su tomo de olor, gira.

Por las noches vienen a sus ramas
las almas de los viejos pájaros.

Cantan en ese bosque comprimido
que requiere las fuentes del llanto.

Como las naricillas de los niños
aplastadas en el cristal opaco,
así las flores de este libro
sobre el cristal invisible de los años.

El viajante de jardines,
abre el libro llorando
y los olores errabundos
se desmayan sobre el herbario.

II

El viajante del tiempo
trae el herbario de los sueños.

Yo
¿Dónde está el herbario?

El viajante
Lo tienes en tus manos.

Yo
Tengo libres los diez dedos.

El viajante
Los sueños bailan en tus cabellos.

Yo
¿Cuántos siglos han pasado?

El viajante
Una sola hoja
tiene mi herbario.

Yo
¿Voy al alba
o a la tarde?

El viajante
El pasado
está inhabitable.

Yo
¡Oh jardín de la amarga fruta!

El viajante
¡Peor es el herbario de la luna!

III

En mucho secreto, un amigo
me enseña el herbario de los ruidos.

(¡Chisss… silencio!
La noche cuelga del cielo.)
A la luz de un puerto perdido
vienen los ecos de todos los siglos.

(¡Chisss… silencio!
¡La noche oscila con el viento!)
(¡Chisss… silencio!
Viejas iras se enroscan en mis dedos.)

Canciones

1921-1924

*A Pedro Salinas, Jorge Guillén y
Melchorito Fernández Almagro*

TEORÍAS

Canción de las siete doncellas
Teoría del arco iris

Cantan las siete
doncellas.

(Sobre el cielo un arco
de ejemplos de ocaso.)

Alma con siete voces
las siete doncellas.

(En el aire blanco,
siete largos pájaros.)

Mueren las siete
doncellas.

(¿Por qué no han sido nueve?
¿Por qué no han sido veinte?)

El río las trae.
Nadie puede verlas.

Nocturno esquemático

Hinojo, serpiente y junco.

Aroma, rastro y penumbra.

Aire, tierra y soledad.

(La escala llega a la luna.)

La canción del colegial

Sábado.
Puerta de jardín.

Domingo.
Día gris.
Gris.

Sábado.
Arcos azules.
Brisa.

Domingo.
Mar con orillas.
Metas.

Sábado.
Semilla,
estremecida.

Domingo.
(Nuestro amor se pone,
amarillo.)

*   *   *

El canto quiere ser luz.
En lo oscuro el canto tiene,
hilos de fósforo y luna.
La luz no sabe qué quiere.
En sus límites de ópalo,
se encuentra ella misma,
y vuelve.

Tiovivo

A José Bergamín

Los días de fiesta
van sobre ruedas.
El tiovivo los trae,
y los lleva.

Corpus azul.
Blanca Nochebuena.

Los días, abandonan
su piel, como las culebras,
con la sola excepción
de los días de fiesta.

Éstos son los mismos
de nuestras madres viejas.
Sus tardes son largas colas
de moaré y lentejuelas.

Corpus azul.
Blanca Nochebuena.

El tiovivo gira
colgado de una estrella.
Tulipán de las cinco
partes de la tierra.

Sobre caballitos
disfrazados de panteras
los niños se comen la luna
como si fuera una cereza.

¡Rabia, rabia, Marco Polo!
Sobre una fantástica rueda,
los niños ven lontananzas
desconocidas de la tierra.

Corpus azul.
Blanca Nochebuena.

Balanza

La noche quieta siempre.
El día va y viene.

La noche muerta y alta.
El día con un ala.

La noche sobre espejos
y el día bajo el viento.

Canción con movimiento

Ayer.

(Estrellas
azules.)

Mañana.

(Estrellitas
blancas.)

Hoy.

(Sueño flor adormecida
en el valle de la enagua.)

Ayer.

(Estrellas
de fuego.)

Mañana.

(Estrellas
moradas.)

Hoy.

(Este corazón, ¡Dios mío!
¡Este corazón que salta!)

Ayer.

(Memoria
de estrellas.)

Mañana.

(Estrellas cerradas.)

Hoy...

(¡Mañana!)

¿Me marearé quizá
sobre la barca?

¡Oh los puentes del Hoy
en el camino de agua!

Refrán

Marzo
pasa volando.

Y Enero sigue tan alto.

Enero,
sigue en la noche del cielo.

Y abajo Marzo es un momento.

Enero.
Para mis ojos viejos.

Marzo.
Para mis frescas manos.

Friso

A Gustavo Durán

Tierra	*Cielo*
Las niñas de la brisa van con sus largas colas.	Los mancebos del aire saltan sobre la luna.

Cazador

¡Alto pinar!
Cuatro palomas por el aire van.

Cuatro palomas
vuelan y tornan.

Llevan heridas
sus cuatro sombras.

¡Bajo pinar!
Cuatro palomas en la tierra están.

Fábula

Unicornios y cíclopes.

Cuernos de oro
y ojos verdes.

Sobre el acantilado,
en tropel gigantesco
ilustran el azogue
sin cristal, del mar.

Unicornios y cíclopes.

Una pupila
y una potencia.

¿Quién duda la eficacia
terrible de esos cuernos?

¡Oculta tus blancos,
Naturaleza!

* * *

Agosto,
contraponientes
de melocotón y azúcar,
y el sol dentro de la tarde,
como el hueso en una fruta.

La panocha guarda intacta,
su risa amarilla y dura.

Agosto.
Los niños comen
pan moreno y rica luna.

Arlequín

Teta roja del sol.
Teta azul de la luna.

Torso mitad coral,
mitad plata y penumbra.

Cortaron tres árboles

A Ernesto Halffter

Eran tres.

(Vino el día con sus hachas.)

Eran dos.

(Alas rastreras de plata.)

Era uno.

Era ninguno.

(Se quedó desnuda el agua.)

NOCTURNOS DE LA VENTANA

A la memoria de José de Ciria y Escalante.
Poeta

1

Alta va la luna.
Bajo corre el viento.

(Mis largas miradas,
exploran el cielo.)

Luna sobre el agua.
Luna bajo el viento.

(Mis cortas miradas
exploran el suelo.)

Las voces de dos niñas
venían. Sin esfuerzo,
de la luna del agua,
me fui a la del cielo.

2

Un brazo de la noche
entra por mi ventana.

Un gran brazo moreno
con pulseras de agua.

Sobre un cristal azul
jugaba al río mi alma.

Los instantes heridos
por el reloj… pasaban.

3

Asomo la cabeza
por mi ventana, y veo
cómo quiere cortarla
la cuchilla del viento.

En esta guillotina
invisible, yo he puesto

las cabezas sin ojos
de todos mis deseos.

Y un olor de limón
llenó el instante inmenso,
mientras se convertía
en flor de gasa el viento.

4

Al estanque se le ha muerto
hoy una niña de agua.
Está fuera del estanque,
sobre el suelo amortajada.

De la cabeza a sus muslos
un pez la cruza, llamándola.
El viento le dice «niña»
mas no puede despertarla.

El estanque tiene suelta
su cabellera de algas
y al aire sus grises tetas
estremecidas de ranas.

«Dios te salve» rezaremos
a Nuestra Señora de Agua
por la niña del estanque
muerta bajo las manzanas.

Yo luego pondré a su lado
dos pequeñas calabazas
para que se tenga a flote,
¡ay! sobre la mar salada.

Residencia de Estudiantes, 1923

CANCIONES PARA NIÑOS

A la maravillosa niña Colomba Morla Vicuña,
dormida piadosamente el día 12 de Agosto de 1928

Canción china en Europa

A mi ahijada Isabel Clara

La señorita
del abanico,
va por el puente
del fresco río.

Los caballeros
con sus levitas,
miran el puente
sin barandillas.

La señorita
del abanico
y los volantes,
busca marido.

Los caballeros
están casados,
con altas rubias
de idioma blanco.

Los grillos cantan
por el Oeste.

(La señorita,
va por lo verde.)

Los grillos cantan
bajo las flores.

(Los caballeros,
van por el Norte.)

Cancioncilla sevillana

A Solita Salinas

Amanecía,
en el naranjel.
Abejitas de oro
buscaban la miel.

¿Dónde estará
la miel?

Está en la flor azul,
Isabel.
En la flor,
  del romero aquel.

(Sillita de oro
para el moro.
Silla de oropel
para su mujer.)

Amanecía,
en el naranjel.

Caracola

A Natalita Jiménez

2

Me han traído una caracola.

Dentro le canta
un mar de mapa.
Mi corazón
se llena de agua
con pececillos
de sombra y plata.

Me han traído una caracola.

* * *

A Mademoiselle Teresita Guillén
tocando su piano de seis notas

El lagarto está llorando.
La lagarta está llorando.

El lagarto y la lagarta
con delantaritos blancos.

Han perdido sin querer
su anillo de desposados.

¡Ay, su anillito de plomo,
ay, su anillito plomado!

Un cielo grande y sin gente
monta en su globo a los pájaros.

El sol, capitán redondo,
lleva un chaleco de raso.

¡Miradlos qué viejos son!
¡Qué viejos son los lagartos!

¡Ay cómo lloran y lloran,
¡ay! ¡ay! cómo están llorando!

Canción cantada

En el gris,
el pájaro Grifón
se vestía de gris.
Y la niña Kikirikí
perdía su blancor
y forma allí.

Para entrar en el gris
me pinté de gris.
¡Y cómo relumbraba
en el gris!

Paisaje

*A Rita, Concha, Pepe
y Carmencica*

La tarde equivocada
se vistió de frío.

Detrás de los cristales
turbios, todos los niños,
ven convertirse en pájaros
un árbol amarillo.

La tarde está tendida
a lo largo del río.
Y un rubor de manzana
tiembla en los tejadillos.

Canción tonta

Mamá.
Yo quiero ser de plata.

Hijo,
tendrás mucho frío.

Mamá.
Yo quiero ser de agua.

Hijo,
tendrás mucho frío.

Mamá.
Bórdame en tu almohada.

¡Eso sí!
¡Ahora mismo!

ANDALUZAS

*A Miguel Pizarro (en la irregularidad
simétrica del Japón)*

Canción de jinete

1860

En la luna negra
de los bandoleros,
cantan las espuelas.

Caballito negro.
¿Dónde llevas tu jinete muerto?

... Las duras espuelas
del bandido inmóvil
que perdió las riendas.

Caballito frío.
¡Qué perfume de flor de cuchillo!

En la luna negra,
sangraba el costado
de Sierra Morena.

Caballito negro.
¿Dónde llevas tu jinete muerto?

La noche espolea
sus negros ijares
clavándose estrellas.

Caballito frío.
¡Qué perfume de flor de cuchillo!

En la luna negra,
¡un grito! y el cuerno
largo de la hoguera.

Caballito negro.
¿Dónde llevas tu jinete muerto?

Adelina de paseo

La mar no tiene naranjas,
ni Sevilla tiene amor.
Morena, qué luz de fuego.
Préstame tu quitasol.

Me pondrá la cara verde
–zumo de lima y limón–.
Tus palabras –pececillos–
nadarán alrededor.

La mar no tiene naranjas.
Ay amor.
¡Ni Sevilla tiene amor!

* * *

Zarzamora con el tronco gris,
dame un racimo para mí.

Sangre y espinas. Acercaté.
Si tú me quieres, yo te querré.
Deja tu fruto de verde y sombra
sobre mi lengua, zarzamora.

Qué largo abrazo te daría
en la penumbra de mis espinas.

Zarzamora, ¿dónde vas?
A buscar amores que tú no me das.

* * *

Mi niña se fue a la mar,
a contar olas y chinas,
pero se encontró, de pronto,
con el río de Sevilla.

Entre adelfas y campanas
cinco barcos se mecían,
con los remos en el agua
y las velas en la brisa.

¿Quién mira dentro la torre
enjaezada, de Sevilla?
Cinco voces contestaban
redondas como sortijas.

El cielo monta gallardo
al río, de orilla a orilla.
En el aire sonrosado,
cinco anillos se mecían.

Tarde

¿Estaba mi Lucía con
los pies en el arroyo?

Tres álamos inmensos
y una estrella.

El silencio mordido
por las ranas, semeja
una gasa pintada
con lunaritos verdes.

En el río,
un árbol seco,
ha florecido en círculos
concéntricos.

Y he soñado sobre las aguas,
a la morenita de Granada.

Canción de jinete

Córdoba.
Lejana y sola.

Jaca negra, luna grande,
y aceitunas en mi alforja.
Aunque sepa los caminos
yo nunca llegaré a Córdoba.

Por el llano, por el viento,
jaca negra, luna roja.
La muerte me está mirando
desde las torres de Córdoba.

¡Ay qué camino tan largo!
¡Ay mi jaca valerosa!
¡Ay que la muerte me espera,
antes de llegar a Córdoba!

Córdoba.
Lejana y sola.

Es verdad

¡Ay qué trabajo me cuesta
quererte como te quiero!

Por tu amor me duele el aire,
el corazón
y el sombrero.

¿Quién me compraría a mí,
este cintillo que tengo
y esta tristeza de hilo
blanco, para hacer pañuelos?

¡Ay qué trabajo me cuesta
quererte como te quiero!

* * *

Arbolé arbolé
seco y verdé.

La niña del bello rostro
está cogiendo aceituna.
El viento, galán de torres,
la prende por la cintura.

Pasaron cuatro jinetes,
sobre jacas andaluzas
con trajes de azul y verde,
con largas capas oscuras.

«Vente a Córdoba, muchacha.»
La niña no los escucha.

Pasaron tres torerillos
delgaditos de cintura,
con trajes color naranja
y espadas de plata antigua.

«Vente a Sevilla, muchacha.»
La niña no los escucha.

Cuando la tarde se puso
morada, con luz difusa,
pasó un joven que llevaba
rosas y mirtos de luna.

«Vente a Granada, muchacha.»
Y la niña no lo escucha.

La niña del bello rostro
sigue cogiendo aceituna,
con el brazo gris del viento
ceñido por la cintura.

Arbolé, arbolé
seco y verdé.

* * *

Galán,
galancillo.
En tu casa queman tomillo.

Ni que vayas, ni que vengas,
con llave cierro la puerta.

Con llave de plata fina.
Atada con una cinta.

En la cinta hay un letrero:
Mi corazón está lejos.

No des vueltas en mi calle.
¡Déjasela toda al aire!

Galán,
galancillo.
En tu casa queman tomillo.

TRES RETRATOS CON SOMBRA

Verlaine

La canción,
que nunca diré,
se ha dormido en mis labios.
La canción,
que nunca diré.

Sobre las madreselvas
había una luciérnaga,
y la luna picaba
con un rayo en el agua.

Entonces yo soñé,
la canción,
que nunca diré.

Canción llena de labios
y de cauces lejanos.

Canción llena de horas
perdidas en la sombra.

Canción de estrella viva
sobre un perpetuo día.

BACO

Verde rumor intacto.
La higuera me tiende sus brazos.

Como una pantera, su sombra,
acecha mi lírica sombra.

La luna cuenta los perros.
Se equivoca y empieza de nuevo.

Ayer, mañana, negro y verde,
rondas mi cerco de laureles.

¿Quién te querría como yo,
si me cambiaras el corazón?

... Y la higuera me grita y avanza
terrible y multiplicada.

Juan Ramón Jiménez

En el blanco infinito,
nieve, nardo y salina,
perdió su fantasía.

El color blanco, anda,
sobre una muda alfombra
de plumas de paloma.

Sin ojos ni ademán,
inmóvil sufre un sueño.
Pero tiembla por dentro.

En el blanco infinito,
¡qué pura y larga herida
dejó su fantasía!

En el blanco infinito.
Nieve. Nardo. Salina.

VENUS

Así te vi

La joven muerta
en la concha de la cama,
desnuda de flor y brisa
surgía en la luz perenne.

Quedaba el mundo,
lirio de algodón y sombra,
asomado a los cristales
viendo el tránsito infinito.

La joven muerta,
surcaba el amor por dentro.
Entre la espuma de las sábanas
se perdía su cabellera.

Debussy

Mi sombra va silenciosa
por el agua de la acequia.

Por mi sombra están las ranas
privadas de las estrellas.

La sombra manda a mi cuerpo
reflejos de cosas quietas.

Mi sombra va como inmenso
cínife color violeta.

Cien grillos quieren dorar
la luz de la cañavera.

Una luz nace en mi pecho,
reflejado, de la acequia.

NARCISO

Niño.
¡Que te vas a caer al río!

En lo hondo hay una rosa
y en la rosa hay otro río.

¡Mira aquel pájaro! ¡Mira
aquel pájaro amarillo!

Se me han caído los ojos
dentro del agua.

¡Dios mío!
¡Que se resbala! ¡Muchacho!

... y en la rosa estoy yo mismo.

Cuando se perdió en el agua,
comprendí. Pero no explico.

JUEGOS

Dedicados a la cabeza de Luis Buñuel
En gros plan

Ribereñas
Con acompañamiento de campanas

Dicen que tienes cara

(Balalín)

de luna llena.

(Balalán)

Cuántas campanas ¿oyes?

(Balalín)

No me dejan.

(¡Balalán!)

Pero tus ojos… ¡Ah!

(balalín)

… perdona, tus ojeras…

(balalán)

y esa risa de oro

(balalín)

y esa... no puedo, esa...

(balalán)

Su duro miriñaque
las campanas golpean.
¡Oh, tu encanto secreto... tu...

(balalín
lín
lín
lín...)

Dispensa.

A Irene García
Criada

En el soto,
los alamillos bailan
uno con otro.
Y el arbolé,
con sus cuatro hojitas
baila también.

¡Irene!
Luego vendrán las lluvias

y las nieves.
Baila sobre lo verde.

Sobre lo verde verde,
que te acompaño yo.

¡Ay cómo corre el agua!
¡Ay mi corazón!

En el soto,
los alamillos bailan
uno con otro.
Y el arbolé,
con sus cuatro hojitas
baila también.

Al oído de una muchacha

No quise.
No quise decirte nada.

Vi en tus ojos
dos arbolitos locos.
De brisa, de risa y de oro.

Se meneaban.

No quise.
No quise decirte nada.

* * *

Las gentes iban
y el otoño venía.

Las gentes,
iban a lo verde.
Llevaban gallos
y guitarras alegres.
Por el reino
de las simientes.
El río soñaba,
corría la fuente.
¡Salta,
corazón caliente!

Las gentes,
iban a lo verde.

El otoño venía
amarillo de estrellas,
pájaros macilentos
y ondas concéntricas.
Sobre el pecho almidonado,
la cabeza.
¡Párate,
corazón de cera!

Las gentes iban
y el otoño venía.

Canción del mariquita

El mariquita se peina
con su peinador de seda.

Los vecinos se sonríen
en sus ventanas postreras.

El mariquita organiza
los bucles de su cabeza.

Por los patios gritan loros,
surtidores y planetas.

El mariquita se adorna
con un jazmín sinvergüenza.

La tarde se pone extraña
de peines y enredaderas.

El escándalo temblaba
rayado como una cebra.

¡Los mariquitas del Sur,
cantan en las azoteas!

Árbol de canción

Para Ana María Dalí

Caña de voz y gesto,
una vez y otra vez
tiembla sin esperanza
en el aire de ayer.

La niña suspirando
lo quería coger;
pero llegaba siempre
un minuto después.

¡Ay sol! ¡Ay luna, luna!
Un minuto después.
Sesenta flores grises
enredaban sus pies.

Mira cómo se mece
una vez y otra vez,
virgen de flor y rama,
en el aire de ayer.

* * *

Naranja y limón.

¡Ay la niña
del mal amor!

Limón y naranja.

¡Ay de la niña,
de la niña blanca!

Limón.

(Cómo brillaba
el sol.)

Naranja.

(En las chinas
de agua.)

La calle de los mudos

Detrás de las inmóviles vidrieras
las muchachas juegan con sus risas.

(En los pianos vacíos,
arañas titiriteras.)

Las muchachas hablan con sus novios
agitando sus trenzas apretadas.

(Mundo del abanico,
el pañuelo y la mano.)

Los galanes replican haciendo,
alas y flores con sus capas negras.

CANCIONES DE LUNA

A José F. Montesinos

La luna asoma

Cuando sale la luna
se pierden las campanas
y aparecen las sendas
impenetrables.

Cuando sale la luna,
el mar cubre la tierra
y el corazón se siente
isla en el infinito.

Nadie come naranjas
bajo la luna llena.
Es preciso comer,
fruta verde y helada.

Cuando sale la luna
de cien rostros iguales,
la moneda de plata
solloza en el bolsillo.

Dos lunas de tarde

I

A Laurita, amiga de mi hermana

La luna está muerta, muerta;
pero resucita en la primavera.

Cuando en la frente de los chopos
se rice el viento del Sur.

Cuando den nuestros corazones
su cosecha de suspiros.

Cuando se pongan los tejados
sus sombreritos de yerba.

La luna está muerta, muerta;
pero resucita en la primavera.

2

A Isabelita, mi hermana

La tarde canta
una *berceuse* a las naranjas.

Mi hermanita canta:
La tierra es una naranja.

La luna llorando dice:
Yo quiero ser una naranja.

No puede ser, hija mía,
aunque te pongas rosada.
Ni siquiera limoncito.
¡Qué lástima!

Lunes, miércoles y viernes

Yo era.

Yo fui.

Pero no soy.

Yo era...

(¡Oh fauce maravillosa
la del ciprés y su sombra!
Ángulo de luna llena.
Ángulo de luna sola.)

Yo fui...

La luna estaba de broma
diciendo que era una rosa.
(Con una capa de viento
mi amor se arrojó a las olas.)

Pero no soy...

(Ante una vidriera rota
coso mi lírica ropa.)

Murió al amanecer

Noche de cuatro lunas
y un solo árbol,
con una sola sombra
y un solo pájaro.

Busco en mi carne las
huellas de tus labios.
El manantial besa al viento
sin tocarlo.

Llevo el No que me diste,
en la palma de la mano,
como un limón de cera
casi blanco.

Noche de cuatro lunas
y un solo árbol.
En la punta de una aguja,
está mi amor ¡girando!

Primer aniversario

La niña va por mi frente.
¡Oh, qué antiguo sentimiento!

¿De qué me sirve, pregunto,
la tinta, el papel y el verso?

Carne tuya me parece,
rojo lirio, junco fresco.
Morena de luna llena.
¿Qué quieres de mi deseo?

Segundo aniversario

La luna clava en el mar
un largo cuerno de luz.

Unicornio gris y verde,
estremecido pero extático.

El cielo flota sobre el aire
como una inmensa flor de loto.

(¡Oh, tú sola paseando
la última estancia de la noche!)

Flor

A Colin Hackforth

El magnífico sauce
de la lluvia, caía.

¡Oh la luna redonda
sobre las ramas blancas!

EROS CON BASTÓN

1925

A Pepín Bello

Susto en el comedor

Eras rosa.
Te pusiste alimonada.

¿Qué intención viste en mi mano
que casi te amenazaba?

Quise las manzanas verdes.
No las manzanas rosadas...

alimonada...

(Grulla dormida la tarde,
puso en tierra la otra pata.)

Lucía Martínez

Lucía Martínez.
Umbría de seda roja.

Tus muslos como la tarde
van de la luz a la sombra.
Los azabaches recónditos

oscurecen tus magnolias.
Aquí estoy, Lucía Martínez.
Vengo a consumir tu boca
y arrastrarte del cabello
en madrugada de conchas.

Porque quiero, y porque puedo.
Umbría de seda roja.

La soltera en misa

Bajo el moisés del incienso,
adormecida.

Ojos de toro te miraban.
Tu rosario llovía.

Con ese traje de profunda seda,
no te muevas, Virginia.

Da los negros melones de tus pechos
al rumor de la misa.

Interior

Ni quiero ser poeta,
ni galante.
¡Sábanas blancas donde te desmayes!

No conoces el sueño
ni el resplandor del día.
Como los calamares,
ciegas desnuda en tinta de perfume.
Carmen.

«Nu»

Bajo la adelfa sin luna
estabas fea desnuda.

Tu carne buscó en mi mapa
el amarillo de España.

Qué fea estabas, francesa,
en lo amargo de la adelfa.

Roja y verde, eché a tu cuerpo
la capa de mi talento.

Verde y roja, roja y verde.
¡Aquí somos otra gente!

Serenata
Homenaje a Lope de Vega

Por las orillas del río
se está la noche mojando

y en los pechos de Lolita
se mueren de amor los ramos.

Se mueren de amor los ramos.

La noche canta desnuda
sobre los puentes de Marzo.
Lolita lava su cuerpo
con agua salobre y nardos.

Se mueren de amor los ramos.

La noche de anís y plata
relumbra por los tejados.
Plata de arroyos y espejos.
Anís de tus muslos blancos.

Se mueren de amor los ramos.

En Málaga

Suntuosa Leonarda.
Carne pontifical y traje blanco,
en las barandas de «Villa Leonarda».
Expuesta a los tranvías y a los barcos.

Negros torsos bañistas oscurecen
la ribera del mar. Oscilando
—concha y loto a la vez—
viene tu culo
de Ceres en retórica de mármol.

TRASMUNDO

A Manuel Ángeles Ortiz

Escena

Altas torres.
Largos ríos.

Hada
Toma el anillo de bodas
que llevaron tus abuelos.
Cien manos, bajo la tierra,
lo están echando de menos.

Yo
Voy a sentir en mis manos
una inmensa flor de dedos
y el símbolo del anillo.
No lo quiero.

Altas torres.
Largos ríos.

Malestar y noche

Abejaruco.
En tus árboles oscuros.
Noche de cielo balbuciente
y aire tartamudo.

Tres borrachos eternizan
sus gestos de vino y luto.
Los astros de plomo giran
sobre un pie.
                    Abejaruco.
En tus árboles oscuros.

Dolor de sien oprimida
con guirnalda de minutos.
¿Y tu silencio? Los tres
borrachos cantan desnudos.
Pespunte de seda virgen
tu canción.
                    Abejaruco.
Uco uco uco uco.
                    Abejaruco.

El niño mudo

El niño busca su voz.
(La tenía el rey de los grillos.)
En una gota de agua
buscaba su voz el niño.

No la quiero para hablar;
me haré con ella un anillo
que llevará mi silencio
en su dedo pequeñito.

En una gota de agua
buscaba su voz el niño.

(La voz cautiva, a lo lejos,
se ponía un traje de grillo.)

El niño loco

Yo decía: «Tarde».
Pero no era así.
La tarde era otra cosa
que ya se había marchado.

(Y la luz encogía
sus hombros como una niña.)

«Tarde.» ¡Pero es inútil!
Ésta es falsa, ésta tiene
media luna de plomo.
La otra no vendrá nunca.

(Y la luz como la ven todos,
jugaba a la estatua con el niño loco.)

Aquélla era pequeña

y comía granadas.
Ésta es grandota y verde, yo no puedo
tomarla en brazos ni vestirla.
¿No vendrá? ¿Cómo era?

(Y la luz que se iba, dio una broma.
Separó al niño loco de su sombra.)

Desposorio

Tirad ese anillo
al agua.

(La sombra apoya sus dedos
sobre mi espalda.)

Tirad ese anillo. Tengo
más de cien años. ¡Silencio!

¡No preguntadme nada!

Tirad ese anillo
al agua.

Despedida

Si muero,
dejad el balcón abierto.

El niño come naranjas.
(Desde mi balcón lo veo.)

El segador siega el trigo.
(Desde mi balcón lo siento.)

¡Si muero,
dejad el balcón abierto!

Suicidio

Quizás fue por no saberte la geometría.

El jovencillo se olvidaba.
Eran las diez de la mañana.

Su corazón se iba llenando,
de alas rotas y flores de trapo.

Notó que ya no le quedaba,
en la boca más que una palabra.

Y al quitarse los guantes, caía,
de sus manos, suave ceniza.

Por el balcón se veía una torre.
Él se sintió balcón y torre.

Vio, sin duda, cómo le miraba
el reloj detenido en su caja.

Vio su sombra tendida y quieta,
en el blanco diván de seda.

Y el joven rígido, geométrico,
con un hacha rompió el espejo.

Al romperlo, un gran chorro de sombra,
inundó la quimérica alcoba.

AMOR
Con alas y flechas

Cancioncilla del primer deseo

En la mañana verde,
quería ser corazón.
Corazón.

Y en la tarde madura
quería ser ruiseñor.
Ruiseñor.

(Alma,
ponte color naranja.
Alma,
ponte color de amor.)

En la mañana viva,
yo quería ser yo.
Corazón.

Y en la tarde caída
quería ser mi voz.
Ruiseñor.

¡Alma,
ponte color naranja!
¡Alma,
ponte color de amor!

En el instituto y en la universidad

La primera vez
no te conocí.
La segunda, sí.

Dime
si el aire te lo dice.

Mañanita fría
yo me puse triste,
y luego me entraron
ganas de reírme.

No te conocía.
Sí me conociste.
Sí te conocía.
No me conociste.

Ahora entre los dos
se alarga impasible,
un mes, como un
biombo de días grises.

La primera vez
no te conocí.
La segunda, sí.

Madrigalillo

Cuatro granados
tiene tu huerto.

(Toma mi corazón
nuevo.)

Cuatro cipreses
tendrá tu huerto.

(Toma mi corazón
viejo.)

Sol y luna.
Luego...
¡ni corazón,
ni huerto!

Eco

Ya se ha abierto
la flor de la aurora.

(¿Recuerdas,
el fondo de la tarde?)

El nardo de la luna
derrama su olor frío.

(¿Recuerdas
la mirada de Agosto?)

Idilio

A Enrique Durán

Tú querías que yo te dijera
el secreto de la primavera.
Y yo soy para el secreto
lo mismo que es el abeto.

Árbol cuyos mil deditos
señalan mil caminitos.

Nunca te diré, amor mío,
por qué corre lento el río.

Pero pondré en mi voz estancada
el cielo ceniza de tu mirada.

¡Dame vueltas, morenita!
Ten cuidado con mis hojitas.

Dame más vueltas alrededor,
jugando a la noria del amor.

¡Ay! No puedo decirte, aunque quisiera,
el secreto de la primavera.

* * *

Narciso.
Tu olor.
Y el fondo del río.

Quiero quedarme a tu vera.
Flor del amor.
Narciso.

Por tus blancos ojos cruzan
ondas y peces dormidos.
Pájaros y mariposas
japonizan en los míos.

Tú diminuto y yo grande.
Flor del amor.
Narciso.

Las ranas, ¡qué listas son!
Pero no dejan tranquilo

el espejo en que se miran
tu delirio y mi delirio.

Narciso.
Mi dolor.
Y mi dolor mismo.

Granada y 1850

Desde mi cuarto
oigo el surtidor.

Un dedo de la parra
y un rayo de sol,
señalan hacia el sitio
de mi corazón.

Por el aire de Agosto
se van las nubes. Yo,
sueño que no sueño
dentro del surtidor.

Preludio

Las alamedas se van,
pero dejan su reflejo.
Las alamedas se van,
pero nos dejan el viento.

El viento está amortajado,
a lo largo bajo el cielo.

Pero ha dejado flotando
sobre los ríos, sus ecos.

El mundo de las luciérnagas
ha invadido mis recuerdos.

Y un corazón diminuto
me va brotando en los dedos.

      * * *

Sobre el cielo verde,
un lucero verde
¿qué ha de hacer, amor,
¡ay! sino perderse?

Las torres fundidas
con la niebla fría,
¿cómo han de mirarnos
con sus ventanitas?

Cien luceros verdes
sobre un cielo verde,
no ven a cien torres
blancas, en la nieve.

Y esta angustia mía
para hacerla viva,
he de decorarla
con rojas sonrisas.

Soneto

Largo espectro de plata conmovida
el viento de la noche suspirando,
abrió con mano gris mi vieja herida
y se alejó: yo estaba deseando.

Llaga de amor que me dará la vida
perpetua sangre y pura luz brotando.
Grieta en que Filomela enmudecida
tendrá bosque, dolor y nido blando.

¡Ay qué dulce rumor en mi cabeza!
Me tenderé junto a la flor sencilla
donde flota sin alma tu belleza.

Y el agua errante se pondrá amarilla,
mientras corre mi sangre en la maleza
mojada y olorosa de la orilla.

CANCIONES PARA TERMINAR

A Rafael Alberti

De otro modo

La hoguera pone al campo de la tarde,
unas astas de ciervo enfurecido.
Todo el valle se tiende. Por sus lomos,
caracolea el vientecillo.

El aire cristaliza bajo el humo.
—Ojo de gato triste y amarillo—.
Yo en mis ojos, paseo por las ramas.
Las ramas se pasean por el río.

Llegan mis cosas esenciales.
Son estribillos de estribillos.
Entre los juncos y la baja tarde,
¡qué raro que me llame Federico!

Canción de Noviembre y Abril

El cielo nublado
pone mis ojos blancos.

Yo, para darles vida,
les acerco una flor
amarilla.

No consigo turbarlos.
Siguen yertos y blancos.

(Entre mis hombros vuela
mi alma dorada y plena.)

El cielo de Abril
pone mis ojos de añil.

Yo, para darles alma,
les acerco una rosa
blanca.

No consigo infundir
lo blanco en el añil.

(Entre mis hombros vuela
mi alma impasible y ciega.)

* * *

Agua, ¿dónde vas?
Riyendo voy por el río
a las orillas del mar.

Mar, ¿adónde vas?

Río arriba voy buscando
fuente donde descansar.

Chopo, y tú ¿qué harás?

No quiero decirte nada.
Yo... ¡temblar!

¿Qué deseo, qué no deseo,
por el río y por la mar?

(Cuatro pájaros sin rumbo
en el alto chopo están.)

El espejo engañoso

Verde rama exenta
de ritmo y de pájaro.

Eco de sollozo
sin dolor ni labio.
Hombre y Bosque.

Lloro
frente al mar amargo.
¡Hay en mis pupilas
dos mares cantando!

Canción inútil

Rosa futura y vena contenida,
amatista de ayer y brisa de ahora mismo,
             ¡quiero olvidarlas!

Hombre y pez en sus medios, bajo cosas flotantes,
esperando en el alga o en la silla su noche,
             ¡quiero olvidarlas!

Yo.
¡Sólo yo!
Labrando la bandeja
donde no irá mi cabeza.
¡Sólo yo!

Huerto de Marzo

Mi manzano,
tiene ya sombra y pájaros.

¡Qué brinco da mi sueño
de la luna al viento!

Mi manzano,
da a lo verde sus brazos.

¡Desde Marzo, cómo veo
la frente blanca de Enero!

Mi manzano...
(viento bajo).

Mi manzano...
(cielo alto).

Dos marinos en la orilla

A Joaquín Amigo

1.º

Se trajo en el corazón
un pez del Mar de la China.
A veces se ve cruzar
diminuto por sus ojos.

Olvida siendo marino
los bares y las naranjas.

Mira al agua.

2.º

Tenía la lengua de jabón.
Lavó sus palabras y se calló.

Mundo plano, mar rizado,
cien estrellas y su barco.

Vio los balcones del Papa
y los pechos dorados de las cubanas.

Mira al agua.

Ansia de estatua

Rumor.
Aunque no quede más que el rumor.

Aroma.
Aunque no quede más que el aroma.

Pero arranca de mí el recuerdo
y el color de las viejas horas.

Dolor.
Frente al mágico y vivo dolor.

Batalla.
En la auténtica y sucia batalla.

¡Pero quita la gente invisible
que rodea perenne mi casa!

Canción del naranjo seco

A Carmen Morales

Leñador.
Córtame la sombra.
Líbrame del suplicio
de verme sin toronjas.

¿Por qué nací entre espejos?
El día me da vueltas.

Y la noche me copia
en todas sus estrellas.

Quiero vivir sin verme.
Y hormigas y vilanos,
soñaré que son mis
hojas y mis pájaros.

Leñador.
Córtame la sombra.
Líbrame del suplicio
de verme sin toronjas.

Canción del día que se va

¡Qué trabajo me cuesta
dejarte marchar, día!
Te vas lleno de mí,
vuelves sin conocerme.
¡Qué trabajo me cuesta
dejar sobre tu pecho
posibles realidades
de imposibles minutos!

En la tarde, un Perseo
te lima las cadenas,
y huyes sobre los montes
hiriéndote los pies.
No pueden seducirte
mi carne ni mi llanto,

ni los ríos en donde
duermes tu siesta de oro.

Desde Oriente a Occidente
llevo tu luz redonda.
Tu gran luz que sostiene
mi alma, en tensión aguda.
Desde Oriente a Occidente,
¡qué trabajo me cuesta
llevarte con tus pájaros
y tus brazos de viento!

SEGUNDA PARTE

PRÓLOGO

La Andalucía lorquiana

García Lorca ha sido el máximo intérprete poético de Andalucía, como su admirado Falla lo sería en la música. Esa interpretación de Andalucía descansa en buena medida, complementada por las tragedias, sobre el *Poema del cante jondo* y el *Primer romancero gitano*, los dos libros lorquianos de poesía de materia exclusivamente andaluza.

La superioridad de la Andalucía lorquiana sobre las otras (la de Manuel Machado, por ejemplo) reside en su condición mítica, arquetípica, «lucha y drama del veneno de Oriente del andaluz con la geometría y el equilibrio que impone lo romano, lo bético», según reza la conferencia del cante jondo. Como todo mito, este espacio es transhistórico; por eso afirmaba el poeta que en el *Romancero gitano*, «las figuras sirven a fondos milenarios y [...] no hay más que un solo personaje grande y oscuro como un cielo de estío, un solo personaje que es la Pena...». Es esta Andalucía espacio además invisible; de ahí la afirmación que hace en la conferencia-recital sobre el *Romancero*, al señalar que «es un libro donde apenas si está expresada la Andalucía que se ve, pero donde está temblando la que no se ve». A partir de estos supuestos se explican las referencias de *Juego y teoría del duende*, en el que aparecen desde los viejos cantaores hasta Argantonio, la romanidad, los linajes superiores, Gerión, Creta, «el dionisíaco grito degollado de la siguiriya de Silverio», la «Andalucía mundial» que vio en la Cuba de 1930.

Este espacio mítico es romano –así la Córdoba del *Ro-*

mancero, la dignidad estoica del Amargo, la «Roma andaluza» que vería en la Sevilla de Ignacio–, sin que falten la nota mora (el «arcángel aljamiado», «San Rafael»), ni judía (la Andalucía del romance de Thamar y Amnón, Judea andaluza como levantina es la Judea de Gabriel Miró). En esta conformación, lo gitano cumple un papel esencial, por ser «lo más elevado, lo más profundo, más aristocrático de mi país, lo más representativo de su modo y el que guarda el ascua, la sangre y el alfabeto de la verdad andaluza y universal».

Las tres grandes ciudades andaluzas son otros tantos microespacios míticos. Sevilla es lo dionisíaco, la encarnación del amor, el amor que hiere y, a veces, mata. La Sevilla del «Poema de la saeta»:

> *Sevilla es una torre*
> *llena de arqueros finos.*
> *[...]*
> Sevilla para herir.
> ¡Siempre Sevilla para herir!

La Giralda poblada de saeteros que con sus saetas «matan» en nombre del amor. Córdoba es la ciudad de la muerte: «Lejana y sola» para el jinete que se dirige a ella en la canción, «*¡Córdoba para morir!*» en el mismo «Poema de la saeta». Granada, en cambio, «es como la narración de lo que ya pasó en Sevilla. Hay un vacío de cosa definitivamente acabada», como diría en su conferencia sobre el barroco granadino Pedro Soto de Rojas. Por eso son cuatro los jinetes cordobeses de la canción «Arbolé arbolé», como el jinete y los tres hermanos del «Diálogo del Amargo», y llevan «largas capas oscuras». Gradación y sentido son idénticos en el texto introductorio del *Poema del cante jondo*, «Baladilla de los tres ríos». Ciudad del amor Sevilla, de la muerte Córdoba, de lo que acabó Granada, pero siempre la Andalucía del ser humano condenado a la extinción, a afluir sus ríos en el mar del morir:

Lleva azahar, lleva olivas,
Andalucía, a tus mares.

Esta somera descripción ilustra bien cuánto han falsificado a nuestro poeta quienes lo han tachado de costumbrista. El pseudolorquismo ha sido la venganza más siniestra que ha debido padecer una obra situada en los antípodas de cualquier localismo. En el espacio mítico andaluz se plantean todos los grandes temas, los grandes interrogantes de la condición humana. Su alcance transhistórico en modo alguno significa que no incorpore materiales históricos. No cabe dudar de que Lorca ha expresado como nadie la frustración histórica de Andalucía, tierra de culturas superpuestas y obligada a caminar en una sola dirección, sobre una estructura social latifundista, injusta, heredada de la Reconquista. El cante jondo ha sido vehículo capital de esa frustración:

¡Oh, pueblo perdido,
en la Andalucía del llanto!,

dice el «Poema de la soleá». La lección de Falla, expresada en sus composiciones de tema andaluz y en especial en *El amor brujo*, fue definitiva al respecto. El músico enseñó al poeta el patetismo del cante jondo, su anclaje en los fondos últimos del misterio humano, aquella sacralidad que el músico veía en la siguiriya gitana, que había que escuchar, decía, de rodillas. Y como la Andalucía musical de Falla, la Andalucía de Lorca es superior, no por sus propósitos sino por sus resultados, no por sus gestos intencionales, sino por la corporidad resultante. Cierto no hay una sola Andalucía, cada una de las tres grandes ciudades es una de ellas, pero en lo fundamental son dos, la Bética y la Penibética, la Andalucía del Guadalquivir y la Andalucía de las serranías de Córdoba y Granada, e incluso Almería:

> *Tierra seca,*
> *tierra quieta,*
> *de noches*
> *inmensas.*
>
> *[...]*
>
> *Tierra*
> *vieja*
> *del candil*
> *y la pena,*

según dice el mismo «Poema de la soleá». He ahí ya dibujado el escenario de las grandes tragedias rurales, en donde el cultivo de la tierra pesa como una maldición y la pasión estalla devoradora. Esa Andalucía es o ha sido una realidad, pero Lorca la interpreta y eleva a un rango superior: espacio arquetípico tan significativo como el griego de los trágicos o el inglés (*El rey Lear, Macbeth*) de Shakespeare.

POEMA DEL CANTE JONDO

Fue la primera gran obra poética lorquiana, escrita en lo esencial en 1921, en medio de las *Suites*, pero sólo publicada diez años más tarde. El autor fue consciente de su novedad sustancial: se objetivaban los materiales líricos y, por primera vez, se aplicaban técnicas de vanguardia a un tema tradicional, que él conocía desde niño. Valga su misma confesión entusiasmada, de enero del veintidós, al musicólogo Adolfo Salazar, cuando le decía que era «la primera cosa de *otra orientación mía* y no sé todavía qué decirte [...], ¡pero novedad sí tiene! El único que lo conoce es Falla, y está entusiasmado... [...] Los poetas españoles no han *tocado* nunca este tema...».

No lo habían «tocado», en efecto; existían aproximaciones externas, como las de Rueda y Manuel Machado, pero adentrarse en la materia, abordando su interpretación, eso no lo había hecho nadie.

El *Poema* es la gran obra literaria dedicada por Lorca al flamenco; fue una de sus aportaciones, porque el cante le debe mucho. Le debió, en primer lugar, la celebración del certamen de junio de 1922, en Granada, que significó el punto de partida del flamenco en el siglo XX, porque supuso su reorientación hacia su pureza originaria, enturbiada por el comercialismo, así como su consideración de insólito y excepcional discurso musical, cuyos fundamentos comenzaron a estudiarse con rigor desde entonces. La idea germinal no fue de Falla, sino del propio Lorca, que se volcó en el proyecto al que se sumó el solitario músico. En este cuadro cobra sentido la conferencia *Importancia histórica y artística del primitivo canto andaluz llamado cante jondo*, completo acercamiento antropológico, musical (bajo el influjo de Falla) y poético al cante. Años más tarde Lorca reharía el texto para darlo por primera vez en Cuba, en 1930, con el título de *Arquitectura del cante jondo*, que es la versión que el lector encontrará en este volumen como pórtico al libro de poesía. El prestigio mundial del autor daría al certamen y a los textos literarios una importancia máxima hasta el punto de que se los considera hoy fundacionales de la edad contemporánea del cante. *Arquitectura* mantiene el esquema conceptual básico de 1922, pero aporta, además de las audiciones, un análisis más detallado del perfil de los grandes cantaores y valora más la dimensión social del cante.

El libro se abre con la «Baladilla de los tres ríos», que traza la geografía simbólica de Andalucía, sobre la que se apoya una impresionante meditación sobre el fugaz destino de los hombres. Si el Guadalquivir corre entre naranjos y olivos y los ríos de Granada son «uno llanto y otro sangre» —Darro embovedado, rumoroso, Genil de fango rojo—, si Sevilla y su Andalucía representan la vitalidad frente al amor huido («se fue y no vino», «se fue por el aire»), el hecho es que los dos antecitados versos finales representan un cierre sombrío sobre el destino humano, que se halla condenado a la disolución y la inanidad. La «Baladilla», que se publicó el año de su composición, es la primera gran muestra del neopopularismo de los años veinte. Exquisita de ritmo, traza una geografía pero también una elegía, un mapa pero también una fatalidad. Siguen, organizados como *suites*, los poemas sobre los tres grandes cantes flamencos según las teorías de Falla: «Poema de la siguiriya gitana» –grito y llanto–, «Poema de la soleá» –la tortura del amor–, «Poema de la saeta» –el amor que hiere–; detrás viene el «Gráfico de la Petenera», que domina la muerte. Comparecen después dos inquietantes retratos («Dos muchachas»), y la exposición de motivos del cante («Viñetas flamencas»), con el elogio de los cantaores –Silverio, Juan Breva–, nuevos sacerdotes de esta alucinante liturgia. Se despliega luego la serie dedicada a las «Tres ciudades» andaluzas y, de nuevo, intervienen otros motivos relacionados con el cante («Seis caprichos»). El *Poema* se cierra aquí, en sentido estricto. Por necesidades editoriales –el libro quedaba pequeño–, el autor añadió a la hora de la publicación dos diálogos vinculados a la perfección con el *Poema*, tanto en su contenido como en su estructura, pues ambos concluyen con una canción:

«Escena del teniente coronel de la Guardia Civil» y «Diálogo del Amargo»: irrisión crítica del poder represor el primero y exaltación del gitano libérrimo el segundo, donde comparece el misterioso y sombrío personaje.

Un tema que era familiar al poeta desde niño es tratado con la óptica de un artista de vanguardia. El verso entrecortado y las grandes intuiciones metafóricas, simbólicas y míticas, cifradas en un lenguaje de extraordinaria pureza, plasman este primer gran «retablo» de Andalucía –así lo llamó él en la carta ya citada a Adolfo Salazar.

«Romancero gitano»

El *Primer romancero gitano* (1928) –abreviado en la cubierta de la primera edición, sin el ordinal, que indica la voluntad de originalidad del poeta– es uno de los grandes libros de la poesía occidental del siglo xx y el más perfecto de los poemarios del autor. Fue su consagración, conoció siete ediciones en vida de Lorca, los recitadores lo difundieron por todo el mundo de lengua española, e hizo del escritor de Granada la figura más conocida de la «nueva poesía» y lo convirtió en celebridad nacional.

Publicamos aquí el libro precedido de la conferencia-recital que el poeta escribió hacia 1935 para reivindicar su singularidad como obra de creación pura, sin las hipotecas costumbristas y pseudopopulares que habían caído sobre ella, a causa sobre todo de «La casada infiel», cuya recitación llegó a prohibir. Para esto y, también, para hacer valer su condición de obra de vanguardia, imaginativa y moderna, exenta del lastre costumbrista y tradicionalista, que algunos, encabezados por el dúo Dalí-Buñuel, habían esgrimido contra el libro (aunque la acusación de «gitanismo» venía de atrás), lo que le dolió mucho. Este dolor se sumó al suscitado por la ruptura de su relación con el joven escultor Emilio Aladrén. Todo ello lo sumió en una honda depresión, que contrastaba con el éxito literario.

Dieciocho romances integran el libro, que «en conjunto –dijo él–, aunque se llama gitano, es el poema de Andalucía», «un retablo» y gitano, asimismo, por la condición de paradigma andaluz que él veía en la raza oriental, marginada, perseguida y privilegiada intérprete del cante. El libro de una Andalucía «invisible»:

> Un libro anti-pintoresco, anti-folclórico, anti-flamenco [en el sentido peyorativo], donde no hay ni una chaquetilla corta, ni un traje de torero, ni un sombrero plano ni una pandereta...

El *Romancero* es un caso ejemplar de transfiguración poética. La realidad es elevada a planos cósmicos, sin que los planos más inmediatos lleguen a borrarse del todo. Ello es fruto del lenguaje elusivo, metafórico pero también simbólico, y de la técnica que, como él mismo señaló, consiste en la fusión del romance narrativo y del lírico, produciéndose un compuesto que no es ni lo uno ni lo otro. Lorca supo dar un paso adelante sobre el lirismo objetivo de Góngora, sobre el narrativo y romántico del duque de Rivas y sobre el legendario de Zorrilla, tres nombres claves que él no olvidaba citar. Cabe añadir el romance lírico de Juan Ramón Jiménez.

El libro obedece a un plan preciso; se abre con dos romances en los que irrumpen las fuerzas cósmicas: la luna y el viento («Romance de la luna, luna», «Preciosa y el aire»). Siguen otros dos, dominados por la muerte violenta, «Reyerta» y el «Romance sonámbulo», caso sumo este último de desrealización y ambigüedad, y coloreado por el verde absoluto; «Verde que te quiero verde...», además de pautado por un ritmo cambiante y modulado por imágenes tan densas como cenitales. Vienen a continuación la ensoñación erótica de «La monja gitana», la aventura, frustrada por el machismo, de «La casada infiel», y el sufrimiento terrible de la enamorada Soledad Montoya, en el «Romance de la pena negra».

Estos siete romances forman un primer bloque rico de figuras femeninas y dramas. Le sigue una especie de paréntesis de sosiego con los romances dedicados a Granada («San Miguel»), Córdoba («San Rafael») y Sevilla («San Gabriel»): la romería de una Granada equívoca, la belleza apolínea de Córdoba reflejada en el Guadalquivir, al que llegan los dionisíacos homosexuales ocultos, y la apoteosis del amor y la maternidad en Sevilla.

En el segundo bloque dominan los personajes masculinos: el Camborio, lúdico y mágico, arrestado por la Guardia Civil en el camino de Sevilla («Prendimiento de Antoñito el Camborio...»), y después asesinado por la envidia («Muerte de Antoñito el Camborio»); el amante enfermo y traicionado («Muerto de amor»); el Amargo, el convocado para morir («Romance del emplazado»), y los guardias civiles que destruyen la ciudad gitana («Romance de la Guardia Civil española»). El *Romancero*, en puridad, concluye aquí. Con los «Tres romances históricos» siguientes, la Andalucía «gitana» retrocede en el tiempo: primero, hacia la Andalucía romana de la persecución de los cristianos («Martirio de Santa Olalla»); después, hacia la Andalucía medieval en el más enigmático poema del libro, que es, en cualquier caso, el romance de otra víctima del amor («Burla de Don Pedro a caballo»); y, por último, el retroceso se produce hacia la Andalucía judaica, donde irrumpe la brutal pasión incestuosa («Thamar y Amnón»).

ODAS

Lorca terminó su libro de *Odas* tras la conclusión del *Romancero gitano*. Lo anunció repetidas veces, pero no llegó a publicarlo. Todo parece indicar que eran al menos tres las piezas que lo iban a integrar: «Oda a Salvador Dalí», escrita en 1926 y publicada ese mismo año; «Soledad», compuesta en 1927 en homenaje a fray Luis de León, cuyo IV Centenario se conmemoró en el veintiocho, cuando se publicó, y «Oda al Santísimo Sacramento del Altar», terminada en Nueva York en 1929, pero cuya primera parte se imprimió el año antes.

La «Oda a Salvador Dalí» celebra, en su centenar largo de alejandrinos, el clasicista paisaje de Cadaqués y el congruente y clasicista cubismo por entonces de Salvador Dalí. Se exaltan en ella el cubismo, la pintura de Dalí y la amistad profunda que unió a Lorca y al pintor en esos años, pues «No es el Arte la luz que nos ciega los ojos. / Es primero el amor, la amistad o la esgrima». «Soledad» encierra, en sus perfectas liras frailuisianas, un críptico mensaje de amor. La «Oda al Santísimo» constituye la única muestra de poesía religiosa, en su sentido más estricto, que el autor escribió en su madurez. Sus tres secciones, roturadas también en solemnes alejandrinos, cantan con intensidad moderna, pero también teológica, el misterio de la Eucaristía, al que Lorca se adhirió en momentos de profunda crisis personal. Se necesitaba tener mucha seguridad en el propio arte para ejecutar un poema así, en plena eclosión surrealista; Luis Buñuel calificaría de «fétida» la oda. No conocemos el texto en su versión definitiva.

Arquitectura del cante jondo

Sería renegar de mí si yo no dijese que esta conferencia es sólo una maqueta de frío yeso, donde las nervaduras son esparto y el aire, cal muerta de pared. No se puede decir misa en un segundo ni en una hora explicar, sugerir o colorear lo que se ha hecho en tantos siglos. Todos habéis oído hablar del cante jondo y seguramente tenéis una idea más o menos exacta de él; pero es casi seguro que a los no iniciados en su trascendencia histórica, artística o a los ignorantes de su ámbito emotivo evoca una falsa España de bajo fondo llena con los últimos residuos que dejó en el aire la bailarina del mal fuego y los bucles empapados en vino que lograron triunfar en París. Todavía al decir «cante jondo» mucha gente se olvida de que Andalucía tiene ríos, montes, anchas tranquilidades donde respira el sapo y traslada estos vocablos típicos a un lugar confinado donde hierve y fermenta el alcohol profesional. Hace unos años, recién vuelto a Granada en vacaciones de mi universidad madrileña, paseaba con Manuel de Falla por una calle granadina donde surgen a veces esos típicos huertos orientales que van siendo únicos en el mundo. Era verano y mientras discurríamos nos limpiábamos el sudor de plata que produce la luna llena andaluza. Falla hablaba de la degeneración, del olvido y el desprestigio que estaban envolviendo nuestras viejas canciones, tachadas de tabernarias, de chulas, de ridículas por la masa de la gente, y cuando protestaba y se revolvía contra esto, de una ventana salió la canción antigua, pura, levantada con brío frente al tiempo:

Flores, dejadme;
Flores, dejadme;
que aquel que tiene una pena
no se la divierte nadie.
Salí al campo a divertirme;
dejadme, flores, dejadme.

Nos asomamos a la ventana y a través de las celosías verdes vimos una habitación blanca, aséptica, sin un cuadro, como una máquina para vivir del arquitecto Le Corbusier, y en ella dos hombres, uno con la guitarra y el otro con su voz. Tan limpio era el que cantaba que el hombre de la vihuela desviaba suavemente los ojos para no verlo tan desnudo. Y notamos perfectamente que aquella guitarra no era la guitarra que viene en los estuches de pasas y tiene manchas de café con leche, sino la caja litúrgica, la guitarra que sale por las noches cuando nadie la ve y se convierte en agua de manantial. La guitarra hecha con madera de barca griega y crines de mula africana.

Entonces Falla se decidió a organizar un concurso de cante jondo con la ayuda de todos los artistas españoles y la fiesta fue por todos los conceptos un triunfo y una resurrección. Los que antes detestaban, ahora adoran, pero yo los conozco. Ellos están detenidos por un criterio de alta autoridad, pero serán los primeros en saltar en contra, porque no lo han comprendido nunca. Por eso cuando me tropiezo con algún intelectual frío o algún señorito de la biblioteca que pone los ojos en blanco oyendo unas soleares, yo le arrojo a la cara con ímpetu ese puñado de crema blanca que el cinematógrafo me ha enseñado a llevar siempre oculto en mi mano derecha.

*

Antes de pasar adelante yo quiero hacer una distinción esencial que existe entre cante jondo y cante flamenco. Distinción esencial en lo que se refiere a la antigüedad, a la estructura y al espíritu de las canciones. Se da el nombre de «cante jondo» a un grupo de canciones andaluzas cuyo tipo genuino y perfecto es la *siguiriya gitana*, de la que se derivan otras canciones aún conservadas por el pueblo como los polos, martinetes, deblas y soleares. Las canciones llamadas malagueñas, granadinas, rondeñas, peteneras, tarantas, cartageneras y fandangos no pueden considerarse más que como consecuencia de las antes citadas y tanto por su construcción como por su ritmo, difieren de ellas. Éstas son las llamadas flamencas. Después de haber observado todas estas canciones se saca como consecuencia que la caña y la playera o plañidera, hoy desaparecidas casi por completo, tienen en su primitivo estilo la misma composición que la siguiriya gitana y sus gemelas y parece ser que dichas canciones fueron en tiempo no lejano simples variantes de la citada canción madre. Textos relativamente recientes hacen suponer que la caña y la playera ocuparon en el primer tercio del siglo pasado el lugar que hoy asignamos a la siguiriya gitana. Estébanez Calderón, en sus lindísimas *Escenas andaluzas*, hace notar que la caña es el tronco primitivo de los cantares que conservan su filiación árabe y morisca y observa con su agudeza peculiar cómo la palabra *caña* se diferencia poco de *gannia*, que en árabe significa «canto».

Las diferencias esenciales del cante jondo con el cante flamenco consisten sencillamente en que el origen del primero hay que buscarlo en los primitivos sistemas musicales de la India; es decir, en las primeras manifestaciones del canto, mientras que el segundo, consecuencia del primero, puede decirse que toma su forma definitiva en el siglo dieciocho.

El cante jondo es un canto teñido por el color misterioso de las primeras edades de cultura; el cante flamenco es un canto relativamente moderno donde se nota la seguridad rítmica de la música construida. Color espiritual y color local: he aquí la honda diferencia. Es decir: el cante jondo, acercándose a los primitivos sistemas musicales, es tan sólo un perfecto balbuceo, una maravillosa ondulación melódica, que rompe las celdas sonoras de nuestra escala atemperada, que no cabe en el pentagrama rígido y frío de nuestra música actual y quiebra en pequeños cristalitos las flores cerradas de los semitonos. El cante flamenco, en cambio, no procede por ondulación sino por saltos, como en nuestra música. Tiene un ritmo seguro, es artificioso, lleno de adornos y recargos inútiles y nació cuando ya hacía siglos que Guido d'Arezzo había dado nombre a las notas. El cante jondo se acerca al trino del pájaro, al canto del gallo y a las músicas naturales del chopo y la ola; es simple a fuerza de vejez y estilización. Es, pues, un rarísimo ejemplar de canto primitivo, de lo más viejo de Europa, donde la ruina histórica y el fragmento lírico comido por la arena aparecen vivos como en la primera mañana de su vida.

Veamos la diferencia.

Este cantaor es malo. Canta sólo con la garganta; no tiene duende. Sólo vive para grandes públicos desorientados.

(Disco.)

En cambio vamos a oír al duende de los duendes, al de los sonidos negros: a Manuel Torres, que ha subido al cielo hace dos meses y sobre cuyo ataúd pusieron unas rosas con mi nombre. Éste es, señores, el gran estilo.

(Disco.)

Manuel: aquí en la hermosa Argentina pongo hoy tu voz, captada en la dramática luna negra del disco del gramófono. Quisiera que, rodeado del inmenso silencio en que estás ahora, oyeras el tumulto de dalias y besos que quisiera poner a tus pies de rey del cantar.

El insigne Falla, que ha estudiado la cuestión atentamente, afirma que la siguiriya gitana es la canción tipo del grupo *cante jondo* y declara con rotundidad que es el único canto que en nuestro continente ha conservado en toda su pureza, tanto por su composición como por su estilo, las cualidades que lleva en sí el canto primitivo de los pueblos orientales.

La siguiriya gitana comienza por un grito terrible. Un grito que divide el paisaje en dos hemisferios ideales. Después la voz se detiene para dar paso a un silencio impresionante y medido. Un silencio en el cual fulgura el rastro de lirio caliente que ha dejado la voz por el cielo. Después comienza la melodía, ondulada e inacabable en sentido distinto de Bach. La melodía infinita de Bach es redonda, la frase podría repetirse eternamente en un sentido circular, pero la melodía de la siguiriya se pierde en sentido horizontal: se nos escapa de las manos y la vemos alejarse hacia un punto de aspiración común y pasión perfecta donde el alma más dionisíaca no logra desembarcar.

Esta siguiriya que ustedes van a oír está cantada por Pastora Pavón, la *Niña de los Peines*, maestra de gemidos, criatura martirizada por la luna o bacante furiosa. Verde máscara gitana a quien el duende pone mejillas temblonas de muchacha recién besada. La voz de esta mujer excepcional rompe los moldes de toda escuela de canto, como rompe los moldes de toda música construida. Cuando parece que desafina no es que desafina, sino todo lo contrario: que afina de manera increíble, puesto que, por milagro especial de estilo y pasión, ella da tercios y cuartos de tono imposibles de registrar en el pentagrama.

(Disco.)

(Aquí se puede tocar y si se encuentra la Niña de los Peines: Un elogio.)

Pero nadie piense que la siguiriya gitana y sus variantes sean simplemente unos cantes transplantados de Oriente a Occidente. No. Se trata, cuando más, de un injerto o, mejor dicho, de una coincidencia de orígenes que ciertamente no se ha revelado en un solo y determinado momento, sino que obedece a la acumulación de hechos históricos seculares desarrollados en nuestra península ibérica; y ésta es la razón por la cual el canto peculiar de Andalucía, aunque por sus elementos esenciales coincide con el de un pueblo tan apartado geográficamente del nuestro, acusa un carácter íntimo tan propio, tan nacional, que lo hace inconfundible.

Los hechos históricos a que me refiero, de enorme desproporción y que tanto han influido en estas canciones son tres: la adopción por la Iglesia española del canto litúrgico; la invasión sarracena que traía a la península por tercera vez un nuevo torrente de sangre africana; y la llegada de numerosas bandas de gitanos. Son estas gentes errantes y enigmáticas quienes dan forma definitiva al cante jondo. Demuéstralo el calificativo de *gitana* que conserva la siguiriya y el extraordinario empleo de las voces del *caló* en los textos de los cantares.

Esto no quiere decir naturalmente que este canto sea puramente de ellos, pues existiendo gitanos en toda Europa, y aun en otras regiones de la península ibérica, estas formas melódicas no son cultivadas más que por los del sur. Se trata de un canto netamente andaluz que ya existía en germen antes que los gitanos llegaran, como existía el arco de herradura antes de que los árabes lo utilizaran como forma característica de su arquitectura. Un canto que ya estaba levantado en Andalucía desde Tartessos, amasado con la sangre del África del norte y probablemente con vetas profundas de los desgarradores ritmos judíos, padres hoy de toda la gran música eslava.

Las coincidencias que el maestro Falla nota entre los elementos esenciales del cante jondo y los que aún acusan algunos cantos de la India son: el enarmonismo como medio modulante; el empleo de un ámbito melódico tan reducido que rara vez traspasa los límites de una sexta; y el uso reiterado y hasta obsesionante de una misma nota, procedimiento propio de ciertas fórmulas de encantamiento y hasta de aquellos recitados que pudiéramos llamar prehistóricos, lo que ha hecho suponer a muchos que el canto es anterior al lenguaje. Por este modo llega el cante jondo y especialmente la siguiriya gitana a producirnos la impresión de una prosa cantada, destruyendo toda sensación de ritmo métrico, aunque en realidad son tercetos o cuartetos asonantados los textos de sus poemas. Aunque la melodía del cante jondo es rica en giros ornamentales, en ésta (lo mismo que en los cantos de la India) sólo se emplean en determinados momentos como expansiones o arrebatos sugeridos por la fuerza emotiva del texto y hay que considerarlos como amplias inflexiones vocales, más que como giros de ornamentación, aunque tomen este último aspecto al ser traducidos por los intervalos geométricos de la escala atemperada.

Se puede afirmar definitivamente que en el cante jondo, lo mismo que en los cantos del corazón de Asia, la gama musical es consecuencia directa de la que podríamos llamar gama oral.

El maestro Felipe Pedrell, uno de los primeros españoles que se ocuparon profundamente de las cuestiones folclóricas, escribe en su magnífico *Cancionero popular español*: «El hecho de persistir en España en varios cantes populares el orientalismo musical, tiene hondas raíces en nuestra nación por influencia de la civilización bizantina antiquísima, que se tradujo en las fórmulas propias de los ritos usados por la Iglesia de España, desde la conversión de nuestro país al cristianismo hasta el siglo onceno, época en que fue introducida la liturgia romana propiamente dicha». Falla completa lo dicho por su viejo maestro determinando los elementos del canto litúrgico bizanti-no: modos tonales de los sistemas primitivos (que no hay que confundir con los llamados griegos), el enarmonismo inherente a esos modos y la falta de ritmo métrico de la línea melódica, que se revelan acusadamente en la siguiriya y sus variantes.

Estas mismas propiedades tienen a veces algunas canciones andaluzas muy posteriores a la adopción de la música litúrgica bizantina por la Iglesia española, canciones que guardan una afinidad con la música que se conoce todavía en Marruecos, Argel y Túnez con el nombre de «Música de los moros de Granada». Pero Falla, volviendo al análisis de la difícil siguiriya, con su sólida ciencia musical y su poderosa intuición, ha encontrado en este canto «determinadas formas y caracteres independientes de sus analogías con los cantos sagrados y la música de los moros de Granada». Es decir ha buceado la extraña melodía y ha visto el característico y aglutinante elemento gitano.

La llegada de los gitanos a España es todavía un mapa equivocado de san Isidoro de Sevilla o un sistema astronómico falso. Pero son ellos los que llegando a la Andalucía unieron los viejísimos elementos nativos con el viejísimo indio que ellos traían y dieron las definitivas formas a lo que hoy llamamos cante jondo.

Y son estos cantos los que desde el último tercio del siglo pasado y lo que llevamos de éste fueron arrinconados por la cursilería española. Mientras que Rusia ardía en amor a lo popular, única fuente, como dice Roberto Schumann, de todo arte característico, y en Francia temblaba la ola dorada del impresionismo, en España, país casi único de tradiciones y bellezas populares, ya era cosa de baja estofa la guitarra y el cante jondo entre las mal llamadas clases distinguidas.

Y a medida que avanzó el tiempo, este desdén hacía que nadie quisiera cantar, que se perdieran las canciones, que las siguiriyas fueran un pecado contra el buen gusto, el asqueroso buen gusto de las gentes, hasta que Falla me dio la voz de alarma mientras nos limpiábamos los granos de sal celeste que produce la luna llena andaluza, en aquella hora turbada por el gemido aristocrático:

> Flores, dejadme;
> que aquel que tiene una pena
> no se la divierte nadie.

Pero hasta que el concurso triunfó plenamente por el apoyo y entusiasmo del pueblo, tanto Falla como yo recibimos ofensas y burlas por todas partes. Cuando el cartel cubista con dos guitarras y las siete espadas del dolor anunciando la fiesta apareció por las calles de Granada, hubo gentes que pusieron otros cartelitos que decían: «Escuelas, escuelas y escuelas», como si el hombre viviera tan sólo de pan y de abecedario y como si este canto no fuera la expresión más depurada de una vieja cultura universal.

Desde que Jovellanos hizo llamar la atención sobre la bella e incoherente *danza prima* asturiana, hasta don Marcelino Menéndez y Pelayo, hay un gran paso en la comprensión de las cosas populares. Artistas aislados, poetas menores y escritores provincianos fueron estudiando estas cuestiones desde diferentes puntos de vista hasta conseguir que en España se inicie la utilísima recolección de cantos y poemas. Pero cuando advertimos la extraordinaria flexibilidad y sugestión del cante jondo es cuando vemos la influencia casi decisiva que tuvo en la formación de la moderna escuela rusa y la huella que causó en la obra francesísima de Claudio Debussy. En 1847 Miguel Ivanovich Glinka hizo un viaje a Granada. Estuvo en Berlín estudiando composición con Sigfredo Dehn y había observado lo que se puede llamar patriotismo musical de Weber oponiéndose a la influencia nefasta que ejercían en su país los compositores italianos. Seguramente él estaba ya impresionado por los cantos oblicuos de la inmensa Rusia y andaba en la busca de una expresión puramente nacional.

La estancia del padre y fundador de la escuela orientalista eslava entre gentes granadinas es en extremo curiosa. Hizo amistad con un célebre guitarrista de entonces llamado Francisco Rodríguez, *el Murciano*, y pasó con él horas enteras oyéndole y copiando las variaciones y falsetas de nuestros cantos, y fue escuchando la siguiriya a través de las ascuas de platino donde se quema la guitarra, cuando tuvo el atrevimiento de usar por vez primera la escala de tonos enteros.

Al regresar a Rusia ya sabía el porvenir de su creación, explicó a sus discípulos las particularidades de los cantos andaluces y se puso a estudiar y a comprender los suyos. La música cambia de rumbo. Sus discípulos y amigos se orientan hacia lo popular y buscan no sólo en Rusia sino también en España las estructuras para sus creaciones. Prueba de esto, entre otros ejemplos, son los *Recuerdos de una noche de verano en Madrid* de Glinka, algún trozo de la *Sheherezada*, donde luchan por ser iguales una melodía persa y otra del campo de Córdoba, y todo el *Capricho español* de Rimski. En la exposición universal que se celebró en París el año novecientos donde brotaron por vez primera los ya deliciosos girasoles de cemento que suben por las fachadas y las libélulas azules, también ya deliciosas, de los modernistas, hubo en el pabellón de España un grupo de gitanos que cantaba el cante jondo en toda su pureza. Aquello llamó po-derosamente la atención de todos los *snobs* que han adorado los ídolos negros y ahora las maravillosas creaciones de los surrealistas, pero especialmente a un joven músico que entonces estaba luchando con los muertos, más vivos que él, para dibujar su personalidad. Aquel joven iba un día y otro para sentir cantar a los cantaores andaluces y él, que tenía su pupila abierta a los cuatro vientos del espíritu, se impregnó del viejo metal [?] de nuestras melodías.

Hablo de Claudio Debussy.

Efectivamente en muchas obras de este músico surgen sutilísimas evocaciones de España y principalmente a Granada. Debussy, músico de la fragancia y de la sensación pura, construye obras donde flotan en el espectro de la música impresionista rasgos y definiciones de Andalucía. Ya en el preludio titulado *La Puerta del Vino*, en el primer movimiento de su cuarteto de cuerda o en la tierna y vaga *Soirée en Grenade*, en donde están acusados todos los temas de la noche granadina, noche dibujada y destruida al mismo tiempo, donde brillan las enormes púas de niebla clavadas entre los montes y tiembla el admirable rubato de la ciudad, bajo los alucinantes juegos del agua subterránea.

En España el cante jondo ha ejercido indudable influencia, más que ningún canto regional, en todos los músicos de la nueva escuela desde Albéniz hasta Falla, pasando por Granados, y en todos los grandes músicos de la zarzuela desde Chueca, Chapí y Bretón hasta Quinito Valverde. Ya Felipe Pedrell había empleado cantos populares en su magnífica ópera *La Celestina,* y señaló nuestra actual orientación, pero el acierto grande lo tuvo Isaac Albéniz, empleando en su obra los fondos líricos del canto andaluz. Años más tarde, Manuel de Falla había de dar en sus *Noches en los jardines de España* y en su *Amor brujo,* obras levantadas sobre el cauce del cante jondo, las más puras expresiones de nuestra música moderna, ya universal. Estuvo el pueblo andaluz muy acertado al llamar hondo a este canto. Es hondo, verdaderamente hondo. Más que todos los pozos y los mares que rodean al mundo, mucho más hondo que el corazón actual que lo crea y más hondo que la voz que lo canta.

*

Dos maravillas tiene el cante jondo aparte de la esencial melódica: la guitarra y los poemas.

La guitarra

No hay duda que la guitarra ha dado forma a muchas de las canciones andaluzas, porque éstas han tenido que ceñirse a su constitución tonal y una prueba de esto es que en las canciones que se cantan sin ella, como los martinetes y las jelianas, la forma melódica cambia completamente y adquiere como una mayor libertad y un ímpetu, si bien más directo, menos construido.

La guitarra en el cante jondo se ha de limitar a marcar el ritmo y seguir al cantaor; es un fondo para la voz y debe estar supeditada al que canta.

Pero como la personalidad del guitarrista es tan acusada como la del cantaor, éste ha de cantar también y nace la falseta, que es el comentario de las cuerdas, a veces de una extremada belleza cuando es sincero, pero en muchas ocasiones falso, tonto y lleno de italianismos sin sentido cuando está expresado por uno de estos *virtuosos* que acompañan a los fandanguilleros en estos espectáculos lamentables que se llaman ópera flamenca.

La falseta es también tradición y algunos guitarristas, como el magnífico Niño de Huelva, no sólo se deja llevar por la voz de su buena sangre, sino que tampoco se aparta de la línea pura ni pretende jamás, máximo virtuoso, demostrar su virtuosismo. He hablado de «la voz de su buena sangre» porque lo primero que se necesita para el cante y el toque es esa capacidad de transformación y depuración de melodía y ritmo que posee el andaluz, especialmente el gitano. Una sagacidad para eliminar lo nuevo y accesorio para que resalte lo esencial, un poder mágico para saber dibujar o medir una siguiriya con acento absolutamente milenario. La guitarra comenta pero también crea y es éste uno de los mayores peligros que tiene el cante. Hay veces en que un guitarrista que quiere lucirse estropea en absoluto la emoción de un tercio o el arranque de un final.

Lo que no cabe duda es que la guitarra ha construido el cante jondo. Ha labrado, profundizado, la oscura masa oriental, judía y árabe antiquísima, pero por eso balbuciente. La guitarra ha occidentalizado el cante y ha hecho belleza sin par y belleza positiva del drama andaluz, Oriente y Occidente en pugna, que hacen de Bética una isla de la cultura.

Los poemas

En los poemas las más variadas gradaciones del sentimiento humano, puestas al servicio de la expresión más pura y exacta, laten en los tercetos y cuartetos de la siguiriya y sus derivadas. No hay en toda la poesía española unos poemas de valores más justos y expresiones seguras y acertadas que en estos simples cantares del pueblo andaluz.

La imagen casi constante está siempre dentro de su órbita; no hay desproporción entre los miembros espirituales de los versos y tienen para la comprensión del que oye, la rapidez clara de la saeta.

Causa extrañeza y maravilla cómo el pueblo extracta de manera definitiva, en tres versos, los más difíciles estados en la vida de un hombre. Hay coplas en que el temblor lírico llega a un punto que sólo pueden alcanzar contadísimos poetas:

A mi puerta has de llamar.
A mi puerta has de llamar.
No te he de salir a abrir
y me has de sentir llorar.

O este reproche de amor:

Dices que no me *pues* ver.
La cara te amarillea
con la fuerza del querer.

Ya vengan del corazón de la sierra, del naranjal sevillano, o de las armoniosas costas mediterráneas, las coplas tienen un fondo común, el amor y la muerte, pero un amor y una muerte vistas a través de la Sibila, ese personaje tan oriental, verdadera esfinge de Andalucía, que sale de las catedrales góticas coronada de hierbas amargas y rosas de acero para refugiarse en el cante jondo.

El poema o plantea un problema sin realidad posible o lo resuelve con la muerte, cruzándose de brazos. Casi todos los textos (excepto algunos nacidos en Sevilla) tienen estas características. Son patéticos siempre, atacantes y extáticos con las quillas puestas hacia arriba. No hay momentos de amor correspondido ni felicidad tranquila. Esos momentos son expresivos por sí mismos y no hay necesidad de recordarlos. En Andalucía sólo canta el que ya está en el filo, a punto de caer en el sitio de donde no se vuelve.

Una de las características más notables de los textos del cante jondo consiste en la ausencia casi absoluta del *medio tono*. Tanto en los cantos de Asturias como en los castellanos, catalanes, vascos y gallegos se nota un cierto equilibrio de sentimientos y una ponderación lírica que se presta a expresar humildes estados de ánimo y sentimientos ingenuos de los que puede decirse que carece casi por completo el andaluz.

Por eso mientras muchos cantos de la península tienen la facultad de evocarnos los paisajes donde se cantan, el cante jondo canta como un ruiseñor sin ojos. Canta ciego y por eso nace siempre de la noche. No tiene mañana ni tarde ni montañas ni llanos. No tiene más que una luz de noche abstracta donde una estrella más sería un irresistible desequilibrio.

Es un canto sin paisaje y por lo tanto concentrado en sí mismo y terrible, como un lanzador de jabalinas de oro a gente oscura que llora por detrás de los árboles.

*

La mujer ocupa los ámbitos sin fin de los poemas. Pero la mujer en el cante jondo se llama Pena.

Es admirable cómo a través de los diseños líricos, un sentimiento va tomando forma y cómo llega a concrecionarse en una cosa casi material. Éste es el caso de la Pena.

En las coplas la Pena se hace carne, toma forma humana y se acusa con una línea definida. Es una muchacha morena que quiere y no quiere porque puede querer. Una muchachita morena sentada en lo oscuro que lleva unos zapatos verdes que le aprietan en el corazón.

La mayor parte de los poemas del cante jondo son de un

delicado panteísmo; consultan al aire, a la tierra, al mar y a cosas tan sencillas como el romero, la violeta y el pájaro.

Todos los objetos exteriores tienen una aguda personalidad y llegan a plasmarse hasta tomar parte activa en la acción lírica:

> En *mitá* del *má*
> había una piedra
> y se sentaba mi compañerita
> a contarle sus penas.

*

> Tan solamente a la Tierra
> le cuento lo que me pasa,
> porque en el mundo no encuentro
> persona *e* mi confianza.

*

> Todas las mañanas voy
> a preguntarle al romero
> si el mal de amor tiene cura,
> porque yo me estoy muriendo.

*

> Amarillo salía el sol.
> Me manifiesta la pena
> que tiene mi corazón.

El andaluz, con un delicado sentido, entrega a la naturaleza todo su caudal íntimo en la completa seguridad de que será escuchado. Pero lo que en los poemas del cante jondo se acusa como admirable realidad poética es la extraña materialización del viento que han conseguido muchas coplas. Un viento inventado. Un mito.

Subí a la muralla
y me dijo el viento:
¿para qué son tantos suspiros
si ya no hay remedio?

*

El aire lloró
al ver las penas tan grandes
de mi corazón.

*

Yo no le temo a remar,
que yo remar remaría;
yo sólo le temo al viento
que sale de tu bahía.

O esta admirable:

Quisiera ser como el aire
pa estar a la vera tuya,
sin que lo notara *naide*.

Otro tema peculiarísimo y que se repite en infinidad de canciones (las mejores) es el tema del llanto.

En la siguiriya gitana, perfecto poema de las lágrimas, llora la melodía como lloran los versos. Hay campanas perdidas en los fondos y balcones abiertos al amanecer.

De noche me *sargo* al patio
y me *jarto* de *llorá*,
en *ve* que te quiero tanto
y tú no me quieres *ná*.

*

> Échame, niña bonita,
> lágrimas en mi pañuelo;
> que las llevaré corriendo
> que las engarce un platero.

*

> Si luego dices que te doy pesares
> es porque me gusta verte llorar,
> porque tus lágrimas me parecen
> caracolitas de la mar.

Y esta última, andalucísima:

> Si mi corazón tuviera
> *berieritas* de *cristar*
> te asomaras y lo vieras
> gotas de sangre llorar.

Todos estos poemas de agudo sentimiento lírico se contraponen con otro grupo humanísimo cantado por las gentes más humildes de la vida.

El hospital, el cementerio, el dolor inacabable, la deshonra, la cárcel son temas de este grupo, porque el pueblo va al hospital, se muere, va a la cárcel y expresa sus más hondas penas en estos realísimos y cotidianos ambientes donde, naturalmente, no va esa burguesía que tiene en sus casas cuadros con el marco de peluche rojo y clavos dorados.

De este grupo sale ese andaluz desahuciado y eterno que dice en un polo:

> El que tenga alguna penita
> que se arrime a mi vera,
> porque yo estoy *constituío*
> *pa* que me *ajogue* la pena.

O:

> Que negra sea la bayeta
> que mi cuerpo ha de vestir;
> que ésa es la pura librea
> que me pertenece a mí.

O ese muchacho enfermo y enamoradísimo que murmura:

> Ya no quieres ni mirarme
> y yo ya me he *enterao*
> que tú has *mandao* que laven
> mi ropita aparte.

O este delicadísimo poema filial:

> Penas tiene mi madre,
> penas tengo yo.
> Las de mi madre son las que yo siento
> que las mías, no.

O esta queja realísima:

> Son tan grandes mis penas
> que ya no *pueo* más
> y yo me estoy muriendo
> por tu causita, sin calor de nadie,
> loquito *perdío*,
> en el hospital.

... y las coplas de la cárcel. En la cárcel nacen la playera o plañidera, característica de ese fecundo penal de Cartagena, y el martinete propiamente gitano. Estos cantes se dicen sin guitarra, tienen un ritmo de martillo en la fragua o el golpe de la mano contra una madera. Son las canciones más impresionantes del cante jondo por su desolada pureza y su simple sinceridad amarguísima.

Jamás se acompañan con el ole. Los textos son expresivos de la vida dura de la prisión:

> Ya viene la requisa,
> ya se oyen las llaves.
> Cómo me llora siempre mi corazoncito
> gotas de sangre.

*

> Nos sacaron de los hierros,
> nos llevan por las murallas;
> las mujeres y los niños
> de sentimiento lloraban.

*

> Camino de Almería,
> Venta del Negro,
> allí mataron a un hermano mío
> los carabineros.

O ésta:

> Iba mi niña Ramona
> por agua a la fundición.
> Las guardias que la encontraron
> le han quitado el honor.

Son poemas de gente oprimida hasta lo último, donde se estruja y aprieta la más densa sustancia lírica de España: gente libre, creadora y honestísima casi siempre.

Oigan un martinete. Claro es que no está cantado por un gitano sino por un romano. Pero se puede medir su desolación. A pesar de que la mitad de estos cantes está en el estilo, en el modo de cantar, es decir en el duende que descubre su antigüedad.

(Disco.)

Lo mismo que en la siguiriya y sus hijas se encuentran los elementos más viejos de Oriente, aunque mucho más ricos y complejos y de más calidad artística, lo mismo en muchos poemas que emplea el cante jondo se nota la afinidad con los cantos orientales más antiguos.

Verdad es que en el aire de Córdoba y Granada quedan gestos y líneas de Arabia remota, como es evidente que en el turbio palimpsesto del Albaicín surgen rasgos de extrañas ciudades perdidas en la arena.

Los mismos temas del sacrificio, del amor sin fin y el vino aparecen expresados con el mismo espíritu en raros poetas asiáticos. Claro es que esto puede ser influencia de nuestros poetas árabes y de la gran cultura arábigo-andaluza que pone su huella sobre toda la vieja cultura oriental y en el alma de todo el norte de África. Muchas de las gacelas de Hafiz, poeta nacional de Persia, son equivalentes a muchas de nuestras coplas más populares, como equivalen a toda la poesía madrigalesca de las escuelas árabes de Granada y Córdoba. El arte ha usado desde los tiempos más remotos de la telegrafía sin hilos o usando el frío espejo de la luna como semáforo.

Antes de terminar, yo quiero dedicar un recuerdo a los inolvidables cantaores merced a los cuales se debe que el cante jondo haya llegado renovado hasta nuestros días.

La figura del cantaor está dentro de dos grandes líneas: el arco del cielo en lo exterior, y el zigzag que asciende dentro de su alma.

El cantaor cuando canta celebra un solemne rito, saca las viejas esencias dormidas y las lanza al viento envueltas en su voz.

Tiene un profundo sentido religioso del canto. Se canta en los momentos más dramáticos, y nunca jamás para divertirse, como en las grandes faenas de los toros, sino para volar, para evadirse, para sufrir, para traer a lo cotidiano una atmósfera estética suprema. La raza se vale de estas gentes para dejar escapar su dolor y su historia verídica. Cantan alucinados por un punto brillante que tiembla en el horizonte. Son gentes extrañas y sencillas al mismo tiempo.

Las mujeres han cantado soleares, género melancólico y humano, de relativo y fácil alcance para el espíritu; en cambio, los hombres han cultivado con preferencia la portentosa siguiriya gitana, pero casi todos ellos han sido mártires de la pasión irresistible del cante.

Casi todos se sabe positivamente que murieron del corazón en los hospitales, en los desvanes andaluces, tirados en el campo o recogidos por caridad en las oscuras porterías o en los portalillos de los zapateros remendones.

Porque la siguiriya es como un cauterio que quema la garganta y la lengua del que la dice. Hay que prevenirse contra su fuego y cantarla en su hora precisa y con religiosidad y sin frivolidad. En Andalucía se echa a las mujeres de la sala cuando se canta porque a ellas les gusta gritar demasiado.

Quiero recordar aquí con toda devoción a Romerillo, al espiritual Loco Mateo, a Antonia la de San Roque, a Dolores la Parrala, a Anita la de Ronda y a Juan Breva con cuerpo de gigante y voz de niña que cantaron como nadie las soleares en los olivos de Málaga o bajo las noches marinas del Puerto. Quiero recordar también a los maestros de la siguiriya. Curro Pablos [*sic*], Paquirri, El Curro, Manuel Torres, Pastora Pavón y al portentoso Silverio Franconetti, creador de nuevos estilos, último Papa del cante jondo, que cantó como nadie el cante de los cantes y cuyo grito hacía partirse en estremecidas grietas el azogue moribundo de los espejos.

[...]

Poema del cante jondo

Baladilla de los tres ríos

A Salvador Quinteros

El río Guadalquivir
va entre naranjos y olivos.
Los dos ríos de Granada
bajan de la nieve al trigo.

¡Ay, amor
que se fue y no vino!

El río Guadalquivir
tiene las barbas granates.
Los dos ríos de Granada
uno llanto y otro sangre.

¡Ay, amor
que se fue por el aire!

Para los barcos de vela,
Sevilla tiene un camino;
por el agua de Granada
sólo reman los suspiros.

¡Ay, amor
que se fue y no vino!

Guadalquivir, alta torre
y viento en los naranjales.
Dauro y Genil, torrecillas
muertas sobre los estanques.

¡Ay, amor
que se fue por el aire!

¡Quién dirá que el agua lleva
un fuego fatuo de gritos!

¡Ay, amor
que se fue y no vino!

Lleva azahar, lleva olivas,
Andalucía, a tus mares.

¡Ay, amor
que se fue por el aire!

Poema de la siguiriya gitana

A Carlos Morla Vicuña

PAISAJE

El campo
de olivos
se abre y se cierra
como un abanico.
Sobre el olivar
hay un cielo hundido
y una lluvia oscura
de luceros fríos.
Tiembla junco y penumbra
a la orilla del río.

Se riza el aire gris.
Los olivos,
están cargados
de gritos.
Una bandada
de pájaros cautivos,
que mueven sus larguísimas
colas en lo sombrío.

LA GUITARRA

Empieza el llanto
de la guitarra.
Se rompen las copas
de la madrugada.
Empieza el llanto
de la guitarra.
Es inútil
callarla.
Es imposible
callarla.
Llora monótona
como llora el agua,
como llora el viento
sobre la nevada.
Es imposible
callarla.
Llora por cosas
lejanas.
Arena del Sur caliente
que pide camelias blancas.
Llora flecha sin blanco,
la tarde sin mañana,

y el primer pájaro muerto
sobre la rama.
¡Oh guitarra!
Corazón malherido
por cinco espadas.

EL GRITO

La elipse de un grito,
va de monte
a monte.

Desde los olivos,
será un arco iris negro
sobre la noche azul.

¡Ay!

Como un arco de viola,
el grito ha hecho vibrar
largas cuerdas del viento.

¡Ay!

(Las gentes de las cuevas
asoman sus velones.)

¡Ay!

EL SILENCIO

Oye, hijo mío, el silencio.
Es un silencio ondulado,
un silencio,
donde resbalan valles y ecos
y que inclina las frentes
hacia el suelo.

EL PASO DE LA SIGUIRIYA

Entre mariposas negras,
va una muchacha morena
junto a una blanca serpiente
de niebla.

Tierra de luz,
cielo de tierra.

Va encadenada al temblor
de un ritmo que nunca llega;
tiene el corazón de plata
y un puñal en la diestra.

¿Adónde vas, siguiriya,
con un ritmo sin cabeza?
¿Qué luna recogerá
tu dolor de cal y adelfa?

Tierra de luz,
cielo de tierra.

DESPUÉS DE PASAR

Los niños miran
un punto lejano.

Los candiles se apagan.
Unas muchachas ciegas
preguntan a la luna,
y por el aire ascienden
espirales de llanto.

Las montañas miran
un punto lejano.

Y DESPUÉS

Los laberintos
que crea el tiempo,
se desvanecen.

(Sólo queda
el desierto.)

El corazón,
fuente del deseo,
se desvanece.

(Sólo queda
el desierto.)

La ilusión de la aurora
y los besos,
se desvanecen.

Sólo queda
el desierto.
Un ondulado
desierto.

Poema de la soleá

A Jorge Zalamea

Tierra seca,
tierra quieta
de noches
inmensas.

(Viento en el olivar,
viento en la sierra.)

Tierra
vieja
del candil
y la pena.
Tierra
de las hondas cisternas.
Tierra

de la muerte sin ojos
y las flechas.

(Viento por los caminos.
Brisa en las alamedas.)

PUEBLO

Sobre el monte pelado
un calvario.
Agua clara
y olivos centenarios.
Por las callejas
hombres embozados,
y en las torres
veletas girando.
Eternamente
girando.
¡Oh, pueblo perdido,
en la Andalucía del llanto!

PUÑAL

El puñal,
entra en el corazón,
como la reja del arado
en el yermo.

          No.
No *me lo claves.*
          No.

El puñal,
como un rayo de sol,
incendia las terribles
hondonadas.

　　　No.
　No *me lo claves.*
　　　No.

ENCRUCIJADA

Viento del Este;
un farol
y el puñal
en el corazón.
La calle
tiene un temblor
de cuerda
en tensión,
un temblor
de enorme moscardón.
Por todas partes
yo
veo el puñal
en el corazón.

　　　　　¡AY!

El grito deja en el viento
una somba de ciprés.

(Dejadme en este campo
llorando.)

Todo se ha roto en el mundo.
No queda más que el silencio.

(Dejadme en este campo
llorando.)

El horizonte sin luz
está mordido de hogueras.

(Ya os he dicho que me dejéis
en este campo
llorando.)

SORPRESA

Muerto se quedó en la calle
con un puñal en el pecho.
No lo conocía nadie.
¡Cómo temblaba el farol!
Madre.
¡Cómo temblaba el farolito
de la calle!
Era madrugada. Nadie
pudo asomarse a sus ojos
abiertos al duro aire.
Que muerto se quedó en la calle
que con un puñal en el pecho
y que no lo conocía nadie.

LA SOLEÁ

Vestida con mantos negros
piensa que el mundo es chiquito
y el corazón es inmenso.

Vestida con mantos negros.

Piensa que el suspiro tierno
y el grito, desaparecen
en la corriente del viento.

Vestida con mantos negros.

Se dejó el balcón abierto
y al alba por el balcón
desembocó todo el cielo.

¡Ay yayayayay,
que vestida con mantos negros!

CUEVA

De la cueva salen
largos sollozos.

(Lo cárdeno
sobre lo rojo.)

El gitano evoca
países remotos.

(Torres altas y hombres
misteriosos.)

En la voz entrecortada
van sus ojos.

(Lo negro
sobre lo rojo.)

Y la cueva encalada
tiembla en el oro.

(Lo blanco
sobre lo rojo.)

ENCUENTRO

Ni tú ni yo estamos
en disposición
de encontrarnos.
Tú... por lo que ya sabes.
¡Yo la he querido tanto!
Sigue esa veredita.
En las manos,
tengo los agujeros
de los clavos.
¿No ves cómo me estoy
desangrando?
No mires nunca atrás,
vete despacio
y reza como yo
a San Cayetano,
que ni tú ni yo estamos
en disposición
de encontrarnos.

ALBA

Campanas de Córdoba
en la madrugada.
Campanas de amanecer
en Granada.
Os sienten todas las muchachas
que lloran a la tierna
soleá enlutada.
Las muchachas,
de Andalucía la alta
y la baja.
Las niñas de España,
de pie menudo
y temblorosas faldas,
que han llenado de luces
las encrucijadas.
¡Oh, campanas de Córdoba
en la madrugada,
y oh, campanas de amanecer
en Granada!

Poema de la saeta

A Francisco Iglesias

ARQUEROS

Los arqueros oscuros
a Sevilla se acercan.

Guadalquivir abierto.

Anchos sombreros grises,
largas capas lentas.

¡Ay, Guadalquivir!

Vienen de los remotos
países de la pena.

Guadalquivir abierto.

Y van a un laberinto.
Amor, cristal y piedra.

¡Ay, Guadalquivir!

NOCHE

Cirio, candil,
farol y luciérnaga.

La constelación
de la saeta.

Ventanitas de oro
tiemblan,
y en la aurora se mecen
cruces superpuestas.

Cirio, candil,
farol y luciérnaga.

SEVILLA

Sevilla es una torre
llena de arqueros finos.

Sevilla para herir.
Córdoba para morir.

Una ciudad que acecha
largos ritmos,
y los enrosca
como laberintos.
Como tallos de parra
encendidos.

¡Sevilla para herir!

Bajo el arco del cielo,
sobre su llano limpio,

dispara la constante
saeta de su río.

¡Córdoba para morir!

Y loca de horizonte
mezcla en su vino,
lo amargo de Don Juan
y lo perfecto de Dionisio.

Sevilla para herir.
¡Siempre Sevilla para herir!

PROCESIÓN

Por la calleja vienen
extraños unicornios.
¿De qué campo,
de qué bosque mitológico?
Más cerca,
ya parecen astrónomos.
Fantásticos Merlines
y el Ecce Homo,
Durandarte encantado,
Orlando furioso.

PASO

Virgen con miriñaque,
Virgen de la Soledad,
abierta como un inmenso
tulipán.
En tu barco de luces
vas
por la alta marea
de la ciudad,
entre saetas turbias
y estrellas de cristal.
Virgen con miriñaque
tú vas
por el río de la calle,
¡hasta el mar!

SAETA

Cristo moreno
pasa
de lirio de Judea
a clavel de España.

¡Miradlo por dónde viene!

De España.
Cielo limpio y oscuro,
tierra tostada,
y cauces donde corre
muy lenta el agua.
Cristo moreno,
con las guedejas quemadas,
los pómulos salientes
y las pupilas blancas.

¡Miradlo por dónde va!

BALCÓN

La Lola
canta saetas.
Los toreritos
la rodean,
y el barberillo
desde su puerta,
sigue los ritmos
con la cabeza.
Entre la albahaca

y la hierbabuena,
la Lola canta
saetas.
La Lola aquella,
que se miraba
tanto en la alberca.

MADRUGADA

Pero como el amor
los saeteros
están ciegos.

Sobre la noche verde,
las saetas,
dejan rastros de lirio
caliente.

La quilla de la luna
rompe nubes moradas
y las aljabas
se llenan de rocío.

¡Ay, pero como el amor
los saeteros
están ciegos!

Gráfico de la Petenera

A Eugenio Montes

CAMPANA
Bordón

En la torre
amarilla,
dobla una campana.

Sobre el viento
amarillo,
se abren las campanadas.

En la torre
amarilla,
cesa la campana.

El viento con el polvo,
hace proras de plata.

CAMINO

Cien jinetes enlutados,
¿dónde irán,
por el cielo yacente
del naranjal?
Ni a Córdoba ni a Sevilla
llegarán.
Ni a Granada la que suspira
por el mar.

Esos caballos soñolientos
los llevarán,
al laberinto de las cruces
donde tiembla el cantar.
Con siete ayes clavados,
¿dónde irán,
los cien jinetes andaluces
del naranjal?

LAS SEIS CUERDAS

La guitarra,
hace llorar a los sueños.
El sollozo de las almas
perdidas,
se escapa por su boca
redonda.
Y como la tarántula
teje una gran estrella
para cazar suspiros,
que flotan en su negro
aljibe de madera.

DANZA
En el huerto de la Petenera

En la noche del huerto,
seis gitanas,
vestidas de blanco
bailan.

En la noche del huerto,
coronadas,
con rosas de papel
y biznagas.

En la noche del huerto,
sus dientes de nácar,
escriben la sombra
quemada.

Y en la noche del huerto,
sus sombras se alargan,
y llegan hasta el cielo
moradas.

MUERTE DE LA PETENERA

En la casa blanca muere
la perdición de los hombres.

Cien jacas caracolean.
Sus jinetes están muertos.

Bajo las estremecidas
estrellas de los velones,
su falda de moaré tiembla
entre sus muslos de cobre.

Cien jacas caracolean.
Sus jinetes están muertos.

Largas sombras afiladas
vienen del turbio horizonte,
y el bordón de una guitarra
se rompe.

Cien jacas caracolean.
Sus jinetes están muertos.

FALSETA

¡Ay, Petenera gitana!
¡Yayay Petenera!
Tu entierro no tuvo niñas
buenas.
Niñas que le dan a Cristo muerto
sus guedejas,
y llevan blancas mantillas
en las ferias.
Tu entierro fue de gente
siniestra.
Gente con el corazón
en la cabeza,
que te siguió llorando
por las callejas.
¡Ay, Petenera gitana!
¡Yayay Petenera!

«DE PROFUNDIS»

Los cien enamorados
duermen para siempre

bajo la tierra seca.
Andalucía tiene
largos caminos rojos.
Córdoba, olivos verdes
donde poner cien cruces,
que los recuerden.
Los cien enamorados
duermen para siempre.

CLAMOR

En las torres
amarillas,
doblan las campanas.

Sobre los vientos
amarillos,
se abren las campanadas.

Por un camino va
la Muerte, coronada,
de azahares marchitos.
Canta y canta
una canción
en su vihuela blanca,
y canta y canta y canta.

En las torres amarillas,
cesan las campanas.

El viento con el polvo,
hacen proras de plata.

Dos muchachas

A Máximo Quijano

LA LOLA

Bajo el naranjo lava
pañales de algodón.
Tiene verdes los ojos
y violeta la voz.

¡Ay, amor,
bajo el naranjo en flor!

El agua de la acequia
iba llena de sol.
En el olivarito
cantaba un gorrión.

¡Ay, amor,
bajo el naranjo en flor!

Luego cuando la Lola
gaste todo el jabón,
vendrán los torerillos.

¡Ay, amor,
bajo el naranjo en flor!

AMPARO

Amparo,
¡qué sola estás en tu casa
vestida de blanco!

(Ecuador entre el jazmín
y el nardo.)

Oyes los maravillosos
surtidores de tu patio,
y el débil trino amarillo
del canario.

Por la tarde ves temblar
los cipreses con los pájaros,
mientras bordas lentamente
letras sobre el cañamazo.

Amparo,
¡qué sola estás en tu casa
vestida de blanco!

Amparo,
¡y qué difícil decirte:
yo te amo!

Viñetas flamencas

A Manuel Torres, «Niño de Jerez»,
que tiene tronco de Faraón

RETRATO DE SILVERIO FRANCONETTI

Entre italiano
y flamenco,
¿cómo cantaría
aquel Silverio?
La densa miel de Italia
con el limón nuestro,
iba en el hondo llanto
del siguiriyero.
Su grito fue terrible.
Los viejos
dicen que se erizaban
los cabellos,
y se abría el azogue
de los espejos.
Pasaba por los tonos
sin romperlos.
Y fue un creador
y un jardinero.
Un creador de glorietas
para el silencio.

Ahora su melodía
duerme con los ecos.
Definitiva y pura.
¡Con los últimos ecos!

JUAN BREVA

Juan Breva tenía
cuerpo de gigante
y voz de niña.
Nada como su trino.
Era la misma
Pena cantando
detrás de una sonrisa.
Evoca los limonares
de Málaga la dormida,
y hay en su llanto dejos
de sal marina.
Como Homero cantó
ciego. Su voz tenía,
algo de mar sin luz
y naranja exprimida.

CAFÉ CANTANTE

Lámparas de cristal
y espejos verdes.

Sobre el tablado oscuro,
la Parrala sostiene
una conversación
con la Muerte.
La llama
no viene,
y la vuelve a llamar.
Las gentes
aspiran los sollozos.

Y en los espejos verdes,
largas colas de seda
se mueven.

LAMENTACIÓN DE LA MUERTE

A Miguel Benítez

Sobre el cielo negro,
culebrinas amarillas.

Vine a este mundo con ojos
y me voy sin ellos.
¡Señor del mayor dolor!
Y luego,
un velón y una manta
en el suelo.

Quise llegar adonde
llegaron los buenos.
¡Y he llegado, Dios mío!...
Pero luego,
un velón y una manta
en el suelo.

Limoncito amarillo,
limonero.
Echad los limoncitos
al viento.
¡Ya lo sabéis!... Porque luego,
luego,
un velón y una manta
en el suelo.

Sobre el cielo negro,
culebrinas amarillas.

CONJURO

La mano crispada
como una Medusa
ciega el ojo doliente
del candil.

As de bastos.
Tijeras en cruz.

Sobre el humo blanco
del incienso, tiene
algo de topo y
mariposa indecisa.

As de bastos.
Tijeras en cruz.

Aprieta un corazón
invisible, ¿la veis?
Un corazón
reflejado en el viento.

As de bastos.
Tijeras en cruz.

MEMENTO

Cuando yo me muera,
enterradme con mi guitarra
bajo la arena.

Cuando yo me muera,
entre los naranjos
y la hierbabuena.

Cuando yo me muera,
enterradme, si queréis,
en una veleta.

¡Cuando yo me muera!

Tres ciudades

A Pilar Zubiaurre

MALAGUEÑA

La muerte
entra y sale
de la taberna.

Pasan caballos negros
y gente siniestra
por los hondos caminos
de la guitarra.

Y hay un olor a sal
y a sangre de hembra,
en los nardos febriles
de la marina.

La muerte
entra y sale,
y sale y entra
la muerte
de la taberna.

BARRIO DE CÓRDOBA
Tópico Nocturno

En la casa se defienden
de las estrellas.
La noche se derrumba.
Dentro hay una niña muerta
con una rosa encarnada
oculta en la cabellera.
Seis ruiseñores la lloran
en la reja.

Las gentes van suspirando
con las guitarras abiertas.

BAILE

La Carmen está bailando
por las calles de Sevilla.
Tiene blancos los cabellos
y brillantes las pupilas.

¡Niñas,
corred las cortinas!

En su cabeza se enrosca
una serpiente amarilla,
y va soñando en el baile
con galanes de otros días.

¡Niñas,
corred las cortinas!

Las calles están desiertas
y en los fondos se adivinan,
corazones andaluces
buscando viejas espinas.

¡Niñas,
corred las cortinas!

Seis caprichos

A Regino Sainz de la Maza

ADIVINANZA DE LA GUITARRA

En la redonda
encrucijada,
seis doncellas
bailan.
Tres de carne
y tres de plata.

Los sueños de ayer las buscan
pero las tiene abrazadas,
un Polifemo de oro.
¡La guitarra!

CANDIL

¡Oh, qué grave medita
la llama del candil!

Como un faquir indio
mira su entraña de oro
y se eclipsa soñando
atmósfera sin viento.

Cigüeña incandescente
pica desde su nido
a las sombras macizas,
y se asoma temblando
a los ojos redondos
del gitanillo muerto.

CRÓTALO

Crótalo.
Crótalo.
Crótalo.
Escarabajo sonoro.

En la araña
de la mano

rizas el aire
cálido,
y te ahogas en tu trino
de palo.

Crótalo.
Crótalo.
Crótalo.
Escarabajo sonoro.

CHUMBERA

Laoconte salvaje.

¡Qué bien estás
bajo la media luna!

Múltiple pelotari.

¡Qué bien estás
amenazando al viento!

Dafne y Atis,
saben de tu dolor.
Inexplicable.

PITA

Pulpo petrificado.

Pones cinchas cenicientas

al vientre de los montes,
y muelas formidables
a los desfiladeros.

Pulpo petrificado.

CRUZ

La cruz.
(Punto final
del camino.)

Se mira en la acequia.
(Puntos suspensivos.)

Escena del teniente coronel de la Guardia Civil

CUARTO DE BANDERAS

TENIENTE CORONEL. Yo soy el teniente coronel de la Guardia Civil.

SARGENTO. Sí.

TENIENTE CORONEL. Y no hay quien me desmienta.

SARGENTO. No.

TENIENTE CORONEL. Tengo tres estrellas y veinte cruces.

SARGENTO. Sí.

TENIENTE CORONEL. Me ha saludado el cardenal arzobispo de Toledo con sus veinticuatro borlas moradas.

SARGENTO. Sí.

TENIENTE CORONEL. Yo soy el teniente. Yo soy el teniente. Yo soy el teniente coronel de la Guardia Civil.

(Romeo y Julieta, celeste, blanco y oro, se abra-
zan sobre el jardín de tabaco de la caja de puros.
El militar acaricia el cañón de su fusil lleno de
sombra submarina.)

UNA VOZ. *(Fuera.)*
        Luna, luna, luna, luna,
        del tiempo de la aceituna.
        Cazorla enseña su torre
        y Benamejí la oculta.

        Luna, luna, luna, luna.
        Un gallo canta en la luna.
        Señor alcalde, sus niñas
        están mirando a la luna.

TENIENTE CORONEL. ¿Qué pasa?
SARGENTO. ¡Un gitano!

(La mirada de mulo joven del gitanillo ensombre-
ce y agiganta los ojirris del Teniente Coronel de la
Guardia Civil.)

TENIENTE CORONEL. Yo soy el teniente coronel de la
  Guardia Civil.
SARGENTO. Sí.
TENIENTE CORONEL. ¿Tú quién eres?
GITANO. Un gitano.
TENIENTE CORONEL. ¿Y qué es un gitano?
GITANO. Cualquier cosa.
TENIENTE CORONEL. ¿Cómo te llamas?
GITANO. Eso.
TENIENTE CORONEL. ¿Qué dices?
GITANO. Gitano.

SARGENTO. Me lo encontré y lo he traído.

TENIENTE CORONEL. ¿Dónde estabas?

GITANO. En la puente de los ríos.

TENIENTE CORONEL. Pero ¿de qué ríos?

GITANO. De todos los ríos.

TENIENTE CORONEL. ¿Y qué hacías allí?

GITANO. Una torre de canela.

TENIENTE CORONEL. ¡Sargento!

SARGENTO. A la orden, mi teniente coronel de la Guardia Civil.

GITANO. He inventado unas alas para volar, y vuelo. Azufre y rosa en mis labios.

TENIENTE CORONEL. ¡Ay!

GITANO. Aunque no necesito alas, porque vuelo sin ellas. Nubes y anillos en mi sangre.

TENIENTE CORONEL. ¡Ayy!

GITANO. En Enero tengo azahar.

TENIENTE CORONEL. *(Retorciéndose.)* ¡Ayyyyy!

GITANO. Y naranjas en la nieve.

TENIENTE CORONEL. ¡Ayyyyy!, pun pin, pam. *(Cae muerto.)*

> *(El alma de tabaco y café con leche del Teniente Coronel de la Guardia Civil sale por la ventana.)*

SARGENTO. ¡Socorro!

> *(En el patio del cuartel, cuatro guardias civiles apalean al gitanillo.)*

CANCIÓN DEL GITANO APALEADO

Veinticuatro bofetadas.
Veinticinco bofetadas;
después, mi madre, a la noche,
me pondrá en papel de plata.

Guardia Civil caminera,
dadme unos sorbitos de agua.
Agua con peces y barcos.
Agua, agua, agua, agua.

¡Ay, mandor de los civiles
que estás arriba en tu sala!
¡No habrá pañuelos de seda
para limpiarme la cara!

5 de julio 1925

Diálogo del Amargo

CAMPO

UNA VOZ.

Amargo.
Las adelfas de mi patio.
Corazón de almendra amarga.
Amargo.

(Llegan tres Jóvenes con anchos sombreros.)

JOVEN 1.º Vamos a llegar tarde.

JOVEN 2.º La noche se nos echa encima.

JOVEN 1.º ¿Y ése?

JOVEN 2.º Viene detrás.

JOVEN 1.º *(En alta voz.)* ¡Amargo!

AMARGO. *(Lejos.)* Ya voy.

JOVEN 2.º *(A voces.)* ¡Amargo!

AMARGO. *(Con calma.)* ¡Ya voy!

(Pausa.)

JOVEN 1.º ¡Qué hermosos olivares!

JOVEN 2.º Sí.

(Largo silencio.)

JOVEN 1.º No me gusta andar de noche.

JOVEN 2.º Ni a mí tampoco.

JOVEN 1.º La noche se hizo para dormir.

JOVEN 2.º Es verdad.

(Ranas y grillos hacen la glorieta del estío andaluz.
El Amargo camina con las manos en la cintura.)

AMARGO.

> Ay yayayay.
> Yo le pregunté a la Muerte.
> Ay yayayay.

(El grito de su canto pone un acento circunflejo so-
bre el corazón de los que lo han oído.)

JOVEN 1.º *(Desde muy lejos.)* ¡Amargo!

JOVEN 2.º *(Casi perdido.)* ¡Amargooo!

(Silencio.)

(El Amargo está solo en medio de la carretera. En-
torna sus grandes ojos verdes y se ciñe la chaqueta

de pana alrededor del talle. Altas montañas lo ro-
dean. Su gran reloj de plata le suena oscuramente
en el bolsillo a cada paso.)

(Un Jinete viene galopando por la carretera.)

JINETE. *(Parando el caballo.)* ¡Buenas noches!

AMARGO. A la paz de Dios.

JINETE. ¿Va usted a Granada?

AMARGO. A Granada voy.

JINETE. Pues vamos juntos.

AMARGO. Eso parece.

JINETE. ¿Por qué no monta en la grupa?

AMARGO. Porque no me duelen los pies.

JINETE. Yo vengo de Málaga.

AMARGO. Bueno.

JINETE. Allí están mis hermanos.

AMARGO. *(Displicente.)* ¿Cuántos?

JINETE. Son tres. Venden cuchillos. Ése es el negocio.

AMARGO. De salud les sirva.

JINETE. De plata y de oro.

AMARGO. Un cuchillo no tiene que ser más que cuchillo.

JINETE. Se equivoca.

AMARGO. Gracias.

JINETE. Los cuchillos de oro se van solos al corazón. Los
de plata cortan el cuello como una brizna de hierba.

AMARGO. ¿No sirven para partir el pan?

JINETE. Los hombres parten el pan con las manos.

AMARGO. ¡Es verdad!

(El caballo se inquieta.)

JINETE. ¡Caballo!

AMARGO. Es la noche.

(El camino ondulante salomoniza la sombra del animal.)

JINETE. ¿Quieres un cuchillo?

AMARGO. No.

JINETE. Mira que te lo regalo.

AMARGO. Pero yo no lo acepto.

JINETE. No tendrás otra ocasión.

AMARGO. ¿Quién sabe?

JINETE. Los otros cuchillos no sirven. Los otros cuchillos son blandos y se asustan de la sangre. Los que nosotros vendemos son fríos. ¿Entiendes? Entran buscando el sitio de más calor y allí se paran.

(El Amargo calla. Su mano derecha se le enfría como si agarrase un pedazo de oro.)

JINETE. ¡Qué hermoso cuchillo!

AMARGO. ¿Vale mucho?

JINETE. Pero ¿no quieres éste?

(Saca un cuchillo de oro. La punta brilla como una llama de candil.)

AMARGO. He dicho que no.

JINETE. ¡Muchacho, súbete conmigo!

AMARGO. Todavía no estoy cansado.

(El caballo se vuelve a espantar.)

JINETE. *(Tirando de las bridas.)* Pero ¡qué caballo este!

AMARGO. Es lo oscuro.

(Pausa.)

JINETE. Como te iba diciendo, en Málaga están mis tres hermanos. ¡Qué manera de vender cuchillos! En la catedral compraron dos mil para adornar todos los altares y poner una corona a la torre. Muchos barcos escribieron con ellos sus nombres, los pescadores más humildes de la orilla del mar se alumbran de noche con el brillo que despiden sus hojas afiladas.

AMARGO. ¡Es una hermosura!

JINETE. ¿Quién lo puede negar?

(La noche se espesa como un vino de cien años. La serpiente gorda del Sur abre sus ojos en la madrugada, y hay en los durmientes un deseo infinito de arrojarse por el balcón a la magia perversa del perfume y la lejanía.)

AMARGO. Me parece que hemos perdido el camino.

JINETE. *(Parando el caballo.)* ¿Sí?

AMARGO. Con la conversación.

JINETE. ¿No son aquéllas las luces de Granada?

AMARGO. No sé. El mundo es muy grande.

JINETE. Y muy solo.

AMARGO. Como que está deshabitado.

JINETE. Tú lo estás diciendo.

AMARGO. ¡Me da una desesperanza! ¡Ay yayayay!

JINETE. Porque si llegas allí, ¿qué haces?

AMARGO. ¿Qué hago?

JINETE. Y si te estás en tu sitio, ¿para qué quieres estar?

AMARGO. ¿Para qué?

JINETE. Yo monto este caballo y vendo cuchillos, pero si no lo hiciera, ¿qué pasaría?

AMARGO. ¿Qué pasaría?

(Pausa.)

JINETE. Estamos llegando a Granada.

AMARGO. ¿Es posible?

JINETE. Mira cómo relumbran los miradores.

AMARGO. La encuentro un poco cambiada.

JINETE. Es que estás cansado.

AMARGO. Sí, ciertamente.

JINETE. Ahora no te negarás a montar conmigo.

AMARGO. Espera un poco.

JINETE. ¡Vamos, sube! Sube de prisa. Es necesario llegar antes de que amanezca… Y toma este cuchillo. ¡Te lo regalo!

AMARGO. ¡Ay, yayayay!

> *(El Jinete ayuda al Amargo. Los dos emprenden el camino de Granada. La sierra del fondo se cubre de cicutas y de ortigas.)*

CANCIÓN DE LA MADRE DEL AMARGO

Lo llevan puesto en mi sábana
mis adelfas y mi palma.

Día veintisiete de agosto
con un cuchillito de oro.

La cruz. ¡Y vamos andando!
Era moreno y amargo.

Vecinas, dadme una jarra
de azófar con limonada.

La cruz. No llorad ninguna.
El Amargo está en la luna.

9 julio 1925

[Conferencia-recital del «Romancero gitano»]

No es un poeta que se ha hecho notar más o menos, o un dramaturgo incipiente, ansioso de un gran teatro, el que está ante vosotros, sino un verdadero amigo, un camarada que recuerda todavía cercanos los años que vivía a golpes con la enorme cara bigotuda del Derecho Mercantil y llevando una vida de broma y jaleo para ocultar una verdadera y bienhechora melancolía.

Yo sé muy bien que eso que se llama conferencia sirve en las salas y teatros para llevar a los ojos de las personas esas puntas de alfiler donde se clavan las irresistibles anémonas de Morfeo y esos bostezos para los cuales se necesitaría tener boca de caimán.

Yo he observado que generalmente el conferenciante pone cátedra sin pretender acercarse a su auditorio, habla lo que sabe sin gastar nervio y con una ausencia absoluta de voluntad de amor, que origina ese odio profundo que se le toma momentáneamente y hace que deseemos con ansia que resbale al salir de la tribuna o que estornude de modo tan furioso que se le caigan las gafas sobre el vaso.

Por eso, no vengo a dar una conferencia sobre temas que he estudiado y preparado, sino que vengo a comunicarme con vosotros con lo que nadie me ha enseñado, con lo que es sustancia y magia pura, con la poesía.

He elegido para leer con pequeños comentarios el *Romancero gitano*, no sólo por ser mi obra más popular, sino porque indudablemente es la que hasta ahora tiene más unidad, y es donde mi rostro poético aparece por vez primera con personalidad propia, virgen de contacto con otro poeta y definitivamente dibujado.

No voy a hacer crítica del libro, ni voy a decir, ni estudiar, lo que significa como forma de romance, ni a mostrar la mecánica de sus imágenes, ni el gráfico de su desarrollo rítmico y fonético, sino que voy a mostrar sus fuentes y los primeros atisbos de su concepción total.

El libro en conjunto, aunque se llama gitano, es el poema de Andalucía, y lo llamo gitano porque el gitano es lo más elevado, lo más profundo, más aristocrático de mi país, lo más representativo de su modo y el que guarda el ascua, la sangre y el alfabeto de la verdad andaluza y universal.

Así pues, el libro es un retablo de Andalucía, con gitanos, caballos, arcángeles, planetas, con su brisa judía, con su brisa romana, con ríos, con crímenes, con la nota vulgar del contrabandista y la nota celeste de los niños desnudos de Córdoba que burlan a san Rafael. Un libro donde apenas si está expresada la Andalucía que se ve, pero donde está temblando la que no se ve. Y ahora lo voy a decir. Un libro antipintoresco, antifolclórico, antiflamenco, donde no hay ni una chaquetilla corta, ni un traje de torero, ni un sombrero plano, ni una pandereta; donde las figuras sirven a fondos milenarios y donde no hay más que un solo personaje, grande y oscuro como un cielo de estío, un solo personaje que es la Pena, que se filtra en el tuétano de los huesos y en la savia de los árboles, y que no tiene nada que ver con la melancolía, ni con la nostalgia, ni con ninguna otra aflicción o dolencia del ánimo; que es un sentimiento más celeste que terrestre; pena andaluza que es una lucha de la inteligencia amorosa con el misterio que la rodea y no puede comprender.

Pero un hecho poético, como un hecho criminal o un

hecho jurídico, son tales hechos cuando viven en el mundo y son llevados y traídos; en suma, interpretados. Por eso no me quejo de la falsa visión andaluza que se tiene de este poema a cau-sa de recitadores, sensuales, de bajo tono, o criaturas ignorantes. Creo que la pureza de su construcción y el noble tono con que me esforcé al crearlo lo defenderán de sus actuales amantes *excesivos*, que a veces lo llenan de baba.

Desde el año 1919, época de mis primeros pasos poéticos, estaba yo preocupado con la forma del romance, porque me daba cuenta que era el vaso donde mejor se amoldaba mi sensibilidad. El romance había permanecido estacionario desde los últimos exquisitos romancillos de Góngora, hasta que el duque de Rivas lo hizo dulce, fluido, doméstico, o Zorrilla lo llenó de nenúfares, sombras y campanas sumergidas.

El romance típico había sido siempre una narración, y era lo narrativo lo que daba encanto a su fisonomía, porque cuando se hacía lírico, sin eco de anécdota, se convertía en canción. Yo quise fundir el romance narrativo con el lírico sin que perdieran ninguna calidad, y este esfuerzo se ve conseguido en algunos poemas del *Romancero*, como el llamado «Romance sonámbulo», donde hay una *gran sensación* de anécdota, un agudo ambiente dramático, y nadie sabe lo que pasa, ni aun yo, porque el misterio poético es también misterio para el poeta que lo comunica, pero que muchas veces lo ignora.

En realidad, la forma de mi romance la encontré –mejor, me la comunicaron– en los albores de mis primeros poemas, donde ya se notan los mismos elementos y un mecanismo similar al del *Romancero gitano*.

Ya el año veinte escribía yo este *crepúsculo*:

El diamante de una estrella
ha rayado el hondo cielo.
Pájaro de luz que quiere
escapar del firmamento
y huye del enorme nido
donde estaba prisionero
sin saber que lleva atada
una cadena en el cuello.

Cazadores extrahumanos
están cazando luceros,
cisnes de plata maciza
en el agua del silencio.

Los chopos niños recitan
la cartilla. Es el maestro
un chopo antiguo que mueve
tranquilos sus brazos viejos.

¡Rana, empieza tu cantar!
¡Grillo, sal de tu agujero!
Haced un bosque sonoro
con vuestras flautas. Yo vuelvo
hacia mi casa intranquilo.
Se agitan en mi recuerdo
dos palomas campesinas
y en el horizonte, lejos
se hunde el arcaduz del día.
¡Terrible noria del tiempo!

Esto, como forma, ya tiene el claroscuro del *Romance-
ro* y el gusto de mezclar imágenes astronómicas con in-
sectos y hechos vulgares, que son notas primarias de mi
carácter poético.

Tengo cierto rubor de hablar de mí en público, pero lo
hago porque os considero amigos, o ecuánimes oyentes,
y porque sé que un poeta, cuando es poeta, es sencillo,

y, cuando es sencillo, no puede caer jamás en el infierno cómico de la pedantería.

De un poema se puede estar hablando mucho tiempo, analizando y observando sus aspectos múltiples. Yo os voy a presentar un plano de este mío y voy a comenzar la lectura de sus composiciones.

*

Desde los primeros versos se nota que el mito está mezclado con el elemento que pudiéramos llamar realista, aunque no lo es, puesto que al contacto con el plano mágico se torna aún más misterioso e indescifrable, como el alma misma de Andalucía, lucha y drama del veneno de Oriente del andaluz con la geometría y el equilibrio que impone lo romano, lo bético.

El libro empieza con dos mitos inventados: la luna como bailarina mortal y el viento como sátiro. Mito de la luna sobre tierras de danza dramática, Andalucía interior concentrada y religiosa, y mito de playa tartesa, donde el aire es suave como pelusa de melocotón y donde todo, drama o danza, está sostenido por una aguja inteligente de burla o de ironía:

«Romance de la luna, luna»
«Preciosa y el aire».[1]

En el romance «Reyerta de mozos» está expresada esa lucha sorda, latente en Andalucía y en toda España, de grupos que se atacan sin saber por qué, por causas misteriosas, por una mirada, por una rosa, porque un hombre de pronto siente un insecto sobre la mejilla, por un amor de hace dos siglos:

1. Véanse pp. 103-106.

«Reyerta».[1]

Después, aparece el «Romance sonámbulo», del que ya he hablado, uno de los más misteriosos del libro, interpretado por mucha gente como un romance que expresa el ansia de Granada por el mar, la angustia de una ciudad que no oye las olas y las busca en sus juegos de agua subterránea y en las nieblas onduladas con que cubre sus montes. Está bien. Es así, pero también es otra cosa. Es un hecho poético puro del fondo andaluz, y siempre tendrá luces cambiantes, aun para el hombre que lo ha comunicado, que soy yo. Si me preguntan ustedes por qué digo yo «Mil panderos de cristal herían la madrugada», les diré que los he visto en manos de ángeles y de árboles, pero no sabré decir más, ni mucho menos explicar su significado. Y está bien que sea así. El hombre se acerca por medio de la poesía con más rapidez al filo donde el filósofo y el matemático vuelven la espalda en silencio:

«Romance sonámbulo».[2]

Después aparece en el libro el romance de «La casada infiel», gracioso de forma y de imagen, pero éste sí que es pura anécdota andaluza. Es popular hasta la desesperación y, como lo considero lo más primario, lo más halagador de sensualidades y lo menos andaluz, no lo leo.

*

En contraposición de la noche marchosa y ardiente de la casada infiel, noche de vega alta y junco en penumbra,

1. Véanse pp. 107-108.
2. Véanse pp. 108-111.

aparece esta noche de Soledad Montoya, concreción de la Pena sin remedio, de la pena negra, de la cual no se puede salir más que abriendo con un cuchillo un ojal bien hondo en el costado siniestro.

La pena de Soledad Montoya es la raíz del pueblo andaluz. No es angustia, porque con pena se puede sonreír, ni es un dolor que ciega, puesto que jamás produce llanto; es un ansia sin objeto, es un amor agudo a nada, con una seguridad de que la muerte (preocupación perenne de Andalucía) está respirando detrás de la puerta. Este poema tiene un antecedente en la canción del jinete que voy a decir, en la que a mí me parece ver a aquel prodigioso andaluz Omar ben Hafsún desterrado para siempre de su patria:

«Canción de jinete»
«Romance de la pena negra».[1]

En el poema irrumpen de pronto los arcángeles que expresan las tres grandes Andalucías: san Miguel, rey del aire, que vuela sobre Granada, ciudad de torrentes y montañas; san Rafael, arcángel peregrino que vive en la Biblia y en el Corán, quizá más amigo de musulmanes que de cristianos, que pesca en el río de Córdoba; san Gabriel Arcángel anunciador, padre de la propaganda, que planta sus azucenas en la torre de Sevilla. Son las tres Andalucías que están expresadas en esta canción:

«[Arbolé arbolé]».[2]

1. Véanse en esta colección *Poesía Completa I*, pp. 144-145, y en este volumen, pp. 115-117.

2. Véase en esta colección *Poesía Completa I*, pp. 149-151

Como no tengo tiempo de leer todo el libro, diré sólo «San Gabriel»:[1]

«San Gabriel».

Ahora aparece en el retablo uno de sus héroes más netos, Antoñito el Camborio, el único de todo el libro que me llama por mi nombre en el momento de su muerte. Gitano verdadero, incapaz del mal, como muchos que en estos momentos mueren de hambre por no vender su voz milenaria a los señores que no poseen más que dinero, que es tan poca cosa:

«Prendimiento»
«Muerte».[2]

Pocas palabras voy a decir de esta otra fuerza andaluza, centauro de muerte y de odio que es el Amargo.

Teniendo yo ocho años, y mientras jugaba en mi casa de Fuente Vaqueros, se asomó a la ventana un muchacho que a mí me pareció un gigante, y que me miró con un desprecio y un odio que nunca olvidaré, y escupió dentro al retirarse. A lo lejos una voz lo llamó: «¡Amargo, ven!».

Desde entonces el Amargo fue creciendo en mí hasta que pude descifrar por qué me miró de aquella manera, ángel de la muerte y la desesperanza que guarda las puertas de Andalucía. Esta figura es una obsesión en mi obra poética. Ahora ya no sé si la vi o se me apareció, si me lo imaginé o ha estado a punto de ahogarme con sus manos.

1. Véanse pp. 121-124.
2. Véanse pp. 124-127.

La primera vez que sale el Amargo es en el *Poema del cante jondo*, que yo escribí en 1921:

«Diálogo del Amargo».[1]

Después en el *Romancero*, y últimamente en el final de mi tragedia *Bodas de sangre*, se llora también, no sé por qué, a esta figura enigmática.

(Si hay tiempo, lee la escena: «Con un cuchillo [...]».)[2]

Pero ¿qué ruido de cascos y de correas se escucha por Jaén y por la sierra de Almería? Es que viene la Guardia Civil. Éste es el tema fuerte del libro y el más difícil por increíblemente antipoético. Sin embargo, no lo es:

«Romance de la Guardia Civil española».[3]

Para completar, voy a leer un romance de la Andalucía romana (Mérida es andaluza, como por otra parte lo es Tetuán), donde la forma, la imagen y el ritmo son apretados y justos como piedras para el tema:

«Martirio de Santa Olalla».[4]

Y ahora, el tema bíblico. Los gitanos, y en general el pueblo andaluz, cantan el romance de Thamar y Amnón llamando a Thamar «Altas Mares». De Thamar, «Tamare»; de «Tamare», «Altamare», y de «Altamare», «Altas Mares», que es mucho más bonito.

1. Véanse pp. 82-87.
2. Véase en esta colección *Teatro Completo III*.
3. Véanse pp. 132-136.
4. Véanse pp. 137-140.

Este poema es gitano-judío, como era Joselito, *el Gallo*, y como son las gentes que pueblan los montes de Granada y algún pueblo del interior cordobés.

Y de forma y de intención es mucho más fuerte que los desplantes de «La casada infiel», pero tiene en cambio un acento poético más difícil, que lo pone a salvo de ese terrible ojo que guiña ante los actos inocentes y hermosos de la Naturaleza:

«Thamar y Amnón».[1]

Primer romancero gitano

1924-1927

I

Romance de la luna, luna

A Conchita García Lorca

La luna vino a la fragua
con su polisón de nardos.
El niño la mira, mira.
El niño la está mirando.
En el aire conmovido
mueve la luna sus brazos
y enseña, lúbrica y pura,
sus senos de duro estaño.
Huye luna, luna, luna.
Si vinieran los gitanos,
harían con tu corazón
collares y anillos blancos.
Niño, déjame que baile.
Cuando vengan los gitanos,
te encontrarán sobre el yunque
con los ojillos cerrados.
Huye luna, luna, luna,
que ya siento sus caballos.
Niño, déjame, no pises
mi blancor almidonado.

El jinete se acercaba
tocando el tambor del llano.
Dentro de la fragua el niño,
tiene los ojos cerrados.
Por el olivar venían,
bronce y sueño, los gitanos.

Las cabezas levantadas
y los ojos entornados.

Cómo canta la zumaya,
¡ay cómo canta en el árbol!
Por el cielo va la luna
con un niño de la mano.

Dentro de la fragua lloran,
dando gritos, los gitanos.
El aire la vela, vela.
El aire la está velando.

2

Preciosa y el aire

A Dámaso Alonso

Su luna de pergamino
Preciosa tocando viene,
por un anfibio sendero
de cristales y laureles.
El silencio sin estrellas,
huyendo del sonsonete,
cae donde el mar bate y canta
su noche llena de peces.
En los picos de la sierra
los carabineros duermen
guardando las blancas torres
donde viven los ingleses.

Y los gitanos del agua
levantan por distraerse,
glorietas de caracolas
y ramas de pino verde.

*

Su luna de pergamino
Preciosa tocando viene.
Al verla se ha levantado
el viento, que nunca duerme.
San Cristobalón desnudo,
lleno de lenguas celestes,
mira a la niña tocando
una dulce gaita ausente.

Niña, deja que levante
tu vestido para verte.
Abre en mis dedos antiguos
la rosa azul de tu vientre.

Preciosa tira el pandero
y corre sin detenerse.
El viento-hombrón la persigue
con una espada caliente.

Frunce su rumor el mar.
Los olivos palidecen.
Cantan las flautas de umbría
y el liso gong de la nieve.

¡Preciosa, corre, Preciosa,
que te coge el viento verde!

¡Preciosa, corre, Preciosa!
¡Míralo por dónde viene!
Sátiro de estrellas bajas
con sus lenguas relucientes.

*

Preciosa, llena de miedo,
entra en la casa que tiene
más arriba de los pinos,
el cónsul de los ingleses.

Asustados por los gritos
tres carabineros vienen,
sus negras capas ceñidas
y los gorros en las sienes.

El inglés da a la gitana
un vaso de tibia leche,
y una copa de ginebra
que Preciosa no se bebe.

Y mientras cuenta, llorando,
su aventura a aquella gente,
en las tejas de pizarra
el viento, furioso, muerde.

3

Reyerta

A Rafael Méndez

En la mitad del barranco
las navajas de Albacete,
bellas de sangre contraria,
relucen como los peces.
Una dura luz de naipe
recorta en el agrio verde,
caballos enfurecidos
y perfiles de jinetes.
En la copa de un olivo
lloran dos viejas mujeres.
El toro de la reyerta
se sube por las paredes.
Ángeles negros traían
pañuelos y agua de nieve.
Ángeles con grandes alas
de navajas de Albacete.
Juan Antonio el de Montilla
rueda muerto la pendiente,
su cuerpo lleno de lirios
y una granada en las sienes.
Ahora monta cruz de fuego
carretera de la muerte.

*

El juez, con guardia civil,
por los olivares viene.

Sangre resbalada gime
muda canción de serpiente.
Señores guardias civiles:
aquí pasó lo de siempre.
Han muerto cuatro romanos
y cinco cartagineses.

*

La tarde loca de higueras
y de rumores calientes,
cae desmayada en los muslos
heridos de los jinetes.
Y ángeles negros volaban
por el aire del poniente.
Ángeles de largas trenzas
y corazones de aceite.

4

Romance sonámbulo

A Gloria Giner y a Fernando de los Ríos

Verde que te quiero verde.
Verde viento. Verdes ramas.
El barco sobre la mar
y el caballo en la montaña.
Con la sombra en la cintura,
ella sueña en su baranda
verde carne, pelo verde,

con ojos de fría plata.
Verde que te quiero verde.
Bajo la luna gitana,
las cosas la están mirando
y ella no puede mirarlas.

*

Verde que te quiero verde.
Grandes estrellas de escarcha,
vienen con el pez de sombra
que abre el camino del alba.
La higuera frota su viento
con la lija de sus ramas,
y el monte, gato garduño,
eriza sus pitas agrias.
¿Pero quién vendrá? ¿Y por dónde?...
Ella sigue en su baranda
verde carne, pelo verde,
soñando en la mar amarga.

*

Compadre, quiero cambiar,
mi caballo por su casa,
mi montura por su espejo,
mi cuchillo por su manta.
Compadre, vengo sangrando,
desde los puertos de Cabra.
Si yo pudiera, mocito,
este trato se cerraba.
Pero yo ya no soy yo,
ni mi casa es ya mi casa.
Compadre, quiero morir

decentemente en mi cama.
De acero, si puede ser,
con las sábanas de holanda.
¿No ves la herida que tengo
desde el pecho a la garganta?
Trescientas rosas morenas
lleva tu pechera blanca.
Tu sangre rezuma y huele
alrededor de tu faja.
Pero yo ya no soy yo.
Ni mi casa es ya mi casa.
Dejadme subir al menos
hasta las altas barandas,
¡dejadme subir!, dejadme
hasta las verdes barandas.
Barandales de la luna
por donde retumba el agua.

*

Ya suben los dos compadres
hacia las altas barandas.
Dejando un rastro de sangre.
Dejando un rastro de lágrimas.
Temblaban en los tejados
farolillos de hojalata.
Mil panderos de cristal,
herían la madrugada.

*

Verde que te quiero verde,
verde viento, verdes ramas.

Los dos compadres subieron.
El largo viento, dejaba
en la boca un raro gusto
de hiel, de menta y de albahaca.
¡Compadre! ¿Dónde está, dime?
¿Dónde está tu niña amarga?
¡Cuántas veces te esperó!
¡Cuántas veces te esperara
cara fresca, negro pelo,
en esta verde baranda!

*

Sobre el rostro del aljibe,
se mecía la gitana.
Verde carne, pelo verde,
con ojos de fría plata.
Un carambano de luna,
la sostiene sobre el agua.
La noche se puso íntima
como una pequeña plaza.
Guardias civiles borrachos,
en la puerta golpeaban.
Verde que te quiero verde.
Verde viento. Verdes ramas.
El barco sobre la mar.
Y el caballo en la montaña.

5

La monja gitana

A José Moreno Villa

Silencio de cal y mirto.
Malvas en las hierbas finas.
La monja borda alhelíes
sobre una tela pajiza.
Vuelan en la araña gris,
siete pájaros del prisma.
La iglesia gruñe a lo lejos
como un oso panza arriba.
¡Qué bien borda! ¡Con qué gracia!
Sobre la tela pajiza,
ella quisiera bordar
flores de su fantasía.
¡Qué girasol! ¡Qué magnolia
de lentejuelas y cintas!
¡Qué azafranes y qué lunas,
en el mantel de la misa!
Cinco toronjas se endulzan
en la cercana cocina.
Las cinco llagas de Cristo
cortadas en Almería.
Por los ojos de la monja
galopan dos caballistas.
Un rumor último y sordo
le despega la camisa,
y al mirar nubes y montes
en las yertas lejanías,
se quiebra su corazón

de azúcar y yerbaluisa.
¡Oh!, qué llanura empinada
con veinte soles arriba.
¡Qué ríos puestos de pie
vislumbra su fantasía!
Pero sigue con sus flores,
mientras que de pie, en la brisa,
la luz juega el ajedrez
alto de la celosía.

6

La casada infiel

A Lydia Cabrera y a su negrita

Y que yo me la llevé al río
creyendo que era mozuela,
pero tenía marido.

Fue la noche de Santiago
y casi por compromiso.
Se apagaron los faroles
y se encendieron los grillos.
En las últimas esquinas
toqué sus pechos dormidos,
y se me abrieron de pronto
como ramos de jacintos.
El almidón de su enagua
me sonaba en el oído,
como una pieza de seda

rasgada por diez cuchillos.
Sin luz de plata en sus copas
los árboles han crecido
y un horizonte de perros
ladra muy lejos del río.

*

Pasadas las zarzamoras,
los juncos y los espinos,
bajo su mata de pelo
hice un hoyo sobre el limo.
Yo me quité la corbata.
Ella se quitó el vestido.
Yo el cinturón con revólver.
Ella sus cuatro corpiños.
Ni nardos ni caracolas
tienen el cutis tan fino,
ni los cristales con luna
relumbran con ese brillo.
Sus muslos se me escapaban
como peces sorprendidos,
la mitad llenos de lumbre,
la mitad llenos de frío.
Aquella noche corrí
el mejor de los caminos,
montado en potra de nácar
sin bridas y sin estribos.
No quiero decir, por hombre,
las cosas que ella me dijo.
La luz del entendimiento
me hace ser muy comedido.
Sucia de besos y arena

yo me la llevé del río.
Con el aire se batían
las espadas de los lirios.

Me porté como quien soy.
Como un gitano legítimo.
Le regalé un costurero
grande, de raso pajizo,
y no quise enamorarme
porque teniendo marido
me dijo que era mozuela
cuando la llevaba al río.

7

Romance de la pena negra

A José Navarro Pardo

Las piquetas de los gallos
cavan buscando la aurora,
cuando por el monte oscuro
baja Soledad Montoya.
Cobre amarillo, su carne,
huele a caballo y a sombra.
Yunques ahumados sus pechos,
gimen canciones redondas.
Soledad: ¿por quién preguntas
sin compaña y a estas horas?
Pregunte por quien pregunte,
dime: ¿a ti qué se te importa?

Vengo a buscar lo que busco,
mi alegría y mi persona.
Soledad de mis pesares,
caballo que se desboca,
al fin encuentra la mar
y se lo tragan las olas.
No me recuerdes el mar
que la pena negra, brota
en las tierras de aceituna
bajo el rumor de las hojas.
¡Soledad, qué pena tienes!
¡Qué pena tan lastimosa!
Lloras zumo de limón
agrio de espera y de boca.
¡Qué pena tan grande! Corro
mi casa como una loca,
mis dos trenzas por el suelo
de la cocina a la alcoba.
¡Qué pena! Me estoy poniendo
de azabache, carne y ropa.
¡Ay mis camisas de hilo!
¡Ay mis muslos de amapola!
Soledad: lava tu cuerpo
con agua de las alondras,
y deja tu corazón
en paz, Soledad Montoya.

*

Por abajo canta el río:
volante de cielo y hojas.
Con flores de calabaza,
la nueva luz se corona.

¡Oh pena de los gitanos!
Pena limpia y siempre sola.
¡Oh pena de cauce oculto
y madrugada remota!

8

San Miguel
Granada

A Diego Buigas de Dalmau

SAN MIGUEL

Se ven desde las barandas,
por el monte, monte, monte,
mulos y sombras de mulos
cargados de girasoles.

Sus ojos en las umbrías
se empañan de inmensa noche.
En los recodos del aire,
cruje la aurora salobre.

Un cielo de mulos blancos
cierra sus ojos de azogue
dando a la quieta penumbra
un final de corazones.
Y el agua se pone fría
para que nadie la toque.

Agua loca y descubierta
por el monte, monte, monte.

*

San Miguel lleno de encajes
en la alcoba de su torre,
enseña sus bellos muslos
ceñidos por los faroles.

Arcángel domesticado
en el gesto de las doce,
finge una cólera dulce
de plumas y ruiseñores.
San Miguel canta en los vidrios;
Efebo de tres mil noches,
fragante de agua colonia
y lejano de las flores.

*

El mar baila por la playa,
un poema de balcones.
Las orillas de la luna
pierden juncos, ganan voces.
Vienen manolas comiendo
semillas de girasoles,
los culos grandes y ocultos
como planetas de cobre.
Vienen altos caballeros
y damas de triste porte,
morenas por la nostalgia
de un ayer de ruiseñores.

Y el obispo de Manila
ciego de azafrán y pobre,
dice misa con dos filos
para mujeres y hombres.

*

San Miguel se estaba quieto
en la alcoba de su torre,
con las enaguas cuajadas
de espejitos y entredoses.

San Miguel, rey de los globos
y de los números nones,
en el primor berberisco
de gritos y miradores.

9

San Rafael
Córdoba

A Juan Izquierdo Croselles

SAN RAFAEL

Coches cerrados llegaban
a las orillas de juncos
donde las ondas alisan
romano torso desnudo.
Coches, que el Guadalquivir

tiende en su cristal maduro,
entre láminas de flores
y resonancias de nublos.
Los niños tejen y cantan
el desengaño del mundo
cerca de los viejos coches
perdidos en el nocturno.
Pero Córdoba no tiembla
bajo el misterio confuso,
pues si la sombra levanta
la arquitectura del humo,
un pie de mármol afirma
su casto fulgor enjuto.
Pétalos de lata débil
recaman los grises puros
de la brisa, desplegada
sobre los arcos de triunfo.
Y mientras el puente sopla
diez rumores de Neptuno,
vendedores de tabaco
huyen por el roto muro.

II

Un solo pez en el agua
que a las dos Córdobas junta.
Blanda Córdoba de juncos.
Córdoba de arquitectura.
Niños de cara impasible
en la orilla se desnudan,
aprendices de Tobías
y Merlines de cintura,

para fastidiar al pez
en irónica pregunta
si quiere flores de vino
o saltos de media luna.
Pero el pez que dora el agua
y los mármoles enluta,
les da lección y equilibrio
de solitaria columna.
El Arcángel aljamiado
de lentejuelas oscuras,
en el mitin de las ondas
buscaba rumor y cuna.

*

Un solo pez en el agua.
Dos Córdobas de hermosura.
Córdoba quebrada en chorros.
Celeste Córdoba enjuta.

10

San Gabriel

Sevilla

A D. Agustín Viñuales

SAN GABRIEL

Un bello niño de junco,
anchos hombros, fino talle,

piel de nocturna manzana,
boca triste y ojos grandes,
nervio de plata caliente,
ronda la desierta calle.
Sus zapatos de charol
rompen las dalias del aire,
con los dos ritmos que cantan
breves lutos celestiales.
En la ribera del mar
no hay palma que se le iguale,
ni emperador coronado
ni lucero caminante.
Cuando la cabeza inclina
sobre su pecho de jaspe,
la noche busca llanuras
porque quiere arrodillarse.
Las guitarras suenan solas
para San Gabriel Arcángel,
domador de palomillas
y enemigo de los sauces.
San Gabriel: El niño llora
en el vientre de su madre.
No olvides que los gitanos
te regalaron el traje.

II

Anunciación de los Reyes
bien lunada y mal vestida,
abre la puerta al lucero
que por la calle venía.
El Arcángel San Gabriel

entre azucena y sonrisa,
biznieto de la Giralda,
se acercaba de visita.
En su chaleco bordado
grillos ocultos palpitan.
Las estrellas de la noche,
se volvieron campanillas.
San Gabriel: Aquí me tienes
con tres clavos de alegría.
Tu fulgor abre jazmines
sobre mi cara encendida.
Dios te salve, Anunciación.
Morena de maravilla.
Tendrás un niño más bello
que los tallos de la brisa.
¡Ay San Gabriel de mis ojos!
¡Gabrielillo de mi vida!
para sentarte yo sueño
un sillón de clavellinas.
Dios te salve, Anunciación,
bien lunada y mal vestida.
Tu niño tendrá en el pecho
un lunar y tres heridas.
¡Ay San Gabriel que reluces!
¡Gabrielillo de mi vida!
En el fondo de mis pechos
ya nace la leche tibia.
Dios te salve, Anunciación.
Madre de cien dinastías.
Áridos lucen tus ojos,
paisajes de caballista.

*

El niño canta en el seno
de Anunciación sorprendida.
Tres balas de almendra verde
tiemblan en su vocecita.
Ya San Gabriel en el aire
por una escala subía.
Las estrellas de la noche
se volvieron siemprevivas.

II

Prendimiento de Antoñito el Camborio
en el camino de Sevilla

A Margarita Xirgu

Antonio Torres Heredia,
hijo y nieto de Camborios,
con una vara de mimbre
va a Sevilla a ver los toros.
Moreno de verde luna
anda despacio y garboso.
Sus empavonados bucles
le brillan entre los ojos.
A la mitad del camino
cortó limones redondos,
y los fue tirando al agua
hasta que la puso de oro.
Y a la mitad del camino,
bajo las ramas de un olmo,

Guardia Civil caminera
lo llevó codo con codo.

        *

El día se va despacio,
la tarde colgada a un hombro,
dando una larga torera
sobre el mar y los arroyos.
Las aceitunas aguardan
la noche de Capricornio,
y una corta brisa, ecuestre,
salta los montes de plomo.
Antonio Torres Heredia,
hijo y nieto de Camborios,
viene sin vara de mimbre
entre los cinco tricornios.
Antonio, ¿quién eres tú?
Si te llamaras Camborio,
hubieras hecho una fuente
de sangre, con cinco chorros.
Ni tú eres hijo de nadie,
ni legítimo Camborio.
¡Se acabaron los gitanos
que iban por el monte solos!
Están los viejos cuchillos,
tiritando bajo el polvo.

        *

A las nueve de la noche
lo llevan al calabozo,
mientras los guardias civiles

beben limonada todos.
Y a las nueve de la noche
le cierran el calabozo,
mientras el cielo reluce
como la grupa de un potro.

12

Muerte de Antoñito el Camborio

A José Antonio Rubio Sacristán

Voces de muerte sonaron
cerca del Guadalquivir.
Voces antiguas que cercan
voz de clavel varonil.
Les clavó sobre las botas
mordiscos de jabalí.
En la lucha daba saltos
jabonados de delfín.
Bañó con sangre enemiga
su corbata carmesí,
pero eran cuatro puñales
y tuvo que sucumbir.
Cuando las estrellas clavan
rejones al agua gris,
cuando los erales sueñan
verónicas de alhelí,
voces de muerte sonaron
cerca del Guadalquivir.

*

Antonio Torrres Heredia,
Camborio de dura crin,
moreno de verde luna,
voz de clavel varonil:
¿Quién te ha quitado la vida
cerca del Guadalquivir?
Mis cuatro primos Heredias,
hijos de Benamejí.
Lo que en otros no envidiaban,
ya lo envidiaban en mí.
Zapatos color corinto,
medallones de marfil,
y este cutis amasado
con aceituna y jazmín.
¡Ay Antoñito el Camborio
digno de una Emperatriz!
Acuérdate de la Virgen
porque te vas a morir.
¡Ay Federico García!
llama a la Guardia Civil.
Ya mi talle se ha quebrado
como caña de maíz.
Tres golpes de sangre tuvo,
y se murió de perfil.
Viva moneda que nunca
se volverá a repetir.
Un ángel marchoso pone
su cabeza en un cojín.
Otros de rubor cansado,
encendieron un candil.
Y cuando los cuatro primos
llegan a Benamejí,
voces de muerte cesaron
cerca del Guadalquivir.

13

Muerto de amor

A Margarita Manso

¿Qué es aquello que reluce
por los altos corredores?
Cierra la puerta, hijo mío,
acaban de dar las once.
En mis ojos, sin querer,
relumbran cuatro faroles.
Será que la gente aquella,
estará fregando el cobre.

*

Ajo de agónica plata
la luna menguante, pone
cabelleras amarillas
a las amarillas torres.
La noche llama temblando
al cristal de los balcones
perseguida por los mil
perros que no la conocen,
y un olor de vino y ámbar
viene de los corredores.

*

Brisas de caña mojada
y rumor de viejas voces,
resonaban por el arco

roto de la media noche.
Bueyes y rosas dormían.
Sólo por los corredores
las cuatro luces clamaban
con el furor de San Jorge.
Tristes mujeres del valle
bajaban su sangre de hombre,
tranquila de flor cortada
y amarga de muslo joven.
Viejas mujeres del río
lloraban al pie del monte,
un minuto intransitable
de cabelleras y nombres.
Fachadas de cal, ponían
cuadrada y blanca la noche.
Serafines y gitanos
tocaban acordeones.
Madre, cuando yo me muera
que se enteren los señores.
Pon telegramas azules
que vayan del Sur al Norte.

Siete gritos, siete sangres,
siete adormideras dobles,
quebraron opacas lunas
en los oscuros salones.
Lleno de manos cortadas
y coronitas de flores,
el mar de los juramentos
resonaba, no sé dónde.
Y el cielo daba portazos
al brusco rumor del bosque,
mientras clamaban las luces
en los altos corredores.

14

El emplazado

Para Emilio Aladrén

ROMANCE DEL EMPLAZADO

¡Mi soledad sin descanso!
Ojos chicos de mi cuerpo
y grandes de mi caballo,
no se cierran por la noche
ni miran al otro lado
donde se aleja tranquilo
un sueño de trece barcos.
Sino que limpios y duros
escuderos desvelados,
mis ojos miran un norte
de metales y peñascos
donde mi cuerpo sin venas
consulta naipes helados.

*

Los densos bueyes del agua
embisten a los muchachos
que se bañan en las lunas
de sus cuernos ondulados.
Y los martillos cantaban
sobre los yunques sonámbulos,
el insomnio del jinete
y el insomnio del caballo.

*

El veinticinco de junio
le dijeron a el Amargo:
Ya puedes cortar, si gustas,
las adelfas de tu patio.
Pinta una cruz en la puerta
y pon tu nombre debajo,
porque cicutas y ortigas
nacerán en tu costado,
y agujas de cal mojada
te morderán los zapatos.
Será de noche, en lo oscuro,
por los montes imantados
donde los bueyes del agua
beben los juncos soñando.
Pide luces y campanas.
Aprende a cruzar las manos,
y gusta los aires fríos
de metales y peñascos.
Porque dentro de dos meses
yacerás amortajado.

*

Espadón de nebulosa
mueve en el aire Santiago.
Grave silencio, de espalda,
manaba el cielo combado.

*

El veinticinco de junio
abrió sus ojos Amargo,
y el veinticinco de agosto

se tendió para cerrarlos.
Hombres bajaban la calle
para ver al emplazado,
que fijaba sobre el muro
su soledad con descanso.
Y la sábana impecable,
de duro acento romano,
daba equilibrio a la muerte
con las rectas de sus paños.

15

Romance de la Guardia Civil española

A Juan Guerrero.
Cónsul general de la poesía

Los caballos negros son.
Las herraduras son negras.
Sobre las capas relucen
manchas de tinta y de cera.
Tienen, por eso no lloran,
de plomo las calaveras.
Con el alma de charol
vienen por la carretera.
Jorobados y nocturnos,
por donde animan ordenan
silencios de goma oscura
y miedos de fina arena.
Pasan, si quieren pasar,
y ocultan en la cabeza

una vaga astronomía
de pistolas inconcretas.

*

¡Oh ciudad de los gitanos!
En las esquinas banderas.
La luna y la calabaza
con las guindas en conserva.
¡Oh ciudad de los gitanos!
¿Quién te vio y no te recuerda?
Ciudad de dolor y almizcle
con las torres de canela.

*

Cuando llegaba la noche
noche que noche nochera,
los gitanos en sus fraguas
forjaban soles y flechas.
Un caballo malherido,
llamaba a todas las puertas.
Gallos de vidrio cantaban
por Jerez de la Frontera.
El viento, vuelve desnudo
la esquina de la sorpresa,
en la noche platinoche
noche, que noche nochera.

*

La Virgen y San José
perdieron sus castañuelas,
y buscan a los gitanos

para ver si las encuentran.
La Virgen viene vestida
con un traje de alcaldesa
de papel de chocolate
con los collares de almendras.
San José mueve los brazos
bajo una capa de seda.
Detrás va Pedro Domecq
con tres sultanes de Persia.
La media luna, soñaba
un éxtasis de cigüeña.
Estandartes y faroles
invaden las azoteas.
Por los espejos sollozan
bailarinas sin caderas.
Agua y sombra, sombra y agua
por Jerez de la Frontera.

*

¡Oh ciudad de los gitanos!
En las esquinas banderas.
Apaga tus verdes luces
que viene la benemérita.
¡Oh ciudad de los gitanos!
¿Quién te vio y no te recuerda?
Dejadla lejos del mar
sin peines para sus crenchas.

*

Avanzan de dos en fondo
a la ciudad de la fiesta.

Un rumor de siemprevivas,
invade las cartucheras.
Avanzan de dos en fondo.
Doble nocturno de tela.
El cielo, se les antoja,
una vitrina de espuelas.

*

La ciudad libre de miedo,
multiplicaba sus puertas.
Cuarenta guardias civiles
entran a saco por ellas.
Los relojes se pararon,
y el coñac de las botellas
se disfrazó de noviembre
para no infundir sospechas.
Un vuelo de gritos largos
se levantó en las veletas.
Los sables cortan las brisas
que los cascos atropellan.
Por las calles de penumbra,
huyen las gitanas viejas
con los caballos dormidos
y las orzas de monedas.
Por las calles empinadas
suben las capas siniestras,
dejando detrás fugaces
remolinos de tijeras.

En el Portal de Belén,
los gitanos se congregan.
San José, lleno de heridas,

amortaja a una doncella.
Tercos fusiles agudos
por toda la noche suenan.
La Virgen cura a los niños
con salivilla de estrella.
Pero la Guardia Civil
avanza sembrando hogueras,
donde joven y desnuda
la imaginación se quema.
Rosa la de los Camborios,
gime sentada en su puerta
con sus dos pechos cortados
puestos en una bandeja.
Y otras muchachas corrían
perseguidas por sus trenzas,
en un aire donde estallan
rosas de pólvora negra.
Cuando todos los tejados
eran surcos en la tierra,
el alba meció sus hombros
en largo perfil de piedra.

*

¡Oh ciudad de los gitanos!
La Guardia Civil se aleja
por un túnel de silencio
mientras las llamas te cercan.

¡Oh ciudad de los gitanos!
¿Quién te vio y no te recuerda?
Que te busquen en mi frente.
Juego de luna y arena.

Tres romances históricos

16

Martirio de Santa Olalla

A Rafael Martínez Nadal

I

PANORAMA DE MÉRIDA

Por la calle brinca y corre
caballo de larga cola,
mientras juegan o dormitan
viejos soldados de Roma.
Medio monte de Minervas
abre sus brazos sin hojas.
Agua en vilo redoraba
las aristas de las rocas.
Noche de torsos yacentes
y estrellas de nariz rota,
aguarda grietas del alba
para derrumbarse toda.
De cuando en cuando sonaban
blasfemias de cresta roja.
Al gemir la santa niña,
quiebra el cristal de las copas.
La rueda afila cuchillos
y garfios de aguda comba:
brama el toro de los yunques,
y Mérida se corona

de nardos casi despiertos
y tallos de zarzamora.

II

EL MARTIRIO

Flora desnuda se sube
por escalerillas de agua.
El Cónsul pide bandeja
para los senos de Olalla.
Un chorro de venas verdes
le brota de la garganta.
Su sexo tiembla enredado
como un pájaro en las zarzas.
Por el suelo, ya sin norma,
brincan sus manos cortadas
que aún pueden cruzarse en tenue
oración decapitada.
Por los rojos agujeros
donde sus pechos estaban
se ven cielos diminutos
y arroyos de leche blanca.
Mil arbolillos de sangre
le cubren toda la espalda
y oponen húmedos troncos
al bisturí de las llamas.
Centuriones amarillos
de carne gris, desvelada,
llegan al cielo sonando
sus armaduras de plata.
Y mientras vibra confusa

pasión de crines y espadas,
el Cónsul porta en bandeja
senos ahumados de Olalla.

III

INFIERNO Y GLORIA

Nieve ondulada reposa.
Olalla pende del árbol.
Su desnudo de carbón
tizna los aires helados.
Noche tirante reluce.
Olalla muerta en el árbol.
Tinteros de las ciudades
vuelcan la tinta despacio.
Negros maniquís de sastre
cubren la nieve del campo
en largas filas que gimen
su silencio mutilado.
Nieve partida comienza.
Olalla blanca en el árbol.
Escuadras de níquel juntan
los picos en su costado.

*

Una Custodia reluce
sobre los cielos quemados,
entre gargantas de arroyo
y ruiseñores en ramos.
¡Saltan vidrios de colores!

Olalla blanca en lo blanco.
Ángeles y serafines
dicen: Santo, Santo, Santo.

17

Burla de Don Pedro a caballo
Romance con lagunas

A Jean Cassou

Por una vereda
venía Don Pedro.
¡Ay cómo lloraba
el caballero!
Montado en un ágil
caballo sin freno,
venía en la busca
del pan y del beso.
Todas las ventanas
preguntan al viento,
por el llanto oscuro
del caballero.

PRIMERA LAGUNA

Bajo el agua
siguen las palabras.
Sobre el agua
una luna redonda

se baña,
dando envidia a la otra
¡tan alta!
En la orilla,
un niño,
ve las lunas y dice:
¡Noche; toca los platillos!

SIGUE

A una ciudad lejana
ha llegado Don Pedro.
Una ciudad lejana
entre un bosque de cedros.
¿Es Belén? Por el aire
yerbaluisa y romero.
Brillan las azoteas
y las nubes. Don Pedro
pasa por arcos rotos.
Dos mujeres y un viejo
con velones de plata
le salen al encuentro.
Los chopos dicen: No.
Y el ruiseñor: Veremos.

SEGUNDA LAGUNA

Bajo el agua
siguen las palabras.
Sobre el peinado del agua
un círculo de pájaros y llamas.

Y por los cañaverales,
testigos que conocen lo que falta.
Sueño concreto y sin norte
de madera de guitarra.

SIGUE

Por el camino llano
dos mujeres y un viejo
con velones de plata
van al cementerio.
Entre los azafranes
han encontrado muerto
el sombrío caballo
de Don Pedro.
Voz secreta de tarde
balaba por el cielo.
Unicornio de ausencia
rompe en cristal su cuerno.
La gran ciudad lejana
está ardiendo
y un hombre va llorando
tierras adentro.
Al Norte hay una estrella.
Al Sur un marinero.

ÚLTIMA LAGUNA

Bajo el agua
están las palabras.
Limo de voces perdidas.

Sobre la flor enfriada,
está Don Pedro olvidado
¡ay! jugando con las ranas.

18

Thamar y Amnón

Para Alfonso García Valdecasas

La luna gira en el cielo
sobre las tierras sin agua
mientras el verano siembra
rumores de tigre y llama.
Por encima de los techos
nervios de metal sonaban.
Aire rizado venía
con los balidos de lana.
La tierra se ofrece llena
de heridas cicatrizadas,
o estremecida de agudos
cauterios de luces blancas.

*

Thamar estaba soñando
pájaros en su garganta,
al son de panderos fríos
y cítaras enlunadas.
Su desnudo en el alero,
agudo norte de palma,

pide copos a su vientre
y granizo a sus espaldas.
Thamar estaba cantando
desnuda por la terraza.
Alrededor de sus pies,
cinco palomas heladas.
Amnón, delgado y concreto,
en la torre la miraba,
llenas las ingles de espuma
y oscilaciones la barba.
Su desnudo iluminado
se tendía en la terraza,
con un rumor entre dientes
de flecha recién clavada.
Amnón estaba mirando
la luna redonda y baja,
y vio en la luna los pechos
durísimos de su hermana.

*

Amnón a las tres y media
se tendió sobre la cama.
Toda la alcoba sufría
con sus ojos llenos de alas.
La luz maciza, sepulta
pueblos en la arena parda,
o descubre transitorio
coral de rosas y dalias.
Linfa de pozo oprimida,
brota silencio en las jarras.
En el musgo de los troncos
la cobra tendida canta.

Amnón gime por la tela
fresquísima de la cama.
Yedra del escalofrío
cubre su carne quemada.
Thamar entró silenciosa
en la alcoba silenciada,
color de vena y Danubio,
turbia de huellas lejanas.
Thamar, bórrame los ojos
con tu fija madrugada.
Mis hilos de sangre tejen
volantes sobre tu falda.
Déjame tranquila, hermano.
Son tus besos en mi espalda,
avispas y vientecillos
en doble enjambre de flautas.
Thamar, en tus pechos altos
hay dos peces que me llaman
y en las yemas de tus dedos
rumor de rosa encerrada.

*

Los cien caballos del rey
en el patio relinchaban.
Sol en cubos resistía
la delgadez de la parra.
Ya la coge del cabello,
ya la camisa le rasga.
Corales tibios dibujan
arroyos en rubio mapa.

*

¡Oh, qué gritos se sentían
por encima de las casas!
Qué espesura de puñales
y túnicas desgarradas.
Por las escaleras tristes
esclavos suben y bajan.
Émbolos y muslos juegan
bajo las nubes paradas.
Alrededor de Thamar
gritan vírgenes gitanas
y otras recogen las gotas
de su flor martirizada.
Paños blancos, enrojecen
en las alcobas cerradas.
Rumores de tibia aurora
pámpanos y peces cambian.

*

Violador enfurecido,
Amnón huye con su jaca.
Negros le dirigen flechas
en los muros y atalayas.
Y cuando los cuatro cascos
eran cuatro resonancias,
David con unas tijeras
cortó las cuerdas del arpa.

Odas

Odas

Oda a Salvador Dalí

Una rosa en el alto jardín que tú deseas.
Una rueda en la pura sintaxis del acero.
Desnuda la montaña de niebla impresionista.
Los grises oteando sus balaustradas últimas.

Los pintores modernos en sus blancos estudios,
cortan la flor aséptica de la raíz cuadrada.
En las aguas del Sena un *ice-berg* de mármol
enfría las ventanas y disipa las yedras.

El hombre pisa fuerte las calles enlosadas.
Los cristales esquivan la magia del reflejo.
El Gobierno ha cerrado las tiendas de perfume.
La máquina eterniza sus compases binarios.

Una ausencia de bosques, biombos y entrecejos
yerra por los tejados de las casas antiguas.
El aire pulimenta su prisma sobre el mar
y el horizonte sube como un gran acueducto.

Marineros que ignoran el vino y la penumbra,
decapitan sirenas en los mares de plomo.
La Noche, negra estatua de la prudencia, tiene
el espejo redondo de la luna en su mano.

Un deseo de formas y límites nos gana.
Viene el hombre que mira con el metro amarillo.
Venus es una blanca naturaleza muerta
y los coleccionistas de mariposas huyen.

*

Cadaqués, en el fiel del agua y la colina,
eleva escalinatas y oculta caracolas.
Las flautas de madera pacifican el aire.
Un viejo dios silvestre da frutas a los niños.

Sus pescadores duermen, sin ensueño, en la arena.
En alta mar les sirve de brújula una rosa.
El horizonte virgen de pañuelos heridos,
junta los grandes vidrios del pez y de la luna.

Una dura corona de blancos bergantines
ciñe frentes amargas y cabellos de arena.
Las sirenas convencen, pero no sugestionan,
y salen si mostramos un vaso de agua dulce.

*

¡Oh Salvador Dalí, de voz aceitunada!
No elogio tu imperfecto pincel adolescente
ni tu color que ronda la color de tu tiempo,
pero alabo tus ansias de eterno limitado.

Alma higiénica, vives sobre mármoles nuevos.
Huyes la oscura selva de formas increíbles.
Tu fantasía llega donde llegan tus manos,
y gozas el soneto del mar en tu ventana.

El mundo tiene sordas penumbras y desorden,
en los primeros términos que el humano frecuenta.
Pero ya las estrellas ocultando paisajes,
señalan el esquema perfecto de sus órbitas.

La corriente del tiempo se remansa y ordena
en las formas numéricas de un siglo y otro siglo.
Y la Muerte vencida se refugia temblando
en el círculo estrecho del minuto presente.

Al coger tu paleta, con un tiro en un ala,
pides la luz que anima la copa del olivo.
Ancha luz de Minerva, constructora de andamios,
donde no cabe el sueño ni su flora inexacta.

Pides la luz antigua que se queda en la frente,
sin bajar a la boca ni al corazón del hombre.
Luz que temen las vides entrañables de Baco
y la fuerza sin orden que lleva el agua curva.

Haces bien en poner banderines de aviso,
en el límite oscuro que relumbra de noche.
Como pintor no quieres que te ablande la forma
el algodón cambiante de una nube imprevista.

El pez en la pecera y el pájaro en la jaula.
No quieres inventarlos en el mar o en el viento.
Estilizas o copias después de haber mirado,
con honestas pupilas sus cuerpecillos ágiles.

Amas una materia definida y exacta
donde el hongo no pueda poner su campamento.
Amas la arquitectura que construye en lo ausente
y admites la bandera como una simple broma.

Dice el compás de acero su corto verso elástico.
Desconocidas islas desmiente ya la esfera.

Dice la línea recta su vertical esfuerzo
y los sabios cristales cantan sus geometrías.

         *

Pero también la rosa del jardín donde vives.
¡Siempre la rosa, siempre, norte y sur de nosotros!
Tranquila y concentrada como una estatua ciega,
ignorante de esfuerzos soterrados que causa.

Rosa pura que limpia de artificios y croquis
y nos abre las alas tenues de la sonrisa.
(Mariposa clavada que medita su vuelo.)
Rosa del equilibrio sin dolores buscados.
¡Siempre la rosa!

         *

¡Oh Salvador Dalí de voz aceitunada!
Digo lo que me dicen tu persona y tus cuadros.
No alabo tu imperfecto pincel adolescente,
pero canto la firme dirección de tus flechas.

Canto tu bello esfuerzo de luces catalanas,
tu amor a lo que tiene explicación posible.
Canto tu corazón astronómico y tierno,
de baraja francesa y sin ninguna herida.

Canto el ansia de estatua que persigues sin tregua,
el miedo a la emoción que te aguarda en la calle.
Canto la sirenita de la mar que te canta
montada en bicicleta de corales y conchas.

Pero ante todo canto un común pensamiento
que nos une en las horas oscuras y doradas.
No es el Arte la luz que nos ciega los ojos.
Es primero el amor, la amistad o la esgrima.

Es primero que el cuadro que paciente dibujas
el seno de Teresa, la de cutis insomne,
el apretado bucle de Matilde la ingrata,
nuestra amistad pintada como un juego de oca.

Huellas dactilográficas de sangre sobre el oro,
rayen el corazón de Cataluña eterna.
Estrellas como puños sin halcón te relumbren,
mientras que tu pintura y tu vida florecen.

No mires la clepsidra con alas membranosas,
ni la dura guadaña de las alegorías.
Viste y desnuda siempre tu pincel en el aire
frente a la mar poblada con barcos y marinos.

Soledad

Homenaje a Fray Luis de León

Difícil delgadez:
¿Busca el mundo una blanca,
Total, perenne ausencia?

Jorge Guillén

Soledad pensativa
sobre piedra y rosal, muerte y desvelo,
donde libre y cautiva,
fija en su blanco vuelo,
canta la luz herida por el hielo.

Soledad con estilo
de silencio sin fin y arquitectura,
donde la flauta en vilo
del ave en la espesura,
no consigue clavar tu carne oscura.

En ti dejo olvidada
la frenética lluvia de mis venas,
mi cintura cuajada:
y rompiendo cadenas,
rosa débil seré por las arenas.

Rosa de mi desnudo
sobre paños de cal y sordo fuego,
cuando roto ya el nudo,
limpio de luna, y ciego,
cruce tus fijas ondas de sosiego.

*

En la curva del río
el doble cisne su blancura canta.
Húmeda voz sin frío
fluye de su garganta,
y por los juncos rueda y se levanta.

Con su rosa de harina
niño desnudo mide la ribera,
mientras el bosque afina
su música primera
en rumor de cristales y madera.

Coros de siemprevivas
giran locos pidiendo eternidades.
Sus señas expresivas
hieren las dos mitades
del mapa que rezuma soledades.

El arpa y su lamento
prendido en nervios de metal dorado,
tanto dulce instrumento
resonante o delgado,
buscan ¡oh soledad! tu reino helado.

Mientras tú, inaccesible
para la verde lepra del sonido,
no hay altura posible
ni labio conocido,
por donde llegue a ti nuestro gemido.

Oda al Santísimo Sacramento del Altar

Homenaje a Manuel de Falla

EXPOSICIÓN

> *Pange lingua gloriosi*
> *corporis mysterium.*

Cantaban las mujeres por el muro clavado
cuando te vi, Dios fuerte, vivo en el Sacramento,
palpitante y desnudo como un niño que corre
perseguido por siete novillos capitales.

Vivo estabas, Dios mío, dentro del ostensorio.
Punzado por tu Padre con agujas de lumbre.
Latiendo como el pobre corazón de la rana
que los médicos ponen en el frasco de vidrio.

Piedra de soledad donde la hierba gime
y donde el agua oscura pierde sus tres acentos,
elevan tu columna de nardo bajo nieve
sobre el mundo de ruedas y falos que circula.

Yo miraba tu forma deliciosa flotando
en la llaga de aceites y paño de agonía,
y entornaba mis ojos para darle en el dulce
tiro al blanco de insomnio sin un pájaro negro.

Es así, Dios anclado, como quiero tenerte.
Panderito de harina para el recién nacido.
Brisa y materia juntas en expresión exacta
por amor de la carne que no sabe tu nombre.

Es así, forma breve de rumor inefable,
Dios en mantillas, Cristo diminuto y eterno,
repetido mil veces, muerto, crucificado
por la impura palabra del hombre sudoroso.

Cantaban las mujeres en la arena sin norte,
cuando te vi presente sobre tu Sacramento.
Quinientos serafines de resplandor y tinta
en la cúpula neutra gustaban tu racimo.

¡Oh Forma sacratísima, vértice de las flores,
donde todos los ángulos toman sus luces fijas,
donde número y boca construyen un presente
cuerpo de luz humana con músculos de harina!

¡Oh Forma limitada para expresar concreta
muchedumbre de luces y clamor escuchado!
¡Oh nieve circundada por témpanos de música!
¡Oh llama crepitante sobre todas las venas!

MUNDO

> *Agnus Dei qui tollis peccata*
> *mundi. Miserere nobis.*

Noche de los tejados y la planta del pie,
silbaba por los ojos secos de las palomas.
Alga y cristal en fuga ponen plata mojada
los hombros de cemento de todas las ciudades.

La gillete descansaba sobre los tocadores
con su afán impaciente de cuello seccionado.

En la casa del muerto, los niños perseguían
una sierpe de arena por el rincón oscuro.

Escribientes dormidos en el piso catorce.
Ramera con los senos de cristal arañado.
Cables y media luna con temblores de insecto.
Bares sin gente. Gritos. Cabezas por el agua.

Para el asesinato del ruiseñor, venían
tres mil hombres armados de lucientes cuchillos.
Viejas y sacerdotes lloraban resistiendo
una lluvia de lenguas y hormigas voladoras.

Noche de rostro blanco. Nula noche sin rostro.
Bajo el Sol y la Luna. Triste noche del Mundo.
Dos mitades opuestas y un hombre que no sabe
cuándo su mariposa dejará los relojes.

Debajo de las alas del dragón hay un niño.
Caballitos de cadmio por la estrella sin sangre.
El unicornio quiere lo que la rosa olvida,
y el pájaro pretende lo que las aguas vedan.

Sólo tu Sacramento de luz en equilibrio,
aquietaba la angustia del amor desligado.
Sólo tu Sacramento, manómetro que salva
corazones lanzados a quinientos por hora.

Porque tu signo es clave de llanura celeste
donde naipe y herida se entrelazan cantando,
donde la luz desboca su toro relumbrante
y se afirma el aroma de la rosa templada.

Porque tu signo expresa la brisa y el gusano.
Punto de unión y cita del siglo y el minuto.
Orbe claro de muertos y hormiguero de vivos
con el hombre de nieves y el negro de la llama.

Mundo, ya tienes meta para tu desamparo.
Para tu horror perenne de agujero sin fondo.
¡Oh Cordero cautivo de tres voces iguales!
¡Sacramento inmutable de amor y disciplina!

DEMONIO

Quia tu es Deus, fortitudo mea:
quare me repulisti? et quare tristis
incedo, dum affligit me inimicus?

Honda luz cegadora de materia crujiente,
luz oblicua de espadas y mercurio de estrella
anunciaban el cuerpo sin amor que llegaba
por todas las esquinas del abierto domingo.

Forma de la belleza sin nostalgia ni sueño.
Rumor de superficies libertadas y locas.
Médula de presente. Seguridad fingida
de flotar sobre el agua con el torso de mármol.

Cuerpo de belleza que late y que se escapa;
un momento de venas y ternura de ombligo.
Belleza encadenada sin línea en flor, ni centro,
ni puras relaciones de número y sonrisa.

Vedlo llegar, oriente de la mano que palpa.
Vendaval y mancebo de rizos y moluscos.
Fuego para la carne sensible que se quema.
Níquel para el sollozo que busca a Dios volando.

Las nubes proyectaban sombras de cocodrilo
sobre un cielo incoloro batido por motores.
Altas esquinas grises y letras encendidas
señalaban las tiendas del enemigo Bello.

No es la mujer desnuda, ni el duro adolescente
ni el corazón clavado con besos y lancetas.
No es ser dueño de todos los caballos del mundo
ni descubrir el anca musical de la luna.

El encanto secreto del enemigo es otro.
Permanecer. Quedarse con la luz del minuto.
Permanecer clavados en su belleza triste
y evitar la inocencia de las aguas nacidas.

Que al balido reciente y a la flor desnortada
y a los senos sin huellas de la monja dormida,
responda negro toro de límites maduros
con la fe de un momento sin pudor ni mañana.

Para vencer la carne fuerte del enemigo,
mágico prodigioso de fuegos y colores,
das tu cuerpo celeste con tu sangre divina,
en este Sacramento definido que canto.

Desciendes a materia para hacerte visible
a los ojos que observan tu vida renovada
y vencer sin espadas, en unidad sencilla,
al enemigo bello de las mil calidades.

¡Alegrísimo Dios! ¡Alegrísima Forma!
Aleluya reciente de todas las mañanas.
Misterio facilísimo de razón o de sueño
si es fácil la belleza visible de la rosa.

¡Aleluya, aleluya del zapato y la nieve!
Alba pura de acantos en la mano incompleta.
¡Aleluya, aleluya de la norma y el punto
sobre los cuatro vientos sin afán deportivo!

Lanza tu Sacramento semillas de alegría
contra los perdigones de dolor del Demonio
y en el estéril valle de luz y roca pura
la aguja de la flauta rompe un ángel de vidrio.

CARNE

> *Qué bien os quedasteis,*
> *galán del cielo,*
> *que es muy de galanes*
> *quedarse en cuerpo.*
> Lope de Vega, *Auto de los cantares*

Por el nombre del Padre, roca, luz y fermento.
Por el nombre del Hijo, flor y sangre vertida,
en el fuego visible del Espíritu Santo
Eva quema sus dedos teñidos de manzana.

Eva gris y rayada con la púrpura rota
cubierta con las mieles y el rumor del insecto.
Eva de yugulares y de musgo baboso
en el primer impulso torpe de los planetas.

Llegaban las higueras con las flores calientes
a destrozar los blancos muros de disciplina.
El hacha por el bosque daba normas de viento
a la pura dinamo clavada en su martirio.

Hilos y nervios tiemblan en la sección fragante
de la luna y el vientre que el bisturí descubre.
En el diván de raso los amantes aprietan
los tibios algodones donde duermen sus huesos.

¡Mirad aquel caballo cómo corre! ¡Miradlo
por los hombros y el seno de la niña cuajada!
¡Mirad qué tiernos ayes y qué son movedizo
oprimen la cintura del joven embalado!

¡Venid, venid! Las venas alargarán sus puntas
para morder la cresta del caimán enlunado
mientras la verde sangre de Sodoma reluce
por la sala de un yerto corazón de aluminio.

Es preciso que el llanto se derrame en la axila,
que la mano recuerde blanda goma nocturna.
Es preciso que ritmos de sístole y diástole
empañen el rubor inhumano del cielo.

Tienen en lo más blanco huevecillos de muerte
(diminutos madroños de arsénico invisible)
que secan y destruyen el nervio de luz pura
por donde el alma filtra lección de beso y ala.

Es tu cuerpo, galán, tu boca, tu cintura,
el gusto de tu sangre por los dientes helados.
Es tu carne vencida, rota, pisoteada,
la que vence y relumbra sobre la carne nuestra.

Es el yerto vacío de lo libre sin norte
que se llena de rosas concretas y finales.
Adam es luz y espera bajo el arco podrido
las dos niñas de sangre que agitaban sus sienes.

¡Oh Corpus Christi! ¡Oh Corpus de absoluto silencio
donde se quema el cisne y fulgura el leproso!
¡Oh blanca Forma insomne!
¡Ángeles y ladridos contra el rumor de venas!

Poemas sueltos I

Poemas sueltos I

En el cumpleaños de R.G.A.
Corona poética o pulsera de flor

Dedicada a Rosa García Ascot

TEMA DE LA CORONA

Una vinca lucero,
una rosa
y un lirio negro.

SITUACIÓN

El lucero en el cielo,
la rosa en el agua
y el lirio en el viento.

DESARROLLO DEL TEMA
Una vinca lucero

A la vera verita
del camino de Santiago,
tiembla. ¡Quiero que siga
temblando!

UNA ROSA

En la espalda del río
largos ritmos, negras hojas.

             (Y entre los juncos
             la rosa.)

El pastor del mediodía
toca su flauta en la sombra.

             (Y entre los juncos
             la rosa.)

Para pasear el monte
la tarde pinta su boca.

             (Y entre los juncos
             la rosa.)

                Y UN LIRIO NEGRO
                  (ORIENTE)

Cúpula amarilla
y viento de plata.

             El lirio,
             la sonrisa velada
             y la mano
             delgada.

Cúpula amarilla
y viento de plata.

LA CINTA DE LA CORONA
O PULSERA DE FLOR

Cinta azul,
azul y naranja,
con el fleco verde limón.

En la cinta azul, azul y naranja,
vaya escrito este nombre:
Rosa García Ascot.

Estampilla y juguete

I

El relojito de dulce
se me deshace en la lumbre.

Reloj que me señalaba
una constante mañana.

Azúcar, rosa y papel...
(¡Dios mío, todo mi ayer!)

En la cresta de la llama.
(¡Señor, todo mi mañana!)

Abandono

¡Dios mío, he venido con
la semilla de las preguntas!
Las sembré y no florecieron.

(Un grillo canta
bajo la luna.)

¡Dios mío, he llegado con
las corolas de las respuestas,
pero el viento no las deshoja!

(Gira la naranja
irisada de la tierra.)

¡Dios mío, Lázaro soy!
Llena de aurora mi tumba,
da a mi carro negros potros.

(Por el monte lírico
se pone la luna.)

¡Dios mío, me sentaré
sin pregunta y con respuesta!,
a ver moverse las ramas.

(Gira la naranja
irisada de la tierra.)

Estío

Ceres ha llorado
sus lágrimas de oro.

Las profundas heridas
de los arados
han dado racimos
de lágrimas.

El hombre, bajo el sol,
recoge el gran llanto
de fuego.

El gran llanto de Cristo
recién nacido.

      (Cruz.
      Aspa.
      Llama.)

Ceres está muerta
sobre la campiña.
Su pecho
acribillado de amapolas.
Su corazón
acribillado de cigarras.

Canción de la desesperanza

Los olivos subían
y el río bajaba.

(Sólo yo me perdía
por los aires.)

Los Padres esperaban
el Santo Advenimiento,
y las muchachas pintan
su corazón de verde.

(Sólo yo me perdía
por los aires.)

Canto nocturno de los marineros andaluces

De Cádiz a Gibraltar
¡qué buen caminito!
El mar conoce mi paso
por los suspiros.

¡Ay, muchacha, muchacha,
cuánto barco en el puerto de Málaga!

De Cádiz a Sevilla
¡cuántos limoncitos!
El limonar me conoce
por los suspiros.

¡Ay, muchacha, muchacha,
cuánto barco en el puerto de Málaga!

De Sevilla a Carmona
no hay un solo cuchillo.
La media luna corta
y el aire pasa herido.

¡Ay, muchacho, muchacho,
que las olas se llevan mi caballo!

Por las salinas muertas
yo te olvidé, amor mío.
El que quiera un corazón
que pregunte por mi olvido.

¡Ay, muchacho, muchacho,
que las olas se llevan mi caballo!

Cádiz, que te cubre el mar,
no avances por ese sitio.
Sevilla, ponte de pie
para no ahogarte en el río.

¡Ay, muchacha!
¡Ay, muchacho!
¡Qué buen caminito!
Cuánto barco en el puerto
y en la playa, ¡qué frío!

[Chopo y torre]

Chopo y torre.

Sombra viva
y sombra eterna.

Sombra de verdes voces
y sombra exenta.

Frente a frente piedra y viento,
sombra y piedra.

[¡Miguel Pizarro!]

¡Miguel Pizarro!
¡Flecha sin blanco!

¿Dónde está el agua
para su cisne blanco?

El Japón es un barco
de marineros antipáticos.
Una luna y mil faroles.
Sueño de papel pintado.

Entre la roca y la seda,
¡la roca!, Miguel Pizarro.
La seda reluce ausente
y a la roca vienen pájaros.

Olas de la mar pajiza
no detengan a tu barco.
Aires oblicuos te besen
en el siniestro costado.

Miguel Pizarro.
Flecha sin blanco.

(Revés de este biombo)

Sin blanco
blanco.

(Crisantemos blancos.)

Sin blanco
blanco.

(Cerezos en los campos.)

Sin blanco
blanco.

(Ai-Ko desnuda y temblando.)

¡Ay, sin blanco
blanco!

La sirena y el carabinero
Fragmentos

A Guillermo de Torre

El paisaje escaleno de espumas y de olivos,
recorta sus perfiles en el celeste duro.
Honda luz sin un pliegue de niebla se atiranta
como una espalda rosa de bañista desnuda.

Alas de pluma y lino, barcas y gallos abren.
Delfines en hilera, juegan a puentes rotos.
La luna de la tarde se despega redonda,
y la casta colina da rumores y bálsamos.

En la orilla del agua cantan los marineros,
canciones de bambú y estribillos de nieve.
Mapas equivocados relucen en sus ojos,
un Ecuador sin lumbre, y una China sin aire.

Cornetines de cobre, clavan sus agujetas,
en la manzana rosa del cielo más lejano.
Cornetines de cobre que los carabineros
tocan en la batalla contra el mar y sus gentes.
· ·
La noche disfrazada con una piel de mulo
llega dando empujones a las barcas latinas.
El talle de la gracia queda lleno de sombra
y el mar pierde vergüenzas y virtudes doradas.

Oh musas bailarinas, de tiernos pies rosados,
en bellas trinidades sobre el jugoso césped.
Acoged mis ofrendas dando al aire de altura,
nueve cantos distintos y una sola palabra.

Canción

Lento perfume y corazón sin gama,
aire definitivo en lo redondo,
corazón fijo vencedor de nortes,
quiero dejaros y quedarme solo.

En la estrella polar decapitada.

En la brújula rota y sumergida.

Soledad insegura
Fragmentos

Rueda helada la luna, cuando Venus
con el cutis de sal, abría en la arena
blancas pupilas de inocentes conchas.
La noche calza sus preciosas huellas
con chapines de fósforo y espuma.
Mientras yerto gigante sin latido
roza su tibia espalda sin venera.
El cielo exalta cicatriz borrosa
al ver su carne convertida en carne
que participa de la estrella dura
y el molusco sin límite de miedo.
. . . .
Lirios de espuma cien y cien estrellas,
bajaron a la ausencia de las ondas.
Seda en tambor, el mar queda tirante,
mientras Favonio sueña y Tetis canta.

Palabras de cristal y brisa oscura
redondas sí, los peces mudos hablan.
Academia en el claustro de los iris
bajo el éxtasis denso y penetrable.
Llega bárbaro puente de delfines
donde el agua se vuelve mariposas,
collar de llanto a las arenas finas,
volante a la sin brazos cordillera.
. . . .

Noche
Noche de flor cerrada y vena oculta.
–Almendra sin cuajar de verde tacto–.
Noche cortada demasiado pronto,
agitaba las hojas y las almas.
Pez mudo por el agua de ancho ruido,
lascivo se bañaba en el temblante,
luminoso marfil, recién cortado
al cuerno adolescente de la luna;
y si el centauro canta en las orillas
deliciosa canción de trote y flecha
ondas recojan glaucas sus acentos
con un dolor sin límite, de nardos.
Lyra bailaba en la fingida curva,
blanco baile de inmóvil geometría.
Ojos de lobo duermen en la sombra
dimitiendo la sangre de la oveja.
En lado opuesto, Filomela canta
humedades de yedras y jacintos,
con una queja en vilo de Sur loco,
sobre la flauta fija de la fuente.
Mientras en medio del horror oscuro
mintiendo canto y esperando miedo
voz inquieta de náufrago sonaba:

«Desdichada nación de dos colores
(fila de soles, fila de granadas),
sentada con el mar en las rodillas
y la cabeza puesta sobre Europa.
Mapa sin eco en el vivir reciente.
Pueblo que busca el mar y no lo encuentra.
Oye mi doble voz de remo y canto
y mi dolor sin término preciso.
Trigo malo de ayer cubrió su tierra.
La cicuta y la ortiga te envejecen.
Vulgo borracho canta en los aleros
la espada y el bigote, como norma.
Desdichada nación de catafalcos».

TERCERA PARTE

La plenitud de la poesía lorquiana

En los ocho, nueve últimos años de su breve existencia, Federico García Lorca alcanza una segunda y tercera madurez. A partir de la segunda mitad del veintisiete, cerrado ya el *Romancero gitano* y en trance de elaboración las odas, se abre a una segunda madurez, que anunciaría al poeta colombiano Jorge Zalamea:

> Ahora tengo una poesía de *abrirse las venas*, una poesía evadida ya de la realidad con una emoción donde se refleja todo mi amor por las cosas y mi guasa por las cosas. Amor de morir y burla de morir. Amor. Mi corazón. Así es.

Enlazando con la protesta y el desgarrón doliente de los primeros versos juveniles, alumbra estos poemas, en verso y en prosa, traspasados por el dolor, la cólera y la revuelta. Nace el genuino poema en prosa lorquiano y el poeta cultiva por primera vez el verso libre (el versículo), del que se convierte en uno de los maestros fundacionales. Inspiración candente, vuelo por los territorios del irracionalismo, vuelo siempre controlado, en doble movimiento interno y externo, hacia la intimidad y hacia la proyección exterior.

La palabra lorquiana alcanza un nuevo cenit en concentración e irradiación expresiva. Todo lo que él escriba después estará en función de ese año supremo de 1929-1930. No significa que comience a declinar, como algunos han sugerido; se trata de que, tras la radical experiencia poética vivida, primero en España y después, y sobre todo, en Nueva York, la escritura de poesía será «otra cosa» para Lorca: mezcla de misterio y claridad, de luz y de sombra, de apertura y de enigma. Puede decirse que el poeta llega a dominios tan sólo su-

yos y donde la poesía se entrega como si se tratara de una re-
velación. Hay algo o mucho de experiencia sonambular en
esta misteriosa y luminosa escritura última de Lorca.

POEMAS EN PROSA

Siete fueron los poemas madurados por el autor, dejando a
un lado borradores: «Santa Lucía y San Lázaro», «Nadadora
sumergida», «Suicidio en Alejandría», «Amantes asesinados
por una perdiz», «Degollación de los Inocentes», «Degolla-
ción del Bautista» y «La gallina». Con ellos, el poema en pro-
sa español deja atrás su tendencia al cuadro, al estatismo, a la
contemplación ensimismada, que él mismo había cultivado,
para hacerse mucho más dinámico, más narrativo. A propó-
sito de «Nadadora» y «Suicidio» escribía que respondían a
su «nueva manera *espiritualista*, emoción pura descarnada,
desligada del control lógico, pero, ¡ojo!, ¡ojo!, con una tre-
menda *lógica poética*. No es surrealismo, ¡ojo!, la *conciencia*
más clara los ilumina». Este espiritualismo representa la su-
peración del conflicto entre realidad cotidiana y realidad ob-
jetiva, que tanto lo había preocupado en los años del fervor
gongorino. Sucede que el poeta transfigura lo real en su inti-
midad. Ha quebrado ya la estética purista, cubista y gongori-
na, y triunfa el irracionalismo, siempre y cuando se mantenga
bajo control. Pero no es sólo la escritura automática lo que se-
para a Lorca de los surrealistas franceses; es su creencia en el
arte («Yo estoy y me siento con pies de plomo en arte», llega-
ría a decir), que no es un instrumento para cambiar la vida,
como querían los surrealistas. El poeta no produce documen-
tos más o menos psicoanalíticos, sino textos artísticos. En esto
coincide con la mayoría de los llamados surrealistas españoles.
   La ruptura con el verso era consecuencia de ese nuevo esta-
do de creación: «... están en prosa porque el verso es una li-
gadura que no resisten. Pero en ellos sí notarás, desde luego
–dice al crítico catalán Sebastià Gasch–, la ternura de mi actual
corazón». La ternura, sí, y la guasa, y la burla de morir. Por
primera vez la poesía lorquiana recurre a la ironía, no al hu-

mor risueño, sino a la ironía mordiente, al sarcasmo, a la
crueldad de la mirada que se demora en la contemplación de
un mundo digno de ser examinado desde esta óptica, pues es
convencional hasta la exasperación, martiriza al genuino
amor, destruye la inocencia, está, en fin, «putrefacto» según
palabra clave del código Lorca-Dalí de estos años. Su drama
amoroso de este período se refleja en «Nadadora», «Suici-
dio» y «Amantes» (que el poeta insertaría después en *Poeta
en Nueva York* por su enlace con esa crisis sentimental, que
cantan tantos poemas del libro). «Santa Lucía y San Lázaro»
–la objetividad y la subjetividad, lo externo, lo visual, «que
no ve», y el sufrimiento y la muerte– es la respuesta al dogma
de la objetividad artística sustentado por Dalí y expresado en
su poema «San Sebastián»: el pintor era por estas fechas una
curiosa mixtura de cubismo presurrealista y materialismo. Las
«Degollaciones», sobre asuntos bíblicos, enfrentan al poeta
con sus obsesiones más caras: la sangre, el sexo, la muerte
violenta... «La gallina» es un hermético poema sobre lo divi-
no, tratado a modo de burla. Humor amargo el de esta voz
poética. No consolará a Lorca este humor; por eso empren-
derá la aventura de los poemas neoyorquinos, de donde de-
saparecerá ese humor cruel.

POETA EN NUEVA YORK

Escrito en lo sustancial el año 1929-1930, el autor distribuyó
en origen la materia poética en dos libros: *Poeta en Nueva
York* y *Tierra y luna*, la ciudad y la naturaleza, la crónica más
o menos lírica y la preocupación de la muerte –también de la
muerte moral– y sus pesadillas. A esta división responde el es-
quema de la conferencia *Un poeta en Nueva York*, que trata-
ba de divulgar una obra sorprendente y aun desconcertante
para muchos admiradores del *Romancero gitano*. Pero com-
prendió la artificialidad de la división, puesto que la suya no
era la crónica a lo Paul Morand, sino la interpretación inter-
na de un mundo distinto –«Nueva York en un poeta», como
él mismo dijo–, y reunió la inmensa mayoría de los poemas en

un solo libro, *Poeta en Nueva York* –de *Tierra y luna* quedó un breve resto–. Como tal volumen sólo se publicaría, ya póstumo, en 1940 y en dos ediciones, en Nueva York y en México, con algunas diferencias entre ellas, que suscitaron un debate textual, que ha zanjado de modo definitivo la aparición en México en 1998 del original, del que partieron, con diversos resultados, las dos primeras ediciones (Nueva York y México, 1940). Lorca dejó en el despacho de José Bergamín, que iba a editar el libro, y lo editaría al fin en México, un borrador incompleto, pero que admitía su reconstrucción y edición suficiente. El destino, tan trágico para el poeta, fue menos desfavorable para su libro más querido, tocado y retocado durante años y que ya podemos ofrecer al lector en edición por completo fiable.

Libro con adversa suerte crítica: «raro paréntesis de sombra» (José Bergamín), «poeta dominado. Riendas perdidas» (Rafael Alberti), «libro de los celos [de Alberti] de Federico» (Gabriel Celaya), peligroso desvío del «andaluz» Lorca, según muchos críticos, y así durante años. Pero a mediados de los sesenta, su extraordinaria imaginación e inventiva se abrieron paso de modo gradual, hasta que hoy (comienzos del siglo XXI) se ha convertido en un libro mayor de la poesía occidental contemporánea, y es considerado un prodigio de interacción entre la voz individual y las preocupaciones colectivas, una apoteosis de la imaginación y la complejidad discursiva.

En *Poeta* se desborda la hasta ahora contenida intimidad del autor, sus fantasmas personales, sin las máscaras de los *Poemas en prosa*; se da rienda suelta al dolor lacerante y la protesta acerba contra todos los poderes represivos. No transita Lorca la escritura surrealista al modo de Aleixandre e incluso de Alberti: de ello da fe su fidelidad a imágenes, símbolos y técnica metafórica. Su dificultad (dificultad, sobre todo, de los contextos, Nueva York no era Andalucía) ha «superpuesto» sobre él mucho «surrealismo» donde sólo existe abrumadora lógica poética. Un ejemplo, «Cementerio judío»: la crítica ha resbalado sobre el poema, acotando aquí y allí algunos pasajes, pero sin percatarse de que es una «narración», donde se refiere el entierro de un magnate judío y su espantoso destino de representante del pueblo deicida, deicida y perseguido, en la afrentosa ultratumba que lo aguarda en el cementerio. Antes de Kafka, ya la pesadilla. Ha despistado el arranque, tan transparente si se repara en la metonimia: «... el judío empujó la verja con el pudor helado del interior de las lechugas». No «empuja» el judío, sino la carroza fúnebre en la que va cadáver, helado por el frío de la muerte. A partir de aquí, si se considera la peculiar vida de los muertos lorquiana (los muertos siguen vivos en los cementerios), todo se aclara.

La clave del libro estriba en su densísimo simbolismo, que apoya un impresionante caudal metafórico. Se configura así un sistema simbólico, que acaba alojándose en unidades superiores, en símbolos míticos, de fuerte base alegórica y de filiación bíblica. El poeta se rebela ante la injusticia social –vio el Nueva York del crac– y la organización del capitalismo, que inmola a su Moloch particular –el dinero y la rentabilidad–, a las criaturas y a la naturaleza escarnecida y aplastada; y se rebela también ante los fantasmas, o realidades, del tiempo, la cambiante identidad, la soledad, la muerte –la muerte todopoderosa, omnipresente– y el amor perseguido, homosexual o no, la segregación de los amantes heterodoxos y su personal drama amoroso, que derivaba de sus frustradas relaciones con el escultor Emilio Aladrén, aunque también aleteara el recuerdo de Dalí.

A sus ojos su drama resulta inseparable del drama de los hombres (trabajadores, negros) y de la explotación de la naturaleza (los «animalitos»). Poeta social, poeta metafísico, poeta del dolor por las cosas que tienen remedio y, también, por las que no lo tienen, Lorca desciende a la ciudad, el ámbito irrenunciable para la poesía desde Baudelaire, y es solidario con hombre y naturaleza, pero tampoco es ajeno al campo, donde ésta muestra su rostro maravilloso, o esquivo y enigmático («Cielo vivo»). Así, pasea la ciudad «Asesinado por el cielo», abrumado, destruido moralmente por el horror urbano y abandonado por el cielo de los dioses; pasea, víctima él mismo y cómplice de las demás víctimas («Vuelta de paseo»).

Importa destacar la reversión que en la serie de libros sobre ciudades representan estos poemas. Juan Ramón Jiménez se había limitado a quejarse de algunas incomodidades de la metrópoli («el marimacho de las uñas sucias»); Moreno Villa y Alberto Insúa, por citar a dos escritores españoles, habían mostrado su amable curiosidad ante una ciudad tan avanzada; Paul Morand la verá como la urbe cosmopolita por excelencia. Era el momento cubista, de la exaltación de la gran ciudad, salvo por los cómicos del cine mudo (Buster Keaton, Harold Lloyd, Chaplin), que Lorca veneraba, y por el expresionismo alemán, en concreto la gran película de Fritz Lang, *Metrópolis* (1927), que vio y asimiló con admiración, pues era y es una desgarrada denuncia de la ciudad mecánica y esclavizadora. El poeta contempla la «Nueva York de cieno», degradada, donde no hay esperanza: «La aurora llega y nadie la recibe en su boca». No existe una primaria posición de rechazo del progreso: la arquitectura neoyorquina se le aparecía como «algo prodigioso», «descartada de intención». Pero «La luz es sepultada por cadenas y ruidos / en impúdico reto de ciencia sin raíces» («La aurora»). La deshumanización de la ciencia y de la técnica se lo lleva todo por delante. Sólo John Dos Passos en *Manhattan Transfer* (1925) se había atrevido a la visión negativa. Suenan en *Poeta* voces terribles contra el capitalismo salvaje, visto en uno de sus momentos de mayor crisis (el crac financiero). De la estatua enigmática que preside en Wall Street las operaciones de la Bolsa «mana» la destrucción de los inocentes:

De la esfinge a la caja de caudales hay un hilo tenso
que atraviesa el corazón de todos los niños pobres,

dice «Danza de la muerte», donde el profeta vaticina la destrucción de la ciudad por la guerra y la naturaleza escarnecida. Poesía social, sí pero no de partido, ni al servicio de ningún dogma, y nunca unilateral. Lorca se enfrenta a la alienación de las conciencias, comenzando por la de los negros, a los que pide olviden al hombre blanco y asuman su condición. Y por eso lanza su «Grito» profético contra Roma, contra el Papado que acababa de firmar los pactos que consolidaban el Estado fascista y multiplicaba la amenaza de la guerra –fue una idea común a la *intelligentsia* de la época.

En la primera sección del libro, el poeta se enfrenta a los fantasmas personales de su soledad («Poemas de la soledad en Columbia University»). Encuentra a «Los negros» (segunda sección así titulada): los llama a la revuelta, depositarios como son de la naturaleza y del instinto; recuerda su sacrificio en la guerra del 14, que les supuso también honda crisis personal («Iglesia abandonada»). Del Harlem de la vida al Wall Street de la Bolsa y la muerte; Lorca se sumerge en la ciudad (sección tercera, «Calles y sueños»), en su infierno de muchedumbres sin tino: «Paisajes» de la multitud, rituales religiosos carentes de sentido –poemas de la navidad– y asesinatos por las esquinas; ante el puente de Brooklyn contempla la urbe de la pesadilla («Ciudad sin sueño»). No; no hay «esperanza posible». En el campo lo espera la naturaleza espléndida, pero también lo aguardan sus fantasmas personales y la muerte, incluida la muerte de los niños («Poemas del lago Eden Mills» y «En la cabaña del Farmer» [cuarta y quinta sección]). En Vermont, más al norte, casi en la raya del Canadá, siente que la muerte lo domina todo, se ve habitado por una inmensa soledad, próximo el recuerdo del amor destructor («Poemas de la soledad en Vermont»). Regresa a Nueva York («Vuelta a la ciudad»), consolado por la naturaleza y por la aceptación de sus problemas, y denuncia a aquélla en su condición de verdugo de la naturaleza («Nueva York. Oficina y denuncia»). Pero en esta cadena de denuncias quedaban aún dos para completarlas: la segregación de los judíos, segregados, pese a su poder, en Nueva York, y la inutilidad de la redención de Cristo para un mundo bárbaro («Crucifixión»). El visionario no cede y desde la torre del Chrysler Building lanza su terrible acusación, evangélica, contra el Papado («Grito hacia Roma»), y reivindica la grandeza del amor y la legitimidad de cualquier opción amorosa («Oda a Walt Whitman», en la que vuelve a insistir sobre el fracaso de la civilización americana [«Dos odas», título de la octava sección]). Todavía hay tiempo para el recuerdo, ya irónico, del amor y de Europa, vieja también y corrupta («Pequeño vals vienés»), y para burlarse y no burlarse de la muerte y del destino trágico («Vals en las ramas»). Pero el poeta abandona la ciudad y llega a la «Andalucía mundial». Es el «Son de negros en Cuba», lleno de anhelos de felicidad.

DIVÁN DEL TAMARIT

La lectura de los espléndidos *Poemas arabigoandaluces*, de Emilio García Gómez, está en la raíz del *Diván del Tamarit*. De hecho, don Emilio fue uno de los copistas del original del libro y autor del que iba a ser su prólogo, que se publicó, como el libro, ya muerto el autor. Lo recordaba así el maestro en esas páginas:

> Cambiando proyectos literarios, yo le decía a Lorca que mi propósito era dedicar un libro a un magnate árabe –Ibn Zamrak– cuyos poemas han sido publicados en la edición de mayor lujo que el mundo conoce: la propia Alhambra, donde cubren los muros, adornan las salas y circundan la taza de los saltadores. Lorca nos dijo entonces que él tenía compuesto, en homenaje a estos antiguos poetas granadinos, una colección de *casidas y gacelas*, es decir, un *Diván*, que, del nombre de una huerta de su familia, donde muchas de ellas fueron escritas, se llamaría del *Tamarit*.

El esplendor metafórico, cuasi «gongorino», y la sensualidad de la poesía andalusí debieron de fascinar a Lorca, cuyo temperamento poético era sensual y sensorial de modo eminente. No hubo mímesis fácil por parte del autor, que desgajó tres poemas del libro «neoyorquino» *Tierra y luna*, escritos ya en 1930, y alumbró estos versos, donde da una nueva vuelta de tuerca a su poesía. El verso libre «neoyorquino» de algunas composiciones se conjuga con un canon métrico más tradicional: somete las formas de la tradición a evidente depuración formal y rítmica. Los poemas suelen ser breves: no rebasan los treinta versos, y presentan una férrea arquitectura, de signo paralelístico. La denominación de «gacelas» y «casidas» es muy personal, pero en general responden a una mayor orientación íntima las primeras y a otra más externa las segundas. El lenguaje ha crecido en preciosismo, aunque mantiene su vastedad de horizontes.

Resultado: la voz lorquiana arde con intensidad máxima; si los escenarios han perdido la grandiosidad de los neoyorquinos y la complejidad de aquel discurso, persiste idéntica capacidad de trascendencia. Poesía del amor difícil, doloroso (gacelas «Del amor imprevisto», «De la terrible presencia», «Del amor desesperado», «Del amor que no se deja ver», «De la raíz amarga», «Del recuerdo de amor», «Del amor maravilloso», «Del amor con cien años»). Quizá nunca fue tan sensual: «la oscura magnolia de tu vientre», «un colibrí de amor entre los dientes», «la sangre de tus venas en mi boca», «tu limpio desnudo / como un negro cactus abierto en los juncos», «tu cintura fresca» «junco de amor, jazmín mojado», «me abrasaba en tu cuerpo / sin saber de quién era»...

Y junto al amor la muerte, los dos en el espacio de una Granada desrealizada, entrevista: «No hay nadie que, al dar un beso, / no sienta la sonrisa de la gente sin rostro» («De la huida»); *«Granada era una corza / rosa por las veletas»* («Del amor que no se deja ver»). Mundo inquietante, los niños se tornan en sus mensajeros, «niños de velado rostro» (casida «De los ramos»), o mueren (gacela «Del niño muerto», casida «Del herido por el agua»). La visión puede hacerse espantosa, como en Nueva York: «No quiero enterarme de los martirios que da la hierba, / ni de la luna con boca de serpiente / que trabaja antes del amanecer...» (gacela «De la muerte oscura»). Pero el poeta conjura a la muerte con ritmos gráciles: «Por las ramas del laurel / vi dos palomas oscuras...» (casida «De las palomas oscuras»). Por este granadinismo lo hacemos preceder de la conferencia coetánea «Cómo canta una ciudad de noviembre a noviembre».

SEIS POEMAS GALEGOS

Español «integral» –según sus propias palabras–, que se sabía de memoria cancioneros populares de las diversas regiones, amante de Rosalía de Castro y de la poesía gallega, y sin duda también de la lírica galaico-portuguesa, con ayuda de algunos amigos gallegos, escribió Lorca estos poemas, que quiso dar en la lengua lírica más antigua de España, a la que rindió un eficacísimo homenaje. Para ello retomó, como en parte del *Diván*, los ritmos neopopulares. Galicia comparte el estatuto mítico de la Andalucía lorquiana. Estos poemas presentan el mismo universo poético, puesto, sí, en comunión con la materia gallega. Galicia nocturna, oscurecida, crepuscular, como casi siempre ocurre en esta poesía. Galicia insinuada con pinceladas breves: «Chove en Santiago», «catro bois», «a muñeira d'ágoa», los «toxos»...

Santiago abre y cierra el conjunto. En el primer poema, Lorca le dirige un «Madrigal»: la ciudad es femenina, como Granada en el *Romancero*. En el último, «Danza da lúa en Santiago», la ciudad se convierte en el alucinante espacio en el que la luna baila su danza de muerte. «Romaxe de Nosa Señora da Barca» poetiza la célebre procesión, pero la imaginación lorquiana hace de la Virgen una divinidad lunar: «coroa de prata», «barca», «catro bois» gallegos en lugar de los dos caballos que arrastran el carro de plata de Selene; como en la romería de San Andrés de Teixido, los muertos van en la procesión («Mortas e mortos de néboa / pol-os sendeiros chegaban»). «Cántiga do neno da tenda» canta la emigración gallega y el destino trágico de Ramón de Sismundi, nostálgico sin remedio y hermano de aquellos «muchachos que tiemblan bajo el terror pálido de los directores», de «Grito hacia Roma». «Noiturnio do adoescente morto» recupera el tema del niño/joven ahogado. «Canzón de cuna pra Rosalía Castro, morta» rinde homenaje –que es un grito de resurrección– a la *chorona*, cuya sombra gravita sobre el poemario. «Danza da lúa en Santiago» retoma el tema del «Romance de la luna, luna»: el astro baila también la danza mortal, que se llevará a la agonizante enamorada, quien trata en vano de conjurarla hablando con su madre.

Llanto por Ignacio Sánchez Mejías

La elegía de elegías se escribe en el otoño de 1934, dos meses después de la muerte de Ignacio Sánchez Mejías como consecuencia de la cornada sufrida en la plaza de Manzanares (Ciudad Real). Lorca amaba en la fiesta de los toros su dimensión ritual, sagrada, su liturgia sacrificial, su significación mítica, como formuló en varias ocasiones, pero de modo señalado en la alocución radiada a la Argentina en la primavera de 1935, que tituló en el original *Ensayo o poema sobre el toro en España*, que editamos delante de la elegía. Poseía sólo someros conocimientos taurinos, pero Sánchez Mejías era más que un torero: hombre culto, amante de la poesía, autor de varias obras dramáticas, alguna de inspiración freudiana (*Sinrazón*), empresario de la renovación del baile español con su pareja, *La Argentinita*, personaje humano de primera categoría, decidió volver a los toros en edad madura, después de llevar bastantes años retirado. Carecía ya de las facultades y edad requeridas; Lorca quedó aterrado por la noticia e hizo algún comentario premonitorio sobre la suerte que aguardaba a su amigo. El poema canta todo esto («Tu apetencia de muerte y el gusto de su boca»), las insignes cualidades humanas del héroe («No hubo príncipe en Sevilla / que comparársele pueda»), la fatalidad de la muerte («A las cinco en punto de la tarde»), el ritual de la tauromaquia y la función salvadora del canto poético.

Todas las mejores cualidades de Lorca (su intuición rítmica, su maestría métrica, la condición cósmica de sus imágenes, su dominio de la materia andaluza, su poder elegíaco, su terror a la muerte) se concentran en el poema. Según conocida analogía musical, está concebido como una sonata. Cuatro tiempos, cuatro partes: la noticia («La cogida y la muerte»), escrita en el viejo verso del cantar con estribillo («A las cinco de la tarde»); el canto de la sangre vertida («¡Que no quiero verla!») y el elogio del héroe («La sangre derramada»), en verso romanceado; después, la meditación ante la muerte («Cuerpo presente») en solemnes alejandrinos blancos, que prolonga, combinándolo con endecasílabos, el canto salvador («Alma ausente»). Noticia, delirio, meditación y salvación; ritmo *in crescendo*, con cima en la sección segunda, que tiene ecos en la tercera y se remansa al cabo en la serena contemplación del héroe: «Tardará mucho tiempo en nacer, si es que nace, / un andaluz tan claro, tan rico de aventura...».

SONETOS

La relación con Rafael Rodríguez Rapún inspiró al poeta la inconclusa serie de los «Sonetos del amor oscuro», cuyos once poemas sólo se conocieron en su integridad en 1983. Canto de pasión y de temor a la pérdida del amor, estos sonetos revelan al poeta que, sin incurrir en el prosaísmo, buscaba expresión más directa. Se trata aquí de una gran celebración de la pasión, transmitida en términos inequívocos. Pero Lorca no quería que su libro tuviera sólo contenido amoroso, y pensaba en recoger en él todos sus sonetos de la madurez, desde el dedicado a la memoria de José de Ciria hasta el que consagró a Mercedes, la hija de los condes de Yebes, muerta siendo una niña. Todos lo confirman como sonetista de excepción.

Poemas en prosa

Santa Lucía y San Lázaro

A Sebastià Gasch

A las doce de la noche llegué a la ciudad. La escarcha bailaba sobre un pie. «Una muchacha puede ser morena, puede ser rubia, pero no debe ser ciega.» Esto decía el dueño del mesón a un hombre seccionado brutalmente por una faja. Los ojos de un mulo, que dormitaba en el umbral, me amenazaron como dos puños de azabache.

–Quiero la mejor habitación que tenga.

–Hay una.

–Pues vamos.

La habitación tenía un espejo. Yo, medio peine en el bolsillo. «Me gusta.» (Vi mi «Me gusta» en el espejo verde.) El posadero cerró la puerta. Entonces, vuelto de espaldas al helado campillo de azogue, exclamé otra vez: «Me gusta». Abajo, el mulo resoplaba. Quiero decir que abría el girasol de su boca.

No tuve más remedio que meterme en la cama. Y me acosté. Pero tomé la precaución de dejar abiertos los postigos, porque no hay nada más hermoso que ver una estrella sorprendida y fija dentro de un marco. Una. Las demás hay que olvidarlas.

Esta noche tengo un cielo irregular y caprichoso. Las estrellas se agrupan y extienden en los cristales, como las tarjetas y retratos en el esterillo japonés.

Cuando me dormía, el exquisito minué de las buenas noches se iba perdiendo en las calles.

*

Con el nuevo sol, volvía mi traje gris a la plata del aire humedecido. El día de primavera era como una mano desmayada sobre un cojín. En la calle, las gentes iban y venían. Pasaron los vendedores de frutas, y los que venden peces del mar.

Ni un pájaro.

Mientras sonaba mis anillos en los hierros del balcón busqué la ciudad en el mapa, y vi cómo permanecía dormida en el amarillo, entre ricas venillas de agua, ¡distante del mar!

En el patio, el posadero y su mujer cantaban un dúo de espino y violeta. Sus voces oscuras, como dos topos huidos, tropezaban con las paredes, sin encontrar la cuadrada salida del cielo.

Antes de salir a la calle para dar mi primer paseo, los fui a saludar.

–¿Por qué dijo usted anoche que una muchacha puede ser morena o rubia, pero no debe ser ciega?

El posadero y su mujer se miraron de una manera extraña.

Se miraron… equivocándose. Como el niño que se lleva a los ojos la cuchara llena de sopita. Después, rompieron a llorar.

Yo no supe qué decir y me fui apresuradamente.

En la puerta leí este letrero: *Posada de Santa Lucía*.

*

Santa Lucía fue una hermosa doncella de Siracusa.

La pintan con dos magníficos ojos de buey en una bandeja.

Sufrió martirio bajo el cónsul Pascasiano, que tenía los bigotes de plata y aullaba como un mastín.

Como todos los santos, planteó y resolvió teoremas deliciosos, ante los que rompen sus cristales los aparatos de Física.

Ella demostró en la plaza pública, ante el asombro del pueblo, que mil hombres y cincuenta pares de bueyes no pueden con la palomilla luminosa del Espíritu Santo. Su cuerpo, su cuerpazo, se puso de plomo comprimido. Nuestro Señor, seguramente, estaba sentado con cetro y corona sobre su cintura.

Santa Lucía fue una moza adulta, de seno breve y cadera opulenta. Como todas las mujeres bravías, tuvo unos ojos demasiado grandes, hombrunos, con una desagradable luz oscura. Expiró en un lecho de llamas.

*

Era el cenit del mercado y la playa del día estaba llena de caracolas y tomates maduros. Ante la milagrosa fachada de la catedral, yo comprendía perfectamente cómo San Ramón Nonnato pudo atravesar el mar desde las Islas Baleares hasta Barcelona montado sobre su capa, y cómo el viejísimo Sol de la China se enfurece y salta como un gallo sobre las torres musicales hechas con carne de dragón.

Las gentes bebían cerveza en los bares y hacían cuentas de multiplicar en las oficinas, mientra los signos + y × de la Banca judía sostenían con la sagrada señal de la Cruz un combate oscuro, lleno por dentro de salitre y cirios apagados. La campana gorda de la catedral vertía sobre la urbe una lluvia de campanillas de cobre, que se clavaban en los tranvías entontecidos y en los nerviosos cuellos de los caballos. Había olvidado mi *baedeker* y mis gemelos de campaña y me puse a mirar la ciudad como se mira el mar desde la arena.

Todas las calles estaban llenas de tiendas de óptica. En las fachadas miraban grandes ojos de megaterio, ojos terribles, fuera de la órbita de almendra, que da intensidad a los humanos, pero que aspiraban a pasar inadvertida su monstruosidad, fingiendo parpadeos de Manueles, Eduarditos y Enriques. Gafas y vidrios ahumados buscaban la inmensa mano cortada de la guantería, poema en el aire, que suena, sangra y borbotea, como la cabeza del Bautista.

La alegría de la ciudad se acababa de ir, y era como el niño recién suspendido en los exámenes. Había sido alegre, coronada de trinos y margenada de juncos, hasta hacía pocas horas, en que la tristeza que afloja los cables de la electricidad y levanta las losas de los pórticos había invadido las calles con su rumor imperceptible de fondo de espejo. Me puse a llorar. Porque no hay nada más conmovedor que la tristeza nueva sobre las cosas regocijadas, todavía poco densa, para evitar que la alegría se transparente al fondo, llena de monedas con agujeros.

Tristeza recién llegada de los librillos de papel marca «El Paraguas», «El Automóvil» y «La Bicicleta»; tristeza del *Blanco y Negro* de 1910; tristeza de las puntillas bordadas en la enagua, y aguda tristeza de las grandes bocinas del fonógrafo.

Los aprendices de óptico limpiaban cristales de todos tamaños con gamuzas y papeles finos produciendo un rumor de serpiente que se arrastra.

En la catedral, se celebraba la solemne novena a los ojos humanos de Santa Lucía. Se glorificaba el exterior de las cosas, la belleza limpia y oreada de la piel, el encanto de las superficies delgadas, y se pedía auxilio contra las oscuras fisiologías del cuerpo, contra el fuego central y los embudos de la noche, levantando, bajo la cúpula sin pepitas, una lámina de cristal purísimo acribillada en todas direcciones por finos reflectores de oro. El mundo de la hierba se oponía al mundo del mineral. La uña, contra el corazón. Dios de contorno, transparencia y superficie. Con el miedo al latido, y el horror al chorro de sangre, se pedía la tranquilidad de las ágatas y la desnudez sin sombra de la medusa.

Cuando entré en la catedral se cantaba la lamentación de las seis mil dioptrías que sonaba y resonaba en las tres bóvedas llenas de jarcias, olas y vaivenes como tres batallas de Lepanto. Los ojos de la Santa miraban en la bandeja con el dolor frío del animal a quien acaban de darle la puntilla.

Espacio y distancia. Vertical y horizontal. Relación entre tú y yo. ¡Ojos de Santa Lucía! Las venas de las plantas de los pies duermen tendidas en sus lechos rosados, tranquilizadas por las dos pequeñas estrellas que arriba las alumbran. Dejamos nuestros ojos en la superficie como las flores acuáticas, y nos agazapamos detrás de ellos mientras flota en un mundo oscuro nuestra palpitante fisiología.

Me arrodillé.

Los chantres disparaban escopetazos desde el coro.

Mientras tanto había llegado la noche. Noche cerrada y brutal, como la cabeza de una mula con antojeras de cuero.

En una de las puertas de salida estaba colgado el esqueleto de un pez antiguo; en otra, el esqueleto de un serafín, mecidos suavemente por el aire ovalado de las ópticas, que llegaba fresquísimo de manzana y orilla.

Era necesario comer y pregunté por la posada.

–Se encuentra usted muy lejos de ella. No olvide que la catedral está cerca de la estación del ferrocarril, y esa posada se halla al Sur, más abajo del río.

–Tengo tiempo de sobra.

*

Cerca estaba la estación del ferrocarril.

Plaza ancha, representativa de la emoción coja que arrastra la luna menguante, se abría al fondo, dura como las tres de la madrugada.

Poco a poco los cristales de las ópticas se fueron ocultando en sus pequeños ataúdes de cuero y níquel, en el silencio que descubría la sutil relación de pez, astro y gafas.

El que ha visto sus gafas solas bajo el claro de luna, o abandonó sus impertinentes en la playa, ha comprendido, como yo, esta delicada armonía (pez, astro, gafas) que se entrechoca sobre un inmenso mantel blanco recién mojado de *champagne*.

Pude componer perfectamente hasta ocho naturalezas muertas con los ojos de Santa Lucía.

Ojos de Santa Lucía sobre las nubes, en primer término, con un aire del que se acaban de marchar los pájaros.

Ojos de Santa Lucía en el mar, en la esfera del reloj, a los lados del yunque, en el gran tronco recién cortado.

Se pueden relacionar con el desierto, con las grandes superficies intactas, con un pie de mármol, con un termómetro, con un buey.

No se pueden unir con la montaña, ni con la rueca, ni con el sapo, ni con las materias algodonosas. Ojos de Santa Lucía.

Lejos de todo latido y lejos de toda pesadumbre. Permanentes. Inactivos. Sin oscilación ninguna. Viendo cómo huyen todas las cosas envueltos en su difícil temperatura eterna. Merecedores de la bandeja que les da realidad, y levantados como los pechos de Venus, frente al monóculo lleno de ironía que usa el enemigo malo.

Eché a andar nuevamente, impulsado por mis suelas de goma.

Me coronaba un magnífico silencio, rodeado de pianos de cola por todas partes.

En la oscuridad, dibujado con bombillas eléctricas, se podía leer sin esfuerzo ninguno: *Estación de San Lázaro*.

*

San Lázaro nació palidísimo. Despedía olor de oveja mojada. Cuando le daban azotes, echaba terroncitos de azúcar por la boca. Percibía los menores ruidos. Una vez confesó a su madre que podía contar en la madrugada, por sus latidos, todos los corazones que había en la aldea.

Tuvo predilección por el silencio de otra órbita que arrastran los peces, y se agachaba lleno de terror, siempre que pasaba por un arco. Después de resucitar inventó el ataúd, el cirio, las luces de magnesio y las estaciones de ferrocarril. Cuando murió estaba duro y laminado como un pan de plata. Su alma iba detrás, desvirgada ya por el otro mundo, llena de fastidio, con un junco en la mano.

*

El tren correo había salido a las doce de la noche.

Yo tenía necesidad de partir en el expreso de las dos de la madrugada.

Entradas de cementerios y andenes.

En el mismo aire, el mismo vacío, los mismos cristales rotos.

Se alejaban los raíles latiendo en su perspectiva de teorema, muertos y tendidos como el brazo de Cristo en la Cruz.

Caían de los techos en sombra yertas manzanas de miedo.

En la sastrería vecina, las tijeras cortaban incesantemente piezas de hilo blanco.

Tela para cubrir desde el pecho agostado de la vieja, hasta la cuca del niño recién nacido.

Por el fondo llegaba otro viajero. Un solo viajero.

Vestía un traje blanco de verano con botones de nácar, y llevaba puesto un guardapolvo del mismo color. Bajo su jipi recién lavado, brillaban sus grandes ojos mortecinos entre su nariz afilada.

Su mano derecha era de duro yeso, y llevaba, colgado del brazo, un cesto de mimbre lleno de huevos de gallina.

No quise dirigirle la palabra.

Parecía preocupado y como esperando que lo llamasen. Se defendía de su aguda palidez con su barba de Oriente, barba que era el luto por su propio tránsito.

Un realísimo esquema mortal ponía en mi corbata iniciales de níquel.

Aquella noche, era la noche de fiesta en la cual toda España se agolpa en las barandillas, para observar un toro negro que mira al cielo melancólicamente y brama de cuatro en cuatro minutos.

El viajero estaba en el país que le convenía y en la noche a propósito para su afán de perspectivas, aguardando tan sólo el toque del alba para huir en pos de las voces que necesariamente habían de sonar.

La noche española, noche de almagre y clavos de hierro, noche bárbara, con los pechos al aire, sorprendida por un telescopio único, agradaba al viajero enfriado. Gustaba su profundidad increíble donde fracasa la sonda, y se complacía en hundir sus pies en el lecho de cenizas y arena ardiente sobre la que descansaba.

El viajero andaba por el andén con una lógica de pez en el agua o de mosca en el aire; iba y venía, sin observar las largas paralelas tristes de los que esperan el tren.

Le tuve gran lástima, porque sabía que estaba pendiente de una voz, y estar pendiente de una voz es como estar sentado en la guillotina de la Revolución francesa.

Tiro en la espalda, telegrama imprevisto, sorpresa. Hasta que el lobo cae en la trampa, no tiene miedo. Se disfruta el silencio y se gusta el latido de las venas. Pero esperar una sorpresa, es convertir un instante, siempre fugaz, en un gran globo morado que permanece y llena toda la noche.

El ruido de un tren se acercaba confuso como una paliza.

Yo cogí mi maleta, mientras el hombre del traje blanco miraba en todas direcciones.

Al fin, una voz clara, estambre de un altavoz autoritario, clamó al fondo de la estación: «¡Lázaro! ¡Lázaro! ¡Lázaro!». Y el viajero echó a correr, dócil, lleno de unción, hasta perderse en los últimos faroles.

En el instante de oír la voz: «¡Lázaro! ¡Lázaro! ¡Lázaro!», se me llenó la boca de mermelada de higuera.

*

Hace unos momentos que estoy en casa.

Sin sorpresa he hallado mi maletín vacío. Sólo unas gafas y un blanquísimo guardapolvo. Dos temas de viaje. Puros y aislados. Las gafas, sobre la mesa, llevaban al máximo su dibujo concreto y su fijeza extraplana. El guardapolvo se desmayaba en la silla en su siempre última actitud, con una lejanía poco humana ya, lejanía bajo cero de pez ahogado. Las gafas iban hacia un teorema geométrico de demostración exacta, y el guardapolvo se arrojaba a un mar lleno de naufragios y verdes resplandores súbitos. Gafas y guardapolvo. En la mesa y en la silla. Santa Lucía y San Lázaro.

Nadadora sumergida

Pequeño homenaje a un cronista de salones

Yo he amado a dos mujeres que no me querían, y sin embargo no quise degollar a mi perro favorito. ¿No os parece, condesa, mi actitud una de las más puras que se me pueden adoptar?

Ahora sé lo que es despedirse para siempre. El abrazo diario tiene brisa de molusco.

Este último abrazo de mi amor fue tan perfecto, que la gente cerró los balcones con sigilo. No me haga usted hablar, condesa. Yo estoy enamorado de una mujer que tiene medio cuerpo en la nieve del norte. Una mujer amiga de los perros y fundamentalmente enemiga mía.

Nunca pude besarla a gusto. Se apagaba la luz, o ella se disolvía en el frasco de whisky. Yo entonces no era aficionado a la ginebra inglesa. Imagine usted, amiga mía, la calidad de mi dolor.

Una noche, el demonio puso horribles mis zapatos. Eran las tres de la madrugada. Yo tenía un bisturí atravesado en mi garganta y ella un largo pañuelo de seda. Miento. Era la cola de un caballo. La cola del invisible caballo que me había de arrastrar. Condesa: hace usted bien en apretarme la mano.

Empezamos a discutir. Yo me hice un arañazo en la frente y ella con gran destreza partió el cristal de su mejilla. Entonces nos abrazamos.

Ya sabe usted lo demás.

La orquesta lejana luchaba de manera dramática con las hormigas volantes.

Madame Barthou hacía irresistible la noche con sus enfermos diamantes del Cairo y el traje violeta de Olga Montcha acusaba, cada minuto más palpable, su amor por el muerto Zar.

Margarita Gross y la españolísima Lola Cabeza de Vaca, llevaban contadas más de mil olas sin ningún resultado.

En la costa francesa empezaban a cantar los asesinos de los marineros y los que roban la sal a los pescadores.

Condesa: aquel último abrazo tuvo tres tiempos y se desarrolló de manera admirable.

Desde entonces dejé la literatura vieja que yo había cultivado con gran éxito.

Es preciso romperlo todo para que los dogmas se purifiquen y las normas tengan nuevo temblor.

Es preciso que el elefante tenga ojos de perdiz y la perdiz pezuñas de unicornio.

Por un abrazo sé yo todas estas cosas y también por este gran amor que me desgarra el chaleco de seda.

¿No oye usted el vals americano? En Viena hay demasiados helados de turrón y demasiado intelectualismo. El vals americano es perfecto como una Escuela Naval. ¿Quiere usted que demos una vuelta por el baile?

*

A la mañana siguiente fue encontrada en la playa la Condesa de X con un tenedor de ajenjo clavado en la nuca. Su muerte debió ser instantánea. En la arena se encontró un papelito manchado de sangre que decía así: «Puesto que no te puedes convertir en paloma, bien muerta estás».

Los policías suben y bajan las dunas montados en bicicletas.

Se asegura que la bella Condesa de X era muy aficionada a la natación, y que ésta ha sido la causa de su muerte.

De todas maneras podemos afirmar que se ignora el nombre de su maravilloso asesino.

Suicidio en Alejandría

13 y 22

Cuando pusieron la cabeza cortada sobre la mesa del despacho, se rompieron todos los cristales de la ciudad. Será necesario calmar a esas rosas, dijo la anciana. Pasaba un automóvil y era un *13*. Pasaba otro automóvil y era un *22*. Pasaba una tienda y era un *13*. Pasaba un kilómetro y era un *22*. La situación se hizo insostenible. Había necesidad de romper para siempre.

12 y 21

Después de la terrible ceremonia, se subieron todos a la última hoja del espino, pero la hormiga era tan grande, tan grande, que se tuvo que quedar en el suelo con el martillo y el ojo enhebrado.

11 y 20

Luego se fueron en automóvil. Querían suicidarse para dar ejemplo y evitar que ninguna cadena se pudiera acercar a la orilla.

10 y *19*

Rompían los tabiques y agitaban los pañuelos. ¡Genoveva! ¡Genoveva! ¡Genoveva! Era de noche, y se hacía precisa la dentadura y el látigo.

9 y *18*

Se suicidaban sin remedio, es decir, nos suicidábamos. ¡Corazón mío! ¡Amor! La Tour Eiffel es hermosa y el sombrío Támesis también. Si vamos a casa de Lord Butown nos darán la cabeza de langosta y el pequeño círculo de humo. Pero nosotros no iremos nunca a casa de ese chileno.

8 y *17*

Ya no tiene remedio. Bésame sin romperme la corbata. Bésame, bésame.

7 y *16*

Yo, un niño, y tú, lo que quiera el mar. Reconozcamos que la mejilla derecha es un mundo sin normas y la astronomía un pedacito de jabón.

6 y *15*

Adiós. ¡Socorro! Amor, amor mío. Ya morimos juntos. ¡Ay! Terminad vosotros por caridad este poema.

5 y *14*
4 y *13*

Al llegar este momento vimos a los amantes abrazarse sobre las olas.

3 y 12
2 y 11
1 y 10

Un golpe de mar violentísimo barrió los muelles y cubiertas de los barcos. Sólo se sentía una voz sorda entre los peces que clamaba.

9
8
7
6
5
4
3
2
1
0

Nunca olvidaremos los veraneantes de la playa de Alejandría aquella emocionante escena de amor que arrancó lágrimas de todos los ojos.

Degollación de los Inocentes

Tris tras. Zig zag, rig rag, mil malg. La piel era tan tierna que salía íntegra. Niños y nueces recién cuajados.

Los guerreros tenían raíces milenarias, y el cielo, cabelleras mecidas por el aliento de los anfibios. Era preciso cerrar las puertas. Pepito. Manolito. Enriquito. Eduardito. Jaimito. Emilito.

Cuando se vuelvan locas las madres querrán construir una fábrica de sombreros de pórfido, pero no podrán nunca con esta crueldad atenuar la ternura de sus pechos derramados.

Se arrollaban las alfombras. El aguijón de la abeja hacía posible el manejo de la espada.

Era necesario el crujir de huesos y el romper las presas de los ríos.

Una jofaina y basta. Pero una jofaina que no se asuste del chorro interminable, que ha de sonar durante tres días.

Subían a las torres y descendían hasta las caracolas. Una luz de clínica venció al fin a la luz untosa del hospital. Ya era posible operar con todas garantías. Yodoformo y violeta, algodón y plata de otro mundo. ¡Vayan entrando! Hay personas que se arrojan desde las torres a los patios y otras desesperadas que se clavan tachuelas en las rodillas. La luz de la mañana era cortante y el viento aceitoso hacía posible la herida menos esperada.

Jorgito. Alvarito. Guillermito. Leopoldito. Julito. Joseíto. Luisito. Inocentes. El acero necesita calores para crear las nebulosas y ¡vamos a la hoja incansable! Es mejor ser medusa y flotar que ser niño. ¡Alegrísima degollación! Función lógica de la sangre sin luz que sangra sus paredes.

Venían por las calles más alejadas. Cada perro llevaba un piececito en la boca. El pianista loco recogía uñas rosadas para construir un piano sin emoción y los rebaños balaban con los cuellos partidos.

Es necesario tener doscientos hijos y entregarlos a la degollación. Solamente de esta manera sería posible la autonomía del lirio silvestre.

¡Venid! ¡Venid! Aquí está mi hijo tiernísimo, mi hijo de cuello fácil. En el rellano de la escalera lo degollarás fácilmente.

Dicen que se está inventando la navaja eléctrica para reanimar la operación.

¿Os acordáis del ruiseñor con las dos patitas rotas? Estaba entre los insectos, creadores de los estremecimientos y las salivillas. Puntas de aguja. Y rayas de araña sobre las constelaciones. Da verdadera risa pensar en lo fría que está el agua. Agua fría por las arenas, cielos fríos, y lomos de caimanes. Aquí en las calles corre lo más escondido, lo más gustoso, lo que tiñe los dientes y pone pálidas las uñas. Sangre. Con toda la fuerza de su g.

Si meditamos y somos llenos de piedad verdadera daremos la degollación como una de las grandes obras de misericordia. Misericordia de la sangre ciega que quiere siguiendo la ley de su Naturaleza desembocar en el mar. No hubo siquiera una voz. El Jefe de los hebreos atravesó la plaza para calmar a la multitud.

A las seis de la tarde ya no quedaban más que seis niños por degollar. Los relojes de arena seguían sangrando pero ya estaban secas todas las heridas.

Toda la sangre estaba ya cristalizada cuando comenzaron a surgir los faroles. Nunca será en el mundo otra noche igual. Noche de vidrios y manecitas heladas.

Los senos se llenaban de leche inútil.

La leche maternal y la luna sostuvieron la batalla contra la sangre triunfadora. Pero la sangre ya se había adueñado de los mármoles y allí clavaba sus últimas raíces enloquecidas.

Degollación del Bautista

Bautista:	¡Ay!
Los negros:	¡Ay ay!
Bautista:	¡Ay ay!
Los negros:	¡Ay ay ay!
Bautista:	¡Ay ay ay!
Los negros:	¡Ay ay ay ay!

Al fin vencieron los negros. Pero la gente tenía la convicción de que ganarían los rojos. La recién parida tenía un miedo terrible a la sangre, pero la sangre bailaba lentamente con un oso teñido de cinabrio bajo sus balcones. No era posible la existencia de los paños blancos, ni era posible el agua dulce en los valles. Se hacía intolerable la presencia de la luna y se deseaba el toro abierto, el toro desgarrado con el hacha y las grandes moscas gozadoras.

El escalofrío de los planetas repercutía sobre las yemas de los dedos y en las familias se empezaba a odiar el llanto, el llanto de perdigones que apaga la danza y agrupa las migas de pan.

Las cintas habían destronado a las serpientes y el cuello de la mujer se hacía posible al humo y a la navaja barbera.

Bautista:	¡Ay ay ay ay!
Los negros:	¡Ay ay ay!
Bautista:	¡Ay ay ay!
Los negros:	¡Ay ay!
Bautista:	¡Ay ay!
Los negros:	¡Ay!
Los rojos (apareciendo	
súbitamente):	¡Ay ay ay ay!

Ganaban los rojos. En cegadores triángulos de fuego, la multitud. Era preciso algún beso al niño muerto de la cárcel para poder masticar aquella flor abandonada. Salomé tenía más de siete dentaduras postizas y una redoma de veneno. ¡A él, a él! Ya llegaban a la mazmorra.

Tendrá que luchar con la raposa y con la luna de las tabernas. Tendrá que luchar. Tendrá que luchar. ¿Será posible que las palomas, que habían guardado silencio, y las siemprevivas golpeen la puerta de manera tan furiosa? Hijo mío. Niño mío de ojos oblicuos, cierra esa puerta sin que nadie pueda sospechar de ti. ¡Ya vienen los hebreos! ¡Ya vienen! Bajo un cielo de paños recogidos y monedas falsas.

Me duelen las palmas de las manos a fuerza de sostener patitas de gorriones. Hijo. ¡Amor! Un hombre puede recorrer las colinas en busca de su pistola y un barbero puede y debe hacer cruces de sangre en los cuellos de sus clientes, pero nosotros no debemos asomarnos a la ventana.

Ganan los rojos. Te lo dije. Las tiendas han arrojado todas las chalinas a la sangre. Se asegura en la Dirección de policía que el rubor ha subido un mil por mil.

Bautista:	Navaja
Los rojos:	cuchillo cuchillo.
Bautista:	Navaja navaja
Los rojos:	cuchillo cuchillo cuchillo.
Bautista:	Navaja navaja navaja
Los rojos:	cuchillo cuchillo cuchillo cuchillo.

Vencieron al fin en el último *goal*.

Bajo un cielo de plantas de pie. La degollación fue horripilante. Pero maravillosamente desarrollada. El cuchillo era prodigioso. Al fin y al cabo, la carne es siempre panza de rana. Hay que ir contra la carne. Hay que levantar fábricas de cuchillos. Para que el horror mueva su bosque intravenoso. El especialista de la degollación es enemigo de las esmeraldas. Siempre te lo había dicho, hijo mío. No conoce el chiclet, pero conoce el cuello tiernísimo de la perdiz viva.

El Bautista estaba de rodillas. El degollador era un hombrecito minúsculo. Pero el cuchillo era un cuchillo. Un cuchillo chispeante, un cuchillo de chispas con los dientes apretados.

El griterío del Stadium hizo que las vacas mugieran en todos los establos de Palestina. La cabeza del luchador celeste estaba en medio de la arena. Las jovencitas se teñían las mejillas de rojo y los jóvenes sus corbatas en el cañón estremecido de la yugular desgarrada.

La cabeza de Bautista:	¡Luz!
Los rojos:	Filo.
La cabeza de Bautista:	¡Luz! ¡Luz!
Los rojos:	Filo filo.
La cabeza de Bautista:	Luz luz luz.
Los rojos:	Filo filo filo filo.

La gallina

Cuento para niños tontos

Había una gallina que era idiota. He dicho idiota. Pero era más idiota todavía. Le picaba un mosquito y salía corriendo. Le picaba una avispa y salía corriendo. Le picaba un murciélago y salía corriendo.

Todas las gallinas temen a las zorras. Pero esta gallina quería ser devorada por ellas. Y es que la gallina era una idiota. No era una gallina. Era una idiota.

En las noches de invierno la luna de las aldeas da grandes bofetadas a las gallinas. Unas bofetadas que se sienten por las calles. Da mucha risa. Los curas no podrán comprender nunca por qué son estas bofetadas, pero Dios sí. Y las gallinas también.

Será menester que sepáis todos que Dios es un gran monte VIVO. Tiene una piel de moscas y encima una piel de avispas y encima una piel de golondrinas y encima una piel de lagartos y encima una piel de lombrices y encima una piel de hombres y encima una piel de leopardos y todo. ¿Veis todo? Pues todo y además una piel de gallinas. Esto era lo que no sabía nuestra amiga.

¡Da risa considerar lo simpáticas que son aquellas gallinas! Todas tienen cresta. Todas tienen culo. Todas ponen huevos. ¿Y qué me vais a decir?

La gallina idiota odiaba los huevos. Le gustaban los gallos, es cierto, como les gusta a las manos derechas de las personas esas picaduras de las zarzas o la iniciación del alfilerazo. Pero ella odiaba su propio huevo. Y sin embargo no hay nada más hermoso que un huevo.

Recién sacado de las espigas, todavía caliente, es la perfección de la boca, el párpado y el lóbulo de la oreja. La mejilla caliente de la que acaba de morir. Es el rostro. ¿No lo entendéis? Yo sí. Lo dicen los cuentos japoneses, y algunas mujeres ignorantes también lo saben.

No quiero defender la belleza enjuta del huevo, pero ya que todo el mundo alaba la pulcritud del espejo y la alegría de los que se revuelcan en la hierba, bien está que yo defienda un huevo contra una gallina. Un huevo inocente contra una gallina idiota.

Lo voy a decir: una gallina amiga de los hombres.

Una noche, la luna estaba repartiendo bofetadas a las gallinas. El mar y los tejados y las carboneras tenían la misma luz. Una luz donde el abejorro hubiera recibido las flechas de todo el mundo. Nadie dormía. Las gallinas no podían más. Tenían las crestas llenas de escarcha y los piojitos tocaban sus campanillitas eléctricas por el hueco de las bofetadas.

Un gallo se decidió al fin.

La gallina idiota se defendía.

El gallo bailó tres veces pero los gallos no saben enhebrar bien las agujas.

Tocaron las campanas de las torres porque tenían que tocar, y los cauces y los corredores y los que juegan al golf se pusieron tres veces morados y tintineantes. Empezó la lucha.

Gallo listo. Gallina idiota. Gallina lista. Gallo idiota. Listos los dos. Los dos idiotas. Gallo listo. Gallina idiota.

Luchaban. Luchaban. Luchaban. Así toda la noche. Y diez. Y veinte. Y un año. Y diez. Y siempre.

[Un poeta en Nueva York]

Señoras y señores:

Siempre que hablo ante mucha gente me parece que me he equivocado de puerta. Unas manos amigas me han empujado y me encuentro aquí. La mitad de la gente va perdida entre telones, árboles pintados y fuentes de hojalata y, cuando creen encontrar su cuarto o círculo de tibio sol, se encuentran con un caimán que los traga o... con el público como yo en este momento. Y hoy no tengo más espectáculo que una poesía amarga, pero viva, que creo podrá abrir sus ojos a fuerza de latigazos que yo le dé.

He dicho «un poeta en Nueva York» y he debido decir «Nueva York en un poeta». Un poeta que soy yo. Lisa y llanamente; que no tengo ingenio ni talento pero que logro escaparme por un bisel turbio de este espejo del día, a veces antes que muchos niños. Un poeta que viene a esta sala y quiere hacerse la ilusión de que está en su cuarto y que vosotros... ustedes sois mis amigos, que no hay poesía escrita sin ojos esclavos del verso oscuro ni poesía hablada sin orejas dóciles, orejas amigas donde la palabra que mana lleve por ellas sangre a los labios o cielo a la frente del que oye.

De todos modos hay que ser claro. Yo no vengo hoy para entretener a ustedes. Ni quiero, ni me importa, ni me da la gana. Más bien he venido a luchar. A luchar cuerpo a cuerpo con una masa tranquila porque lo que voy a hacer no es una conferencia, es una lectura de poesías, carne mía, alegría mía y sentimiento mío, y yo necesito defenderme de este enorme dragón que tengo delante, que me puede comer con sus trescientos bostezos de sus trescientas cabezas defraudadas. Y ésta es la lucha; porque yo quiero con vehemencia comunicarme con vosotros ya que he venido, ya que estoy aquí, ya que salgo por un instante de mi largo silencio poético y no quiero daros miel, porque no tengo, sino arena o cicuta o agua salada. Lucha cuerpo a cuerpo en la cual no me importa ser vencido.

Convengamos en que una de las actitudes más hermosas del hombre es la actitud de san Sebastián.

Así pues, antes de leer en voz alta y delante de muchas criaturas unos poemas, lo primero que hay que hacer es pedir ayuda al duende, que es la única manera de que todos se enteren sin ayuda de inteligencia ni aparato crítico, salvando de modo instantáneo la difícil comprensión de la metáfora y cazando, con la misma velocidad que la voz, el diseño rítmico del poema. Porque la calidad de una poesía de un poeta no se puede apreciar nunca a la primera lectura, y más esta clase de poemas que voy a leer que, por estar llenos de hechos poéticos dentro exclusivamente de una lógica lírica y trabados tupidamente sobre el sentimiento humano y la arquitectura del poema, no son aptos para ser comprendidos rápidamente sin la ayuda cordial del duende.

De todos modos, yo, como hombre y como poeta, tengo una gran capa pluvial, la capa del «tú tienes la culpa», que cuelgo sobre los hombros de todo el que viene a pedirme explicaciones a mí, a mí que no puedo explicar nada sino balbucir el fuego que me quema.

*

No os voy a decir lo que es Nueva York *por fuera*, porque, juntamente con Moscú, son las dos ciudades antagónicas sobre las cuales se vierte ahora un río de libros descriptivos; ni voy a narrar un viaje, pero sí mi reacción lírica con toda sinceridad y sencillez; sinceridad y sencillez dificilísimas a los intelectuales pero fácil al poeta. Para venir aquí he vencido ya mi pudor poético.

Los dos elementos que el viajero capta en la gran ciudad son: arquitectura extrahumana y ritmo furioso. Geometría y angustia. En una primera ojeada, el ritmo puede parecer alegría, pero cuando se observa el mecanismo de la vida social y la esclavitud dolorosa de hombre y máquina juntos, se comprende aquella típica angustia vacía que hace perdonable, por evasión, hasta el crimen y el bandidaje.

Las aristas suben al cielo sin voluntad de nube ni voluntad de gloria. Las aristas góticas manan del corazón de los viejos muertos enterrados; éstas ascienden frías con una belleza sin raíces ni ansia final, torpemente seguras, sin lograr vencer y superar, como en la arquitectura espiritual sucede, la intención siempre inferior del arquitecto. Nada más poético y terrible que la lucha de los rascacielos con el cielo que los cubre. Nieves, lluvias y nieblas subrayan, mojan, tapan las inmensas torres, pero éstas, ciegas a todo juego, expresan su intención fría, enemiga de misterio, y cortan los cabellos a la lluvia o hacen visibles sus tres mil espadas a través del cisne suave de la niebla.

La impresión de que aquel inmenso mundo no tiene raíz, os capta a los pocos días de llegar y comprendéis de manera perfecta cómo el vidente Edgar Poe tuvo que abrazarse a lo misterioso y al hervor cordial de la embriaguez en aquel mundo.

Yo solo y errante evocaba mi infancia de esta manera:

«1910. Intermedio».[1]

Yo, solo y errante, agotado por el ritmo de los inmensos letreros luminosos de Times Square, huía en este pequeño poema del inmenso ejército de ventanas donde ni una sola persona tiene tiempo de mirar una nube o dialogar con una de esas delicadas brisas que tercamente envía el mar sin tener jamás una respuesta:

«Vuelta de paseo».[2]

Pero hay que salir a la ciudad y hay que vencerla, no se puede uno entregar a las reacciones líricas sin haberse rozado con las personas de las avenidas y con la baraja de hombres de todo el mundo.[3]

---

1. Véase p. 58.
2. Véase p. 57. Citado en el manuscrito como «Asesinado por el cielo».
3. Sigue en el texto del manuscrito, tachado, el poema «Asesinato. Dos voces de madrugada en Riverside Drive» (véase p. 76), sin título y pre-

Y me lanzo a la calle y me encuentro con los negros. En Nueva York se dan cita las razas de toda la tierra, pero chinos, armenios, rusos, alemanes siguen siendo extranjeros. Todos menos los negros. Es indudable que ellos ejercen enorme influencia en Norteamérica y, pese a quien pese, son lo más espiritual y lo más delicado de aquel mundo. Porque creen, porque esperan, porque cantan y porque tienen una exquisita pereza religiosa que los salva de todos sus peligrosos afanes actuales.

Si se recorre el Bronx o Brooklyn, donde están los americanos rubios, se siente como algo sordo, como de gentes que aman los muros porque detienen la mirada; un reloj en cada casa y un Dios a quien sólo se atisba la planta de los pies. En cambio, en el barrio negro hay como un constante cambio de sonrisas, un temblor profundo de tierra que oxida las columnas de níquel y algún niñito herido te ofrece su tarta de manzanas si lo miras con insistencia.

Yo bajaba muchas mañanas desde la universidad donde vivía y donde era no el terrible *mister* Lorca de mis profesores sino el insólito *sleepy boy* de las camareras, para verlos bailar y saber qué pensaban, porque es la danza la única forma de su dolor y la expresión aguda de su sentimiento, y escribí este poema:

«Norma y paraíso de los negros».[1]

Pero todavía no era esto. Norma estética y paraíso azul no era lo que tenía delante de los ojos. Lo que yo miraba y paseaba y soñaba era el gran barrio negro de Harlem, la ciudad negra más importante del mundo, donde lo lúbrico tiene un acento de inocencia que lo hace perturbador y religioso. Barrio de casas rojizas lleno de pianolas, radios y cines, pero

---

cedido de las siguientes líneas, también tachadas: «Y así, una noche, en el agónico barrio armenio oigo detrás de la pared estas voces que expresan un asesinato».

1. Véanse pp. 63-64.

con una característica típica de raza que es el *recelo*. Puertas entornadas, niños de pórfido que temen a las gentes ricas de Park Avenue, fonógrafos que interrumpen de manera brusca su canto. Espera de los enemigos que pueden llegar por East River y señalar de modo exacto el sitio donde duermen los ídolos. Yo quería hacer el poema de la raza negra en Norteamérica y subrayar el dolor que tienen los negros de ser negros en un mundo contrario, esclavos de todos los inventos del hombre blanco y de todas sus máquinas, con el perpetuo susto de que se les olvide un día encender la estufa de gas o guiar el automóvil o abrocharse el cuello almidonado o de clavarse el tenedor en un ojo. Porque los inventos no son suyos, viven de prestado y los padrazos negros han de mantener una disciplina estrecha en el hogar para que la mujer y los hijos no adoren los discos de la gramola o se coman las llantas del auto.

En aquel hervor, sin embargo, hay un ansia de nación bien perceptible a todos los visitantes y, si a veces se dan en espectáculo, guardan siempre un fondo espiritual insobornable. Yo vi en un cabaret –Small Paradise– cuya masa de público danzante era negra, mojada y grumosa como una caja de huevas de caviar, una bailarina desnuda que se agitaba convulsamente bajo una invisible lluvia de fuego. Pero, cuando todo el mundo gritaba como creyéndola poseída por el ritmo, pude sorprender un momento en sus ojos la reserva, la lejanía, la certeza de su ausencia ante el público de extranjeros y americanos que la admiraba. Como ella era todo Harlem.

Otra vez, vi a una niña negrita montada en bicicleta. Nada más enternecedor. Las piernas ahumadas, los dientes fríos en el rosa moribundo de los labios, la cabeza apelotonada con pelo de oveja. La miré fijamente y ella me miró. Pero mi mirada decía: «Niña, ¿por qué vas en bicicleta? ¿Puede una negrita montar en ese aparato? ¿Es tuyo? ¿Dónde lo has robado? ¿Crees que sabes guiarlo?». Y, efectivamente, dio una voltereta y se cayó con piernas y con ruedas por una suave pendiente.

Pero yo protestaba todos los días. Protestaba de ver a los muchachillos negros degollados por los cuellos duros, con trajes y botas violentas, sacando las escupideras de hombres fríos que hablan como patos.

Protestaba de toda esta carne robada al paraíso, manejada por judíos de nariz gélida y alma secante, y protestaba de lo más triste, de que los negros no quieran ser negros, de que se inventen pomadas para quitar el delicioso rizado del cabello, y polvos que vuelven la cara gris, y jarabes que ensanchan la cintura y marchitan el suculento kaki de los labios.

Protestaba, y una prueba de ello es esta oda al rey de Harlem, espíritu de la raza negra, y un grito de aliento para los que tiemblan, recelan y buscan torpemente la carne de las mujeres blancas.[1]

Y, sin embargo, lo verdaderamente salvaje y frenético de Nueva York, no es Harlem. Hay vaho humano y gritos infantiles y hay hogares y hay hierbas y dolor que tiene consuelo y herida que tiene dulce vendaje.

Lo impresionante por frío y por cruel es Wall Street. Llega el oro en ríos de todas las partes de la tierra y la muerte llega con él. En ningún sitio del mundo se siente como allí la ausencia total del espíritu: manadas de hombres que no pueden pasar del tres y manadas de hombres que no pueden pasar del seis, desprecio de la ciencia pura y valor demoníaco del presente. Y lo terrible es que toda la multitud que lo llena cree que el mundo será siempre igual, y que su deber consiste en mover aquella gran máquina día y noche y siempre. Resultado perfecto de una moral protestante, que yo, como español típico, a Dios gracias, me crispaba los nervios.

Yo tuve la suerte de ver por mis ojos, el último *crack* en que se perdieron varios billones de dólares, un verdadero tumulto de dinero muerto que se precipitaba al mar, y jamás, entre varios suicidas, gentes histéricas y grupos desmayados, he sentido la impresión de la muerte real, la muerte sin esperanza, la muerte que es podredumbre y nada más, como en aquel instante, porque era un espectáculo terrible pero sin grandeza. Y yo que soy de un país donde, como dice el gran padre Unamuno, «sube por la noche la tierra al cielo», sentía como un ansia divina de bombardear todo aquel desfiladero de sombra por donde las ambulancias se llevaban a los suicidas con las manos llenas de anillos.

1. Véanse pp. 64-68.

Por eso yo puse allí esta danza de la muerte. El mascarón típico africano, muerte verdaderamente muerta, sin ángeles ni *resurrexit*, muerte alejada de todo espíritu, bárbara y primitiva como los Estados Unidos que no han luchado ni lucharán por el cielo.[1]

Y la multitud. Nadie puede darse cuenta exacta de lo que es una multitud neoyorquina; es decir, lo sabía Walt Whitman que buscaba en ella soledades, y lo sabe T.S. Eliot que la estruja en un poema, como un limón, para sacar de ella ratas heridas, sombreros mojados y sombras fluviales.

Pero, si a esto se une que esa multitud está borracha, tendremos uno de los espectáculos vitales más intensos que se pueden contemplar.

Coney Island es una gran feria a la cual los domingos de verano acuden más de un millón de criaturas. Beben, gritan, comen, se revuelcan y dejan el mar lleno de periódicos y las calles abarrotadas de latas, de cigarros apagados, de mordiscos, de zapatos sin tacón. Vuelve la muchedumbre de la feria cantando y vomita en grupos de cien personas apoyadas sobre las barandillas de los embarcaderos, y orina en grupos de mil en los rincones, sobre los barcos abandonados y sobre los monumentos de Garibaldi o el soldado desconocido.

Nadie puede darse idea de la soledad que siente allí un español y más todavía si éste es hombre del sur. Porque, si te caes, serás atropellado, y, si resbalas al agua, arrojarán sobre ti los papeles de las meriendas.

El rumor de esta terrible multitud llena todo el domingo de Nueva York golpeando los pavimentos huecos con un ritmo de tropel de caballo.

La soledad de los poemas que hice de la multitud riman con otros del mismo estilo que no puedo leer por falta de tiempo, como los nocturnos del Brooklyn Bridge y el anochecer en Battery Place, donde marineros y mujercillas y soldados y policías bailan sobre un mar cansado, donde pastan las vacas sirenas y deambulan campanas y boyas mugidoras.

1. Véanse pp. 70-73.

Llega el mes de agosto y con el calor, estilo ecijano, que asola a Nueva York, tengo que marchar al campo.

Lago verde, paisaje de abetos. De pronto, en el bosque, una rueca abandonada. Vivo en casa de unos campesinos. Una niña, Mary, que come miel de arce, y un niño, Stanton, que toca un arpa judía, me acompañan y me enseñan con paciencia la lista de los presidentes de Norteamérica. Cuando llegamos al gran Lincoln saludan militarmente. El padre del niño Stanton tiene cuatro caballos ciegos que compró en la aldea de Eden Mills. La madre está casi siempre con fiebre. Yo corro, bebo buen agua y se me endulza el ánimo entre los abetos y mis pequeños amigos. Me presentan a las señoritas de Tyler, descendientes pobrísimas del antiguo presidente, que viven en una cabaña, hacen fotografías que titulan «silencio exquisito» y tocan en una increíble espineta canciones[1] de la época heroica de Washington. Son viejas y usan pantalones para que las zarzas no las arañen porque son muy pequeñitas, pero tienen hermosos cabellos blancos y, cogidas de la mano, oyen algunas canciones que yo improviso en la espineta, exclusivamente para ellas. A veces me invitan a comer y me dan sólo té y algunos trozos de queso, pero me hacen constar que la tetera es de China auténtica y que la infusión tiene algunos jazmines. A finales de agosto me llevaron a su cabaña y me dijeron: «¿No sabe usted que ya llega el otoño?». Efectivamente, por encima de las mesas y en la espineta y rodeando el retrato de Tyler estaban las hojas y los pámpanos amarillos, rojizos y naranjas más hermosos que he visto en mi vida.

En aquel ambiente, naturalmente, mi poesía tomó el tono del bosque. Cansado de Nueva York y anhelante de las pobres cosas vivas más insignificantes, escribí un insectario que no puedo leer entero pero del que destaco este principio en el cual pido ayuda a la Virgen, a la Ave Maris Stella de aquellas deliciosas gentes que eran católicas, para cantar a los insectos, que viven su vida volando y alabando a Dios Nuestro Señor con sus diminutos instrumentos.[2]

---

1. El poeta había escrito primeramente «oraciones».
2. Véase «El poeta pide ayuda a la Virgen», p. 134.

Pero un día la pequeña Mary se cayó a un pozo y la sacaron ahogada. No está bien que yo diga aquí el profundo dolor, la desesperación auténtica que yo tuve aquel día. Eso se queda para los árboles y las paredes que me vieron. Inmediatamente recordé aquella otra niña granadina que vi yo sacar del aljibe, las manecitas enredadas en los garfios y la cabeza golpeando contra las paredes, y las dos niñas, Mary y la otra, se me hicieron una sola que lloraba sin poder salir del círculo del pozo dentro de esa agua parada que no desemboca nunca:

«Niña ahogada en el pozo. Granada y Newburg».[1]

Con la niña muerta ya no podía estar en la casa. Stanton comía con cara triste la miel de arce que había dejado su hermana, y las divinas señoritas de Tyler estaban como locas en el bosque haciendo fotos del otoño para obsequiarme.

Yo bajaba al lago y el silencio del agua, el cuco, etc., etc., hacía que no pudiera estar sentado de ninguna manera porque en todas las posturas me sentía litografía romántica con el siguiente pie: «Federico dejaba vagar su pensamiento». Pero, al fin, un espléndido verso de Garcilaso me arrebató esta testarudez plástica. Un verso de Garcilaso:

Nuestro ganado pace. El viento espira.

Y nació este poema doble del lago de Eden Mills.[2]

Se termina el veraneo porque Saturno detiene los trenes, y he de volver a Nueva York. La niña ahogada, Stanton niño «come-azúcar», los caballos ciegos y las señoritas pantalonísticas me acompañan largo rato.

El tren corre por la raya del Canadá y yo me siento desgraciado y ausente de mis pequeños amigos. La niña se aleja por el pozo rodeada de ángeles verdes, y en el pecho del niño comienza a brotar, como el salitre en la pared húmeda, la cruel estrella de los policías norteamericanos.

1. Véanse pp. 90-91.
2. Véanse pp. 83-84.

Después... otra vez el ritmo frenético de Nueva York. Pero ya no me sorprende, conozco el mecanismo de las calles, hablo con la gente, penetro un poco más en la vida social y la denuncio. Y la denuncio porque vengo del campo y creo que lo más importante no es el hombre.[1]

El tiempo pasa; ya no es hora prudente de decir más poemas y nos tenemos que marchar de Nueva York. Dejo de leer los poemas de la Navidad y los poemas del puerto, pero algún día los leerán, si les interesa, en el libro.

El tiempo pasa y ya estoy en el barco que me separa de la urbe aulladora, hacia las hermosas islas Antillas.

La primera impresión de que aquel mundo no tiene raíz, perdura...

> porque si la rueda olvida su fórmula
> ya puede cantar desnuda con las manadas de caballos,
> y si una llama quema los helados proyectos
> el cielo tendrá que huir ante el tumulto de las ventanas.

Arista y ritmo, forma y angustia, se los va tragando el cielo. Ya no hay lucha de torre y nube, ni los enjambres de ventanas se comen más de la mitad de la noche. Peces voladores tejen húmedas guirnaldas, y el cielo, como la terrible mujerona azul de Picasso, corre con los brazos abiertos a lo largo del mar.

El cielo ha triunfado del rascacielo, pero ahora la arquitectura de Nueva York se me aparece como algo prodigioso, algo que, descartada la intención, llega a conmover como un espectáculo natural de montaña o desierto. El Chrysler Building se defiende del sol con un enorme pico de plata, y puentes, barcos, ferrocarriles y hombres los veo encadenados y sordos; encadenados por un sistema económico cruel al que pronto habrá que cortar el cuello, y sordos por sobra de disciplina y falta de la imprescindible dosis de locura.

De todos modos me separaba de Nueva York con sentimiento y con admiración profunda. Dejaba muchos amigos y había recibido la experiencia más útil de mi vida. Tengo que

---

1. Véase «Nueva York. Oficina y denuncia», pp. 104-106.

darle gracias por muchas cosas, especialmente por los azules de oleografía y los verdes de estampa británica con que la orilla de New Jersey me obsequiaba en mis paseos con Anita, la india portuguesa, y Sofía Megwinov, la rusa portorriqueña, y por aquel divino *aquarium* y aquella casa de fieras donde yo me sentí niño y me acordé de todos los del mundo.

Pero el barco se aleja y comienzan a llegar, palma y canela, los perfumes de la América con raíces, la América de Dios, la América española.

¿Pero qué es esto? ¿Otra vez España? ¿Otra vez la Andalucía mundial?

Es el amarillo de Cádiz con un grado más, el rosa de Sevilla tirando a carmín y el verde de Granada con una leve fosforescencia de pez.

La Habana surge entre cañaverales y ruido de maracas, cornetas chinas y marimbas. Y en el puerto, ¿quién sale a recibirme? Sale la morena Trinidad de mi niñez, aquella que se paseaba por el muelle de La Habana, por el muelle de La Habana paseaba una mañana.

Y salen los negros con sus ritmos que yo descubro típicos del gran pueblo andaluz, negritos sin drama que ponen los ojos en blanco y dicen: «Nosotros somos latinos».

Con las tres grandes líneas horizontales, línea de cañaveral, línea de terrazas y línea de palmeras, mil negras con las mejillas teñidas de naranja, como si tuvieran cincuenta grados de fiebre, bailan este son que yo compuse y que llega como una brisa de la isla:

> Cuando llegue la luna llena iré a Santiago de Cuba
> [...].[1]

---

1. Véase «Son de negros en Cuba», pp. 121-122.

Poeta en Nueva York

POETA EN NUEVA YORK

Dedicado a Bebé y Carlos Morla

Los poemas de este libro están escritos en la ciudad de Nueva York, el año 1929-1930, en que el poeta vivió como estudiante en Columbia University.

F.G.L.

I
Poemas de la soledad
en Columbia University

Furia color de amor,
amor color de olvido.
Luis Cernuda

Vuelta de paseo

Asesinado por el cielo.
Entre las formas que van hacia la sierpe
y las formas que buscan el cristal,
dejaré crecer mis cabellos.

Con el árbol de muñones que no canta
y el niño con el blanco rostro de huevo.

Con los animalitos de cabeza rota
y el agua harapienta de los pies secos.

Con todo lo que tiene cansancio sordomudo
y mariposa ahogada en el tintero.

Tropezando con mi rostro distinto de cada día.
¡Asesinado por el cielo!

1910
Intermedio

Aquellos ojos míos de mil novecientos diez
no vieron enterrar a los muertos
ni la feria de ceniza del que llora por la madrugada
ni el corazón que tiembla arrinconado como un caballito de
  mar.

Aquellos ojos míos de mil novecientos diez
vieron la blanca pared donde orinaban las niñas,
el hocico del toro, la seta venenosa
y una luna incomprensible que iluminaba por los rincones
los pedazos de limón seco bajo el negro duro de las botellas.

Aquellos ojos míos en el cuello de la jaca,
en el seno traspasado de Santa Rosa dormida,
en los tejados del amor, con gemidos y frescas manos,
en un jardín donde los gatos se comían a las ranas.

Desván donde el polvo viejo congrega estatuas y musgos.
Cajas que guardan silencio de cangrejos devorados.
En el sitio donde el sueño tropezaba con su realidad.
Allí mis pequeños ojos.

No preguntarme nada. He visto que las cosas
cuando buscan su curso encuentran su vacío.
Hay un dolor de huecos por el aire sin gente
y en mis ojos criaturas vestidas ¡sin desnudo!

                      Nueva York, agosto de 1929

Fábula y rueda de los tres amigos

Enrique,
Emilio,
Lorenzo.
Estaban los tres helados.
Enrique por el mundo de las camas,
Emilio por el mundo de los ojos y las heridas de las manos,
Lorenzo por el mundo de las universidades sin tejados.

Lorenzo,
Emilio,
Enrique.
Estaban los tres quemados.
Lorenzo por el mundo de las hojas y las bolas de billar,
Emilio por el mundo de la sangre y los alfileres blancos,
Enrique por el mundo de los muertos y los periódicos aban-
    donados.

Lorenzo,
Emilio,
Enrique.
Estaban los tres enterrados.
Lorenzo en un seno de Flora,
Emilio en la yerta ginebra que se olvida en el vaso,
Enrique en la hormiga, en el mar y en los ojos vacíos de los
    pájaros.

Lorenzo,
Emilio,
Enrique.
Fueron los tres en mis manos
tres montañas chinas,
tres sombras de caballo,
tres paisajes de nieve y una cabaña de azucenas
por los palomares donde la luna se pone plana bajo el gallo.

Uno
y uno
y uno.
Estaban los tres momificados,
con las moscas del invierno,
con los tinteros que orina el perro y desprecia el vilano,
con la brisa que hiela el corazón de todas las madres,
por los blancos derribos de Júpiter donde meriendan muerte
  los borrachos.

Tres
y dos
y uno.
Los vi perderse llorando y cantando
por un huevo de gallina,
por la noche que enseñaba su esqueleto de tabaco,
por mi dolor lleno de rostros y punzantes esquirlas de luna,
por mi alegría de ruedas dentadas y látigos,
por mi pecho turbado por las palomas,
por mi muerte desierta con un solo paseante equivocado.

Yo había matado la quinta luna
y bebían agua por las fuentes los abanicos y los aplausos.
Tibia leche encerrada de las recién paridas
agitaba las rosas con un largo dolor blanco.

Enrique,
Emilio,
Lorenzo.
Diana es dura
pero a veces tiene los pechos nublados.
Puede la piedra blanca latir en la sangre del ciervo
y el ciervo puede soñar por los ojos de un caballo.

Cuando se hundieron las formas puras
bajo el cri cri de las margaritas
comprendí que me habían asesinado.

Recorrieron los cafés y los cementerios y las iglesias.
Abrieron los toneles y los armarios.
Destrozaron tres esqueletos para arrancar sus dientes de oro.
Ya no me encontraron.
¿No me encontraron?
No. No me encontraron.
Pero se supo que la sexta luna huyó torrente arriba
y que el mar recordó ¡de pronto!
los nombres de todos sus ahogados.

Tu infancia en Menton

Sí, tu niñez: ya fábula de fuentes.
Jorge Guillén

Sí, tu niñez: ya fábula de fuentes.
El tren y la mujer que llena el cielo.
Tu soledad esquiva en los hoteles
y tu máscara pura de otro signo.
Es la niñez del mar y tu silencio
donde los sabios vidrios se quebraban.
Es tu yerta ignorancia donde estuvo
mi torso limitado por el fuego.
Norma de amor te di, hombre de Apolo,
llanto con ruiseñor enajenado,
pero, pasto de ruinas, te afilabas
para los breves sueños indecisos.
Pensamiento de enfrente, luz de ayer,
índices y señales del acaso.
Tu cintura de arena sin sosiego
atiende sólo rastros que no escalan.
Pero yo he de buscar por los rincones
tu alma tibia sin ti que no te entiende,
con el dolor de Apolo detenido
con que he roto la máscara que llevas.

Allí, león, allí, furia de cielo,
te dejaré pacer en mis mejillas;
allí, caballo azul de mi locura,
pulso de nebulosa y minutero.
He de buscar las piedras de alacranes
y los vestidos de tu madre niña,
llanto de medianoche y paño roto
que quitó luna de la sien del muerto.
Sí, tu niñez: ya fábula de fuentes.
Alma extraña de mi hueco de venas,
te he de buscar pequeña y sin raíces.
¡Amor de siempre, amor, amor de nunca!
¡Oh, sí! Yo quiero. ¡Amor, amor! Dejadme.
No me tapen la boca los que buscan
espigas de Saturno por la nieve
o castran animales por un cielo,
clínica y selva de la anatomía.
Amor, amor, amor. Niñez del mar.
Tu alma tibia sin ti que no te entiende.
Amor, amor, un vuelo de la corza
por el pecho sin fin de la blancura.
Y tu niñez, amor, y tu niñez.
El tren y la mujer que llena el cielo.
Ni tú, ni yo, ni el aire, ni las hojas.
Sí, tu niñez: ya fábula de fuentes.

II
Los negros

Para Ángel del Río

Norma y paraíso de los negros

Odian la sombra del pájaro
sobre el pleamar de la blanca mejilla
y el conflicto de luz y viento
en el salón de la nieve fría.

Odian la flecha sin cuerpo,
el pañuelo exacto de la despedida,
la aguja que mantiene presión y rosa
en el gramíneo rubor de la sonrisa.

Aman el azul desierto,
las vacilantes expresiones bovinas,
la mentirosa luna de los polos,
la danza curva del agua en la orilla.

Con la ciencia del tronco y el rastro
llenan de nervios luminosos la arcilla
y patinan lúbricos por aguas y arenas
gustando la amarga frescura de su milenaria saliva.

Es por el azul crujiente,
azul sin un gusano ni una huella dormida,
donde los huevos de avestruz quedan eternos
y deambulan intactas las lluvias bailarinas.

Es por el azul sin historia,
azul de una noche sin temor de día,

azul donde el desnudo del viento va quebrando
los camellos sonámbulos de las nubes vacías.

Es allí donde sueñan los torsos bajo la gula de la hierba.
Allí los corales empapan la desesperación de la tinta,
los durmientes borran sus perfiles bajo la madeja de los
   caracoles
y queda el hueco de la danza sobre las últimas cenizas.

El rey de Harlem

Con una cuchara
le arrancaba los ojos a los cocodrilos
y golpeaba el trasero de los monos.
Con una cuchara.

Fuego de siempre dormía en los pedernales
y los escarabajos borrachos de anís
olvidaban el musgo de las aldeas.

Aquel viejo cubierto de setas
iba al sitio donde lloraban los negros
mientras crujía la cuchara del rey
y llegaban los tanques de agua podrida.

Las rosas huían por los filos
de las últimas curvas del aire
y en los montones de azafrán
los niños machacaban pequeñas ardillas
con un rubor de frenesí manchado.

Es preciso cruzar los puentes
y llegar al rubor negro
para que el perfume de pulmón

nos golpee las sienes con su vestido
de caliente piña.

Es preciso matar al rubio vendedor de aguardiente,
a todos los amigos de la manzana y de la arena,
y es necesario dar con los puños cerrados
a las pequeñas judías que tiemblan llenas de burbujas,
para que el rey de Harlem cante con su muchedumbre,
para que los cocodrilos duerman en largas filas
bajo el amianto de la luna
y para que nadie dude la infinita belleza
de los plumeros, los ralladores, los cobres y las cacerolas de
  las cocinas.

¡Ay, Harlem! ¡Ay, Harlem! ¡Ay, Harlem!
No hay angustia comparable a tus rojos oprimidos,
a tu sangre estremecida dentro del eclipse oscuro,
a tu violencia granate, sordomuda en la penumbra,
a tu gran rey prisionero, con un traje de conserje.

*

Tenía la noche una hendidura y quietas salamandras de marfil.
Las muchachas americanas
llevaban niños y monedas en el vientre
y los muchachos se desmayaban en la cruz del desperezo.

Ellos son.
Ellos son los que beben el whisky de plata junto a los volcanes
y tragan pedacitos de corazón por las heladas montañas del
  oso.

Aquella noche el rey de Harlem, con una durísima cuchara,
le arrancaba los ojos a los cocodrilos
y golpeaba el trasero de los monos.
Con una cuchara.

Los negros lloraban confundidos
entre paraguas y soles de oro,
los mulatos estiraban gomas, ansiosos de llegar al torso blanco,
y el viento empañaba espejos
y quebraba las venas de los bailarines.

Negros. Negros. Negros. Negros.
La sangre no tiene puertas en vuestra noche boca arriba.
No hay rubor. Sangre furiosa por debajo de las pieles.
Viva en la espina del puñal y en el pecho de los paisajes,
bajo las pinzas y las retamas de la celeste luna de Cáncer.

Sangre que busca por mil caminos muertes enharinadas y
    ceniza de nardo,
cielos yertos, en declive, donde las colonias de planetas
rueden por las playas, con los objetos abandonados.

Sangre que mira lenta con el rabo del ojo,
hecha de espartos exprimidos y néctares subterráneos.
Sangre que oxida al alisio descuidado en una huella
y disuelve a las mariposas en los cristales de la ventana.

Es la sangre que viene, que vendrá
por los tejados y azoteas, por todas partes,
para quemar la clorofila de las mujeres rubias,
para gemir al pie de las camas, ante el insomnio de los lavabos,
y estrellarse en una aurora de tabaco y bajo amarillo.

¡Hay que huir!,
huir por las esquinas y encerrarse en los últimos pisos,
porque el tuétano del bosque penetrará por las rendijas
para dejar en vuestra carne una leve huella de eclipse
y una falsa tristeza de guante desteñido y rosa química.

*

Es por el silencio sapientísimo
cuando los cocineros y los camareros y los que limpian con la
   lengua
las heridas de los millonarios
buscan al rey por las calles o en los ángulos del salitre.

Un viento sur de madera oblicuo en el negro fango,
escupe a las barcas rotas y se clava puntillas en los hombros.
Un viento sur que lleva
colmillos, girasoles, alfabetos,
y una pila de Volta con avispas ahogadas.

El olvido estaba expresado por tres gotas de tinta sobre el
   monóculo.
El amor, por un solo rostro invisible a flor de piedra.
Médulas y corolas componían sobre las nubes
un desierto de tallos, sin una sola rosa.

A la izquierda, a la derecha, por el Sur y por el Norte,
se levanta el muro impasible
para el topo y la aguja del agua.
No busquéis, negros, su grieta
para hallar la máscara infinita.
Buscar el gran sol del centro
hechos una piña zumbadora.
El sol que se desliza por los bosques
seguro de no encontrar una ninfa.
El sol que destruye números y no ha cruzado nunca un sueño,
el tatuado sol que baja por el río
y muge seguido de caimanes.

Negros. Negros. Negros. Negros.
Jamás sierpe, ni cebra, ni mula,
palidecieron al morir.
El leñador no sabe cuándo expiran
los clamorosos árboles que corta.

Aguardad bajo la sombra vegetal de vuestro rey
a que cicutas y cardos y ortigas turben postreras azoteas.

Entonces, negros, entonces, entonces,
podréis besar con frenesí las ruedas de las bicicletas,
poner parejas de microscopios en las cuevas de las ardillas
y danzar al fin sin duda, mientras las flores erizadas
asesinan a nuestro Moisés casi en los juncos del cielo.

¡Ay, Harlem disfrazada!
¡Ay Harlem, amenazada por un gentío de trajes sin cabeza!
Me llega tu rumor.
Me llega tu rumor atravesando troncos y ascensores,
a través de láminas grises
donde flotan tus automóviles cubiertos de dientes,
a través de los caballos muertos y los crímenes diminutos,
a través de tu gran rey desesperado
cuyas barbas llegan al mar.

Iglesia abandonada

Balada de la Gran Guerra

Yo tenía un hijo que se llamaba Juan.
Yo tenía un hijo.
Se perdió por los arcos un viernes de todos los muertos.
Lo vi jugar en las últimas escaleras de la misa,
y echaba un cubito de hojalata en el corazón del sacerdote.
He golpeado los ataúdes. ¡Mi hijo! ¡Mi hijo! ¡Mi hijo!

Saqué una pata de gallina por detrás de la luna, y luego,
comprendí que mi niña era un pez
por donde se alejan las carretas.
Yo tenía una niña.

Yo tenía un pez muerto bajo la ceniza de los incensarios.
Yo tenía un mar. ¿De qué? Dios mío. ¡Un mar!
Subí a tocar las campanas, pero las frutas tenían gusanos
y las cerillas apagadas
se comían los trigos de la primavera.
Yo vi la transparente cigüeña de alcohol
mondar las negras cabezas de los soldados agonizantes
y vi las cabañas de goma
donde giraban las copas llenas de lágrimas.
En las anémonas del ofertorio te encontraré, ¡corazón mío!,
cuando el sacerdote levante la mula y el buey con sus fuertes
    brazos
para espantar los sapos nocturnos que rondan los helados
    paisajes del cáliz.
Yo tenía un hijo que era un gigante,
pero los muertos son más fuertes y saben devorar pedazos de
    cielo.
Si mi niño hubiera sido un oso,
yo no temería el sigilo de los caimanes,
ni hubiese visto al mar amarrado a los árboles
para ser fornicado y herido por el tropel de los regimientos.
¡Si mi niño hubiera sido un oso!
Me envolveré sobre esta lona dura para no sentir el frío de los
    musgos.
Sé muy bien que me darán una manga o la corbata,
pero en el centro de la misa yo romperé el timón y entonces
vendrá a la piedra la locura de pingüinos y gaviotas
que harán decir a los que duermen y a los que cantan por las
    esquinas:
Él tenía un hijo.
Un hijo. Un hijo. Un hijo
que no era más que suyo porque era su hijo.
Su hijo. Su hijo. Su hijo.

III
Calles y sueños

A Rafael R. Rapún

Un pájaro de papel en el pecho
dice que el tiempo de los besos no ha
llegado.

Vicente Aleixandre

Danza de la muerte

El mascarón. Mirad el mascarón
cómo viene del África a New York.

Se fueron los árboles de la pimienta,
los pequeños botones de fósforo.
Se fueron los camellos de carne desgarrada
y los valles de luz que el cisne levantaba con el pico.

Era el momento de las cosas secas:
de la espiga en el ojo y el gato laminado;
del óxido de hierro de los grandes puentes
y el definitivo silencio del corcho.

Era la gran reunión de los animales muertos
traspasados por las espadas de la luz.
La alegría eterna del hipopótamo con las pezuñas de ceniza
y de la gacela con una siempreviva en la garganta.

En la marchita soledad sin onda
el abollado mascarón danzaba.
Medio lado del mundo era de arena,
mercurio y sol dormido el otro medio.
El mascarón. ¡Mirad el mascarón!
Arena, caimán y miedo sobre Nueva York.

Desfiladeros de cal aprisionaban un cielo vacío
donde sonaban las voces de los que mueren bajo el guano.
Un cielo mondado y puro, idéntico a sí mismo,
con el bozo y lirio agudo de sus montañas invisibles,

acabó con los más leves tallitos del canto
y se fue al diluvio empaquetado de la savia,
a través del descanso de los últimos perfiles
levantando con el rabo pedazos de espejo.

Cuando el chino lloraba en el tejado
sin encontrar el desnudo de su mujer,
y el director del banco observaba el manómetro
que mide el cruel silencio de la moneda,
el mascarón llegaba a Wall Street.

No es extraño para la danza
este columbario que pone los ojos amarillos.
De la esfinge a la caja de caudales hay un hilo tenso
que atraviesa el corazón de todos los niños pobres.
El ímpetu primitivo baila con el ímpetu mecánico
ignorantes en su frenesí de la luz original.
Porque si la rueda olvida su fórmula
ya puede cantar desnuda con las manadas de caballos,
y si una llama quema los helados proyectos
el cielo tendrá que huir ante el tumulto de las ventanas.

No es extraño este sitio para la danza. Yo lo digo.
El mascarón bailará entre columnas de sangre y de números,
entre huracanes de oro y gemidos de obreros parados
que aullarán, noche oscura, por tu tiempo sin luces.
¡Oh salvaje Norteamérica, oh impúdica! ¡Oh salvaje!
Tendida en la frontera de la nieve.
El mascarón. ¡Mirad el mascarón!
¡Qué ola de fango y luciérnagas sobre Nueva York!

*

Yo estaba en la terraza luchando con la luna.
Enjambres de ventanas acribillaban un muslo de la noche.
En mis ojos bebían las dulces vacas de los cielos
y las brisas de largos remos
golpeaban los cenicientos cristales del Broadway.

La gota de sangre buscaba la luz de la yema del astro
para fingir una muerta semilla de manzana.
El aire de la llanura, empujado por los pastores,
temblaba con un miedo de molusco sin concha.

Pero no son los muertos los que bailan.
Estoy seguro.
Los muertos están embebidos devorando sus propias manos.
Son los otros los que bailan con el mascarón y su vihuela.
Son los otros, los borrachos de plata, los hombres fríos,
los que duermen en el cruce de los muslos y llamas duras,
los que buscan la lombriz en el paisaje de las escaleras,
los que beben en el banco lágrimas de niña muerta
o los que comen por las esquinas diminutas pirámides del alba.

¡Que no baile el Papa!
¡No, que no baile el Papa!
Ni el Rey,
ni el millonario de dientes azules,
ni las bailarinas secas de las catedrales,
ni constructores, ni esmeraldas, ni locos, ni sodomitas.
Sólo este mascarón.
Este mascarón de vieja escarlatina.
¡Sólo este mascarón!

Que ya las cobras silbarán por los últimos pisos.
Que ya las ortigas estremecerán patios y terrazas.
Que ya la Bolsa será una pirámide de musgo.
Que ya vendrán lianas después de los fusiles
y muy pronto, muy pronto, muy pronto.
¡Ay, Wall Street!

El mascarón. ¡Mirad el mascarón!
¡Cómo escupe veneno de bosque
por la angustia imperfecta de Nueva York!

Diciembre 1929

Paisaje de la multitud que vomita
Anochecer de Coney Island

La mujer gorda venía delante
arrancando las raíces y mojando el pergamino de los tam-
    bores.
La mujer gorda,
que vuelve del revés los pulpos agonizantes.
La mujer gorda, enemiga de la luna,
corría por las calles y los pisos deshabitados
y dejaba por los rincones pequeñas calaveras de paloma
y levantaba las furias de los banquetes de los siglos últimos
y llamaba al demonio del pan por las colinas del cielo barrido
y filtraba un ansia de luz en las circulaciones subterráneas.
Son los cementerios. Lo sé. Son los cementerios
y el dolor de las cocinas enterradas bajo la arena.
Son los muertos, los faisanes y las manzanas de otra hora
los que nos empujan en la garganta.

Llegaban los rumores de la selva del vómito
con las mujeres vacías, con niños de cera caliente,
con árboles fermentados y camareros incansables
que sirven platos de sal bajo las arpas de la saliva.
Sin remedio, hijo mío, ¡vomita! No hay remedio.
No es el vómito de los húsares sobre los pechos de la prostituta
ni el vómito del gato que se tragó una rana por descuido.
Son los muertos que arañan con sus manos de tierra
las puertas de pedernal donde se pudren nublos y postres.

La mujer gorda venía delante
con las gentes de los barcos, de las tabernas y de los jardines.
El vómito agitaba delicadamente sus tambores
entre algunas niñas de sangre
que pedían protección a la luna.
¡Ay de mí! ¡Ay de mí! ¡Ay de mí!
Esta mirada mía fue mía, pero ya no es mía.
Esta mirada que tiembla desnuda por el alcohol
y despide barcos increíbles
por las anémonas de los muelles.
Me defiendo con esta mirada
que mana de las ondas por donde el alba no se atreve.
Yo, poeta sin brazos, perdido
entre la multitud que vomita,
sin caballo efusivo que corte
los espesos musgos de mis sienes.
Pero la mujer gorda seguía delante
y la gente buscaba las farmacias
donde el amargo trópico se fija.
Sólo cuando izaron la bandera y llegaron los primeros canes
la ciudad entera se agolpó en las barandillas del embarcadero.

Nueva York, 29 de diciembre 1929

Paisaje de la multitud que orina

Nocturno de Battery Place

Se quedaron solos.
Aguardaban la velocidad de las últimas bicicletas.
Se quedaron solas.
Esperaban la muerte de un niño en el velero japonés.
Se quedaron solos y solas.

Soñando con los picos abiertos de los pájaros agonizantes,
con el agudo quitasol que pincha
al sapo recién aplastado,
bajo un silencio con mil orejas
y diminutas bocas de agua
en los desfiladeros que resisten
el ataque violento de la luna.
Lloraba el niño del velero y se quebraban los corazones
angustiados por el testigo y la vigilia de todas las cosas
y porque todavía en el suelo celeste de negras huellas
gritaban nombres oscuros, salivas y radios de níquel.
No importa que el niño calle cuando le claven el último alfiler.
Ni importa la derrota de la brisa en la corola del algodón.
Porque hay un mundo de la muerte con marineros definitivos
que se asomarán a los arcos y os helarán por detrás de los ár-
    boles.
Es inútil buscar el recodo
donde la noche olvida su viaje
y acechar un silencio que no tenga
trajes rotos y cáscaras y llanto,
porque tan sólo el diminuto banquete de la araña
basta para romper el equilibrio de todo el cielo.
No hay remedio para el gemido del velero japonés
ni para estas gentes ocultas que tropiezan por las esquinas.
El campo se muerde la cola para unir las raíces en un punto
y el ovillo busca por la grama su ansia de longitud insatisfecha.
¡La luna! ¡Los policías! ¡Las sirenas de los trasatlánticos!
Fachadas de orín, de humo, anémonas, guantes de goma.
Todo está roto por la noche
abierta de piernas sobre las terrazas.
Todo está roto por los tibios caños
de una terrible fuente silenciosa.
¡Oh gentes! ¡Oh mujercillas! ¡Oh soldados!:
será preciso viajar por los ojos de los idiotas,
campos libres donde silban mansas cobras de alambradas,
paisajes llenos de sepulcros que producen fresquísimas man-
    zanas,

para que venga la luz desmedida
que temen los ricos detrás de sus lupas,
el olor de un solo cuerpo con la doble vertiente de lis y rata,
y para que se quemen estas gentes que pueden orinar alrede-
   dor de un gemido
o en los cristales donde se comprenden las olas nunca repetidas.

Asesinato

Dos voces de madrugada en Riverside Drive

¿Cómo fue?
Una grieta en la mejilla.
¡Eso es todo!
Una uña que aprieta el tallo.
Un alfiler que bucea
hasta encontrar las raicillas del grito.
Y el mar deja de moverse.
¿Cómo? ¿Cómo fue?
Así.
¡Déjame! ¿De esa manera?
Sí.
El corazón salió solo.
¡Ay, ay de mí!

Navidad en el Hudson

¡Esa esponja gris!
Ese marinero recién degollado.
Ese río grande.
Esa brisa de límites oscuros.
Ese filo, amor, ese filo.
Estaban los cuatro marineros luchando con el mundo.

Con el mundo de aristas que ven todos los ojos.
Con el mundo que no se puede recorrer sin caballos.
Estaban uno, cien, mil marineros,
luchando con el mundo de las agudas velocidades,
sin enterarse de que el mundo
estaba solo por el cielo.

El mundo solo por el cielo solo.
Son las colinas de martillos y el triunfo de la hierba espesa.
Son los vivísimos hormigueros y las monedas en el fango.
El mundo solo por el cielo solo
y el aire a la salida de todas las aldeas.

Cantaba la lombriz el terror de la rueda
y el marinero degollado
cantaba al oso de agua que lo había de estrechar
y todos cantaban aleluya,
aleluya. Cielo desierto.
Es lo mismo, ¡lo mismo!, aleluya.

He pasado toda la noche en los andamios de los arrabales
dejándome la sangre por la escayola de los proyectos,
ayudando a los marineros a recoger las velas desgarradas
y estoy con las manos vacías en el rumor de la desembocadura.
No importa que cada minuto
un niño nuevo agite sus ramitos de venas
ni que el parto de la víbora, desatado bajo las ramas,
calme la sed de sangre de los que miran el desnudo.
Lo que importa es esto: hueco. Mundo solo. Desembocadura.
Alba no. Fábula inerte.
Sólo esto: desembocadura.
Oh esponja mía gris.
Oh cuello mío recién degollado.
Oh río grande mío.
Oh brisa mía de límites que no son míos.
Oh filo de mi amor. Oh hiriente filo.

Nueva York, 27 de diciembre de 1929

Ciudad sin sueño

Nocturno del Brooklyn Bridge

No duerme nadie por el cielo. Nadie, nadie.
No duerme nadie.
Las criaturas de la luna huelen y rondan las cabañas.
Vendrán las iguanas vivas a morder a los hombres que no
    sueñan
y el que huye con el corazón roto encontrará por las esquinas
al increíble cocodrilo quieto bajo la tierna protesta de los
    astros.

No duerme nadie por el mundo. Nadie, nadie.
No duerme nadie.
Hay un muerto en el cementerio más lejano
que se queja tres años
porque tiene un paisaje seco en la rodilla
y el niño que enterraron esta mañana lloraba tanto
que hubo necesidad de llamar a los perros para que callase.

No es sueño la vida. ¡Alerta! ¡Alerta! ¡Alerta!
Nos caemos por las escaleras para comer la tierra húmeda
o subimos al filo de la nieve con el coro de las dalias muertas.
Pero no hay olvido ni sueño:
carne viva. Los besos atan las bocas
en una maraña de venas recientes
y al que le duele su dolor le dolerá sin descanso
y al que teme la muerte la llevará sobre los hombros.

Un día
los caballos vivirán en las tabernas
y las hormigas furiosas
atacarán los cielos amarillos que se refugian en los ojos de las
    vacas.
Otro día

veremos la resurrección de las mariposas disecadas
y aun andando por un paisaje de esponjas grises y barcos mu-
    dos
veremos brillar nuestro anillo y manar rosas de nuestra lengua.

¡Alerta! ¡Alerta! ¡Alerta
a los que guardan todavía huellas de zarpa y aguacero!
A aquel muchacho que llora porque no sabe la invención del
    puente
o a aquel muerto que ya no tiene más que la cabeza y un zapato,
hay que llevarlos al muro donde iguanas y sierpes esperan,
donde espera la dentadura del oso,
donde espera la mano momificada del niño
y la piel del camello se eriza con un violento escalofrío azul.

No duerme nadie por el cielo. Nadie, nadie.
No duerme nadie.
Pero si alguien cierra los ojos,
¡azotadlo, hijos míos, azotadlo!
Haya un panorama de ojos abiertos
y amargas llagas encendidas.
No duerme nadie por el mundo. Nadie, nadie.
Ya lo he dicho.
No duerme nadie.
Pero si alguien tiene por la noche exceso de musgo en las sienes,
abrid los escotillones para que vea bajo la luna
las copas falsas, el veneno y la calavera de los teatros.

Panorama ciego de Nueva York

Si no son los pájaros,
cubiertos de ceniza,
si no son los gemidos que golpean las ventanas de la boda,

serán las delicadas criaturas del aire
que manan la sangre nueva por la oscuridad inextinguible.
Pero no, no son los pájaros.
Porque los pájaros están a punto de ser bueyes.
Pueden ser rocas blancas con ayuda de la luna,
y son siempre muchachos heridos
antes de que los jueces levanten la tela.

Todos comprenden el dolor que se relaciona con la muerte,
pero el verdadero dolor no está presente en el espíritu.
No está en el aire, ni en nuestra vida,
ni en estas terrazas llenas de humo.
El verdadero dolor que mantiene despiertas las cosas
es una pequeña quemadura infinita
en los ojos inocentes de los otros sistemas.

Un traje abandonado pesa tanto en los hombros,
que muchas veces el cielo los agrupa en ásperas manadas;
y las que mueren de parto saben en la última hora,
que todo rumor será piedra y toda huella, latido.
Nosotros ignoramos que el pensamiento tiene arrabales
donde el filósofo es devorado por los chinos y las orugas
y algunos niños idiotas han encontrado por las cocinas
pequeñas golondrinas con muletas
que sabían pronunciar la palabra amor.

No, no son los pájaros.
No es un pájaro el que expresa la turbia fiebre de laguna,
ni el ansia de asesinato que nos oprime cada momento,
ni el metálico rumor de suicidio que nos anima cada madru-
    gada.
Es una cápsula de aire donde nos duele todo el mundo,
es un pequeño espacio vivo al loco unisón de la luz,
es una escala indefinible donde las nubes y rosas olvidan
el griterío chino que bulle por el desembarcadero de la sangre.
Yo muchas veces me he perdido

para buscar la quemadura que mantiene despiertas las cosas
y sólo he encontrado marineros echados sobre las barandillas
y pequeñas criaturas del cielo enterradas bajo la nieve.
Pero el verdadero dolor estaba en otras plazas
donde los peces cristalizados agonizaban dentro de los troncos,
plazas del cielo extraño para las antiguas estatuas ilesas
y para la tierna intimidad de los volcanes.

No hay dolor en la voz. Sólo existen los dientes,
pero dientes que callarán aislados por el raso negro.
No hay dolor en la voz. Aquí sólo existe la Tierra.
La Tierra con sus puertas de siempre
que llevan al rubor de los frutos.

Nacimiento de Cristo

Un pastor pide teta por la nieve que ondula
blancos perros tendidos entre linternas sordas.
El Cristito de barro se ha partido los dedos
en los filos eternos de la madera rota.

¡Ya vienen las hormigas y los pies ateridos!
Dos hilillos de sangre quiebran el cielo duro.
Los vientres del demonio resuenan por los valles
golpes y resonancias de carne de molusco.

Lobos y sapos cantan en las hogueras verdes
coronadas por vivos hormigueros del alba.
La mula tiene un sueño de grandes abanicos
y el toro sueña un toro de agujeros y de agua.

El niño llora y mira con un tres en la frente.
San José ve en el heno tres espinas de bronce.

Los pañales exhalan un rumor de desierto
con cítaras sin cuerdas y degolladas voces.

La nieve de Manhattan empuja los anuncios
y lleva gracia pura por las falsas ojivas.
Sacerdotes idiotas y querubes de pluma
van detrás de Lutero por las altas esquinas.

La aurora

La aurora de Nueva York tiene
cuatro columnas de cieno
y un huracán de negras palomas
que chapotean las aguas podridas.
La aurora de Nueva York gime
por las inmensas escaleras
buscando entre las aristas
nardos de angustia dibujada.
La aurora llega y nadie la recibe en su boca
porque allí no hay mañana ni esperanza posible:
a veces las monedas en enjambres furiosos
taladran y devoran abandonados niños.
Los primeros que salen comprenden con sus huesos
que no habrá paraíso ni amores deshojados;
saben que van al cieno de números y leyes,
a los juegos sin arte, a sudores sin fruto.
La luz es sepultada por cadenas y ruidos
en impúdico reto de ciencia sin raíces.
Por los barrios hay gentes que vacilan insomnes
como recién salidas de un naufragio de sangre.

IV
Poemas del lago Eden Mills

A Eduardo Ugarte

Poema doble del lago Eden

Nuestro ganado pace, el viento espira.

Garcilaso

Era mi voz antigua,
ignorante de los densos jugos amargos
la que vino lamiendo mis pies
bajo los frágiles helechos mojados.

¡Ay voz antigua de mi amor!
¡Ay voz de mi verdad!
¡Ay voz de mi abierto costado,
cuando todas las rosas manaban de mi lengua
y el césped no conocía la impasible dentadura del caballo!

Estás aquí bebiendo mi sangre,
bebiendo mi humor de niño pasado,
mientras mis ojos se quiebran en el viento
con el aluminio y las voces de los borrachos.

Déjame pasar la puerta
donde Eva come hormigas
y Adán fecunda peces deslumbrados.
Déjame pasar, hombrecillos de los cuernos,
al bosque de los desperezos
y los alegrísimos saltos.

Yo sé el uso más secreto
que tiene un viejo alfiler oxidado
y sé del horror de unos ojos despiertos
sobre la superficie concreta del plato.

Pero no quiero mundo ni sueño, voz divina,
quiero mi libertad, mi amor humano
en el rincón más oscuro de la brisa que nadie quiera.
¡Mi amor humano!

Esos perros marinos se persiguen
y el viento acecha troncos descuidados.
¡Oh voz antigua, quema con tu lengua
esta voz de hojalata y de talco!

Quiero llorar porque me da la gana,
como lloran los niños del último banco,
porque yo no soy un hombre ni un poeta ni una hoja,
pero sí un pulso herido, que ronda las cosas del otro lado.

Quiero llorar diciendo mi nombre,
rosa, niño y abeto, a la orilla de este lago,
para decir mi verdad de hombre de sangre
matando en mí la burla y la sugestión del vocablo.

No, no. Yo no pregunto, yo deseo.
Voz mía libertada que me lames las manos.
En el laberinto de biombos es mi desnudo el que recibe
la luna de castigo y el reloj encenizado.

Así hablaba yo.
Así hablaba yo cuando Saturno detuvo los trenes
y la bruma y el Sueño y la Muerte me estaban buscando.
Me estaban buscando
allí donde mugen las vacas que tienen patitas de paje
y allí donde flota mi cuerpo entre los equilibrios contrarios.

Cielo vivo

Yo no podré quejarme
si no encontré lo que buscaba.
Cerca de las piedras sin jugo y los insectos vacíos
no veré el duelo del sol con las criaturas en carne viva.

Pero me iré al primer paisaje
de choques, líquidos y rumores
que trasmina a niño recién nacido
y donde toda superficie es evitada,
para entender que lo que busco tendrá su blanco de alegría
cuando yo vuele mezclado con el amor y las arenas.

Allí no llega la escarcha de los ojos apagados
ni el mugido del árbol asesinado por la oruga.
Allí todas las formas guardan entrelazadas
una sola expresión frenética de avance.

No puedes avanzar por los enjambres de corolas
porque el aire disuelve tus dientes de azúcar.
Ni puedes acariciar la fugaz hoja del helecho
sin sentir el asombro definitivo del marfil.

Allí, bajo las raíces y en la médula del aire,
se comprende la verdad de las cosas equivocadas:
el nadador de níquel que acecha la onda más fina
y el rebaño de vacas nocturnas con rojas patitas de mujer.

Yo no podré quejarme
si no encontré lo que buscaba,
pero me iré al primer paisaje de humedades y latidos
para entender que lo que busco tendrá su blanco de alegría
cuando yo vuele mezclado con el amor y las arenas.

Vuelo fresco de siempre sobre lechos vacíos.
Sobre grupos de brisas y barcos encallados.
Tropiezo vacilante por la dura eternidad fija
y amor al fin sin alba. Amor. ¡Amor visible!

Eden Mills. Vermont,
24 de agosto de 1929

V
En la cabaña del Farmer

Campo de Newburg

A Concha Méndez y
Manuel Altolaguirre

El niño Stanton

Do you like me?
Yes, and you?
Yes, yes.

Cuando me quedo solo
me quedan todavía tus diez años,
los tres caballos ciegos,
tus quince rostros con el rostro de la pedrada
y las fiebres pequeñas heladas sobre las hojas del maíz.
Stanton. Hijo mío. Stanton.
A las doce de la noche el cáncer salía por los pasillos
y hablaba con los caracoles vacíos de los documentos.
El vivísimo cáncer lleno de nubes y termómetros
con su casto afán de manzana para que lo piquen los ruise-
    ñores.
En la casa donde hay un cáncer
se quiebran las blancas paredes en el delirio de la astronomía
y por los establos más pequeños y en las cruces de los bosques
brilla por muchos años el fulgor de la quemadura.
Mi dolor sangraba por las tardes
cuando tus ojos eran dos muros.
Cuando tus manos eran dos países
y mi cuerpo rumor de hierba.
Mi agonía buscaba su traje,
polvorienta, mordida por los perros,

y tú la acompañaste sin temblar
hasta la puerta del agua oscura.
¡Oh mi Stanton, idiota y bello entre los pequeños animalitos,
con tu madre fracturada por los herreros de las aldeas,
con un hermano bajo los arcos,
otro comido por los hormigueros
¡y el cáncer sin alambradas latiendo por las habitaciones!
Hay nodrizas que dan a los niños
ríos de musgo y amargura de pie
y algunas negras suben a los pisos para repartir filtro de rata.
Porque es verdad que la gente
quiere echar las palomas a las alcantarillas
y yo sé lo que esperan los que por la calle
nos oprimen de pronto las yemas de los dedos.

Tu ignorancia es un monte de leones, Stanton.
El día que el cáncer te dio una paliza
y te escupió en el dormitorio donde murieron los huéspedes
    en la epidemia
y abrió su quebrada rosa de vidrios secos y manos blandas
para salpicar de lodo las pupilas de los que navegan,
tú buscaste en la hierba mi agonía,
mi agonía con flores de terror,
mientras que el agrio cáncer mudo que quiere acostarse
    contigo
pulverizaba rojos paisajes por las sábanas de amargura
y ponía sobre los ataúdes
helados arbolitos de ácido bórico.
Stanton, vete al bosque con tus arpas judías,
vete para aprender celestiales palabras
que duermen en los troncos, en nubes, en tortugas,
en los perros dormidos, en el plomo, en el viento,
en lirios que no duermen, en aguas que no copian,
para que aprendas, hijo, lo que tu pueblo olvida.

Cuando empiece el tumulto de la guerra
dejaré un pedazo de queso para tu perro en la oficina.
Tus diez años serán las hojas
que vuelan en los trajes de los muertos.
Diez rosas de azufre débil
en el hombro de mi madrugada.
Y yo, Stanton, yo solo, en olvido,
con tus caras marchitas sobre mi boca,
iré penetrando a voces las verdes estatuas de la Malaria.

Vaca

A Luis Lacasa

Se tendió la vaca herida.
Árboles y arroyos trepaban por sus cuernos.
Su hocico sangraba en el cielo.

Su hocico de abejas
bajo el bigote lento de la baba.
Un alarido blanco puso en pie la mañana.

Las vacas muertas y las vivas,
rubor de luz o miel de establo,
balaban con los ojos entornados.

Que se enteren las raíces
y aquel niño que afila su navaja
de que ya se pueden comer la vaca.

Arriba palidecen
luces y yugulares.
Cuatro pezuñas tiemblan en el aire.

Que se entere la luna
y esa noche de rocas amarillas
que ya se fue la vaca de ceniza.

Que ya se fue balando
por el derribo de los cielos yertos,
donde meriendan muerte los borrachos.

Niña ahogada en el pozo
Granada y Newburg

Las estatuas sufren con los ojos por la oscuridad de los ataúdes,
pero sufren mucho más por el agua que no desemboca.
... que no desemboca.

El pueblo corría por las almenas rompiendo las cañas de los
    pescadores.
¡Pronto! ¡Los bordes! ¡Deprisa! Y croaban las estrellas tiernas.
... que no desemboca.

Tranquila en mi recuerdo, astro, círculo, meta,
lloras por las orillas de un ojo de caballo.
... que no desemboca.

Pero nadie en lo oscuro podrá darte distancias,
sino afilado límite: porvenir de diamante.
... que no desemboca.

Mientras la gente busca silencios de almohada
tú lates para siempre definida en tu anillo.
... que no desemboca.

Eterna en los finales de unas ondas que aceptan
combate de raíces y soledad prevista.
... que no desemboca.

¡Ya vienen por las rampas! ¡Levántate del agua!
¡Cada punto de luz te dará una cadena!
... que no desemboca.

Pero el pozo te alarga manecitas de musgo
insospechada ondina de su casta ignorancia.
... que no desemboca.

No, que no desemboca. Agua fija en un punto,
respirando con todos sus violines sin cuerdas,
en la escala de las heridas y los edificios deshabitados.
¡Agua que no desemboca!

VI

Introducción a la muerte

Poemas de la soledad en Vermont

Para Rafael Sánchez Ventura

Muerte

A Isidoro de Blas

¡Qué esfuerzo,
qué esfuerzo del caballo
por ser perro!,
¡qué esfuerzo del perro por ser golondrina!,
¡qué esfuerzo de la golondrina por ser abeja!,
¡qué esfuerzo de la abeja por ser caballo!
Y el caballo,
¡qué flecha aguda exprime de la rosa!,
¡qué rosa gris levanta de su belfo!;
y la rosa,
¡qué rebaño de luces y alaridos
ata en el vivo azúcar de su tronco!;
y el azúcar,
¡qué puñalitos sueña en su vigilia!;
y los puñales diminutos,
¡qué luna sin establos, qué desnudos,
piel eterna y rubor, andan buscando!
Y yo por los aleros,
¡qué serafín de llamas busco y soy!;
pero el arco de yeso,
¡qué grande, qué invisible, qué diminuto!
sin esfuerzo.

Nocturno del hueco

I

Para ver que todo se ha ido,
para ver los huecos y los vestidos,
¡dame tu guante de luna!
tu otro guante de hierba
¡amor mío!

Puede el aire arrancar los caracoles
muertos sobre el pulmón del elefante
y soplar los gusanos ateridos
de las yemas de luz o de las manzanas.

Los rostros bogan impasibles
bajo el diminuto griterío de las yerbas
y en el rincón está el pechito de la rana
turbio de corazón y mandolina.

En la gran plaza desierta
mugía la bovina cabeza recién cortada
y eran duro cristal definitivo
las formas que buscaban el giro de la sierpe.

Para ver que todo se ha ido
dame tu mudo hueco, ¡amor mío!
Nostalgia de academia y cielo triste.
¡Para ver que todo se ha ido!

Dentro de ti, amor mío, por tu carne,
¡qué silencio de trenes boca arriba!
¡cuánto brazo de momia florecido!
¡qué cielo sin salida, amor, qué cielo!

Es la piedra en el agua y es la voz en la brisa
bordes de amor que escapan de su tronco sangrante.
Basta tocar el pulso de nuestro amor presente
para que broten flores sobre los otros niños.

Para ver que todo se ha ido.
Para ver los huecos de nubes y ríos.
Dame tus ramos de laurel, amor.
¡Para ver que todo se ha ido!

Ruedan los huecos puros, por mí, por ti, en el alba
conservando las huellas de las ramas de sangre
y algún perfil de yeso tranquilo que dibuja
instantáneo dolor de luna apuntillada.

Mira formas concretas que buscan su vacío.
Perros equivocados y manzanas mordidas.
Mira el ansia, la angustia de un triste mundo fósil
que no encuentra el acento de su primer sollozo.

Cuando busco en la cama los rumores del hilo
has venido, amor mío, a cubrir mi tejado.
El hueco de una hormiga puede llenar el aire
pero tú vas gimiendo sin norte por mis ojos.

No, por mis ojos no, que ahora me enseñas
cuatro ríos ceñidos en tu brazo,
en la dura barraca donde la luna prisionera
devora a un marinero delante de los niños.

Para ver que todo se ha ido
¡amor inexpugnable, amor huido!
No, no me des tu hueco
¡que ya va por el aire el mío!
¡Ay de ti, ay de mí, de la brisa!
Para ver que todo se ha ido.

II

Yo.
Con el hueco blanquísimo de un caballo,
crines de ceniza. Plaza pura y doblada.

Yo.
Mi hueco traspasado con las axilas rotas.
Piel seca de uva neutra y amianto de madrugada.

Toda la luz del mundo cabe dentro de un ojo.
Canta el gallo y su canto dura más que sus alas.

Yo.
Con el hueco blanquísimo de un caballo.
Rodeado de espectadores que tienen hormigas en las palabras.

En el circo del frío sin perfil mutilado.
Por los capiteles rotos de las mejillas desangradas.

Yo.
Mi hueco sin ti, ciudad, sin tus muertos que comen.
Ecuestre por mi vida definitivamente anclada.

Yo.

No hay siglo nuevo ni luz reciente.
Sólo un caballo azul y una madrugada.

Paisaje con dos tumbas
y un perro asirio

Amigo:
Levántate para que oigas aullar
al perro asirio.
Las tres ninfas del cáncer han estado bailando,
hijo mío.
Trajeron unas montañas de lacre rojo
y unas sábanas duras donde estaba el cáncer dormido.
El caballo tenía un ojo en el cuello
y la luna estaba en un cielo tan frío
que tuvo que desgarrar su monte de Venus
y ahogar en sangre y ceniza los cementerios antiguos.

Amigo:
Despierta, que los montes todavía no respiran
y las hierbas de mi corazón están en otro sitio.
No importa que estés lleno de agua de mar.
Yo amé mucho tiempo a un niño
que tenía una plumilla en la lengua
y vivimos cien años dentro de un cuchillo.
Despierta. Calla. Escucha. Incorpórate un poco.
El aullido
es una larga lengua morada que deja
hormigas de espanto y licor de lirios.
Ya viene hacia la roca. ¡No alargues tus raíces!
Se acerca. Gime. No solloces en sueños, amigo.

¡Amigo!
Levántate para que oigas aullar
al perro asirio.

Ruina

A *Regino Sainz de la Maza*

Sin encontrarse.
Viajero por su propio torso blanco.
¡Así iba el aire!

Pronto se vio que la luna
era una calavera de caballo
y el aire una manzana oscura.

Detrás de la ventana,
con látigos y luces, se sentía
la lucha de la arena con el agua.

Yo vi llegar las hierbas
y les eché un cordero que balaba
bajo sus dientecillos y lancetas.

Volaba dentro de una gota
la cáscara de pluma y celuloide
de la primer paloma.

Las nubes en manada
se quedaron dormidas contemplando
el duelo de las rocas con el alba.

Vienen las hierbas, hijo;
ya suenan sus espadas de saliva
por el cielo vacío.

Mi mano, amor. ¡Las hierbas!
Por los cristales rotos de la casa
la sangre desató sus cabelleras.

Tú solo y yo quedamos;
prepara tu esqueleto para el aire.
Yo solo y tú quedamos.

Prepara tu esqueleto;
hay que buscar de prisa, amor, de prisa,
nuestro perfil sin sueño.

Amantes asesinados por una perdiz

–Los dos lo han querido –me dijo su madre–. Los dos...
–No es posible, señora –dije yo–. Usted tiene demasiado
temperamento y a su edad ya se sabe por qué caen los alfile-
res del rocío.
–Calle usted, Luciano, calle usted... No, no, Luciano, no.
–Para resistir este nombre, necesito contener el dolor de mis
recuerdos. ¿Y usted cree que aquella pequeña dentadura y esa
mano de niño que se han dejado olvidada dentro de la ola,
me pueden consolar de esta tristeza?
–Los dos lo han querido –me dijo su prima–. Los dos.
Me puse a mirar el mar y lo comprendí todo.
¿Será posible que del pico de esa paloma cruelísima que tie-
ne corazón de elefante salga la palidez lunar de aquel tras-
atlántico que se aleja?
–Recuerdo que tuve que hacer varias veces uso de mi cu-
chara para defenderme de los lobos. Yo no tenía culpa nin-
guna; usted lo sabe. ¡Dios mío! Estoy llorando.
–Los dos lo han querido –dije yo–. Los dos. Una manzana
será siempre un amante, pero un amante no podrá ser jamás
una manzana.
–Por eso se han muerto, por eso. Con veinte ríos y un solo
invierno desgarrado.

–Fue muy sencillo. Se amaban por encima de todos los museos.

Mano derecha,
con mano izquierda.
Mano izquierda,
con mano derecha.
Pie derecho,
con pie derecho.
Pie izquierdo,
con nube.
Cabello,
con planta de pie.
Planta de pie,
con mejilla izquierda.

¡Oh, mejilla izquierda! ¡Oh, noroeste de barquitos y hormigas de mercurio!... Dame el pañuelo, Genoveva; voy a llorar... Voy a llorar hasta que de mis ojos salga una muchedumbre de siemprevivas... Se acostaban.

No había otro espectáculo más tierno...
¿Me ha oído usted?
¡Se acostaban!

Muslo izquierdo,
con antebrazo izquierdo.
Ojos cerrados,
con uñas abiertas.
Cintura, con nuca,
y con playa.

Y las cuatro orejitas eran cuatro ángeles en la choza de la nieve. Se querían. Se amaban. A pesar de la Ley de la gravedad. La diferencia que existe entre una espina de rosa y una *star* es sencillísima.

Cuando descubrieron esto, se fueron al campo.
–Se amaban.
¡Dios mío! Se amaban ante los ojos de los químicos.

Espalda, con tierra,
tierra, con anís.

Luna, con hombro dormido.

Y las cinturas se entrecruzaban con un rumor de vidrios.

Yo vi temblar sus mejillas cuando los profesores de la Universidad les traían miel y vinagre en una esponja diminuta. Muchas veces tenían que espantar a los perros que gemían por las yedras blanquísimas del lecho. Pero ellos se amaban.

Eran un hombre y una mujer,

o sea,

un hombre

y un pedacito de tierra,

un elefante

y un niño,

un niño y un junco.

Eran dos mancebos desmayados

y una pierna de níquel.

¡Eran los barqueros!

Sí.

Eran los terribles barqueros del Guadiana que machacan con sus remos todas las rosas del mundo.

El viejo marino escupió el tabaco de su boca y dio grandes voces para espantar a las gaviotas. Pero ya era demasiado tarde.

Cuando las mujeres enlutadas llegaron a casa del Gobernador éste comía tranquilamente almendras verdes y pescados fríos en un exquisito plato de oro. Era preferible no haber hablado con él.

En las islas Azores.

Casi no puedo llorar.

Yo puse dos telegramas, pero desgraciadamente ya era tarde.

Muy tarde.

Sólo sé deciros que dos niños que pasaban por la orilla del bosque, vieron una perdiz que echaba un hilito de sangre por el pico.

Ésta es la causa, querido capitán, de mi extraña melancolía.

Luna y panorama de los insectos
Poema de amor

> *La luna en el mar riela,*
> *en la lona gime el viento,*
> *y alza en blando movimiento*
> *olas de plata y azul.*
>
> Espronceda

Mi corazón tendría la forma de un zapato
si cada aldea tuviera una sirena.
Pero la noche es interminable cuando se apoya en los enfermos
y hay barcos que buscan ser mirados para poder hundirse
    tranquilos.

Si el aire sopla blandamente
mi corazón tiene la forma de una niña.
Si el aire se niega a salir de los cañaverales
mi corazón tiene la forma de una milenaria boñiga de toro.

¡Bogar!, bogar, bogar, bogar
hacia el batallón de puntas desiguales,
hacia un paisaje de acechos pulverizados.
Noche igual de la nieve, de los sistemas suspendidos.
Y la luna.
¡La luna!
Pero no la luna.
La raposa de las tabernas.
El gallo japonés que se comió los ojos.
Las hierbas masticadas.

No nos salvan las solitarias en los vidrios
ni los herbolarios donde el metafísico
encuentra las otras vertientes del cielo.
Son mentira las formas. Sólo existe
el círculo de bocas del oxígeno.

Y la luna.
Pero no la luna.
Los insectos.
Los muertos diminutos por las riberas.
Dolor en longitud.
Yodo en un punto.
Las muchedumbres en el alfiler.
El desnudo que amasa la sangre de todos
y mi amor que no es un caballo ni una quemadura.
Criatura de pecho devorado.
¡Mi amor!

Ya cantan, gritan, gimen: rostro. ¡Tu rostro! Rostro.
Las manzanas son unas,
las dalias son idénticas,
la luz tiene un sabor de metal acabado
y el campo de todo un lustro cabrá en la mejilla de la moneda.
Pero tu rostro cubre los cielos del banquete.
¡Ya cantan!, ¡gritan!, ¡gimen!
¡cubren!, ¡trepan!, ¡espantan!

Es necesario caminar, ¡deprisa!, por las ondas, por las ramas,
por las calles deshabitadas de la Edad Media que bajan al río,
por las tiendas de las pieles donde suena un cuerno de vaca
    herida,
por las escalas, ¡sin miedo!, por las escalas.
Hay un hombre descolorido que se está bañando en el mar;
es tan tierno que los reflectores le comieron jugando el corazón
y en el Perú viven mil mujeres, ¡oh insectos!, que noche y día
hacen nocturnos y desfiles entrecruzando sus propias venas.

Un diminuto guante corrosivo me detiene. ¡Basta!
En mi pañuelo he sentido el tris
de la primera vena que se rompe.
Cuida tus pies, ¡amor mío!, ¡tus manos!,

ya que yo tengo que entregar mi rostro.
¡Mi rostro! ¡Mi rostro! ¡Ay, mi comido rostro!

Este fuego casto para mi deseo,
esta confusión por anhelo de equilibrio,
este inocente dolor de pólvora en mis ojos,
aliviará la angustia de otro corazón
devorado por las nebulosas.

No nos salva la gente de las zapaterías
ni los paisajes que se hacen música al encontrar las llaves
 oxidadas.
Son mentira los aires. Sólo existe
una cunita en el desván
que recuerda todas las cosas.
Y la luna.
Pero no la luna.
Los insectos.
Los insectos solos,
crepitantes, mordientes, estremecidos, agrupados,
y la luna
con un guante de humo sentada en la puerta de sus derribos.
¡¡La luna!!

Nueva York, 4 de enero de 1930

VII
Vuelta a la ciudad

Para Antonio Hernández Soriano

Nueva York
Oficina y denuncia

A Fernando Vela

Debajo de las multiplicaciones
hay una gota de sangre de pato;
debajo de las divisiones
hay una gota de sangre de marinero;
debajo de las sumas, un río de sangre tierna.
Un río que viene cantando
por los dormitorios de los arrabales,
y es plata, cemento o brisa
en el alba mentida de New York.
Existen las montañas. Lo sé.
Y los anteojos para la sabiduría.
Lo sé. Pero yo no he venido a ver el cielo.
He venido para ver la turbia sangre,
la sangre que lleva las máquinas a las cataratas
y el espíritu a la lengua de la cobra.
Todos los días se matan en New York
cuatro millones de patos,
cinco millones de cerdos,
dos mil palomas para el gusto de los agonizantes,
un millón de vacas,
un millón de corderos
y dos millones de gallos
que dejan los cielos hechos añicos.
Más vale sollozar afilando la navaja

o asesinar a los perros en las alucinantes cacerías,
que resistir en la madrugada
los interminables trenes de leche,
los interminables trenes de sangre
y los trenes de rosas maniatadas
por los comerciantes de perfumes.
Los patos y las palomas
y los cerdos y los corderos
ponen sus gotas de sangre
debajo de las multiplicaciones,
y los terribles alaridos de las vacas estrujadas
llenan de dolor el valle
donde el Hudson se emborracha con aceite.

Yo denuncio a toda la gente
que ignora la otra mitad,
la mitad irredimible
que levanta sus montes de cemento
donde laten los corazones
de los animalitos que se olvidan
y donde caeremos todos
en la última fiesta de los taladros.
Os escupo en la cara.
La otra mitad me escucha
devorando, cantando, volando en su pureza
como los niños de las porterías
que llevan frágiles palitos
a los huecos donde se oxidan
las antenas de los insectos.
No es el infierno, es la calle.
No es la muerte. Es la tienda de frutas.
Hay un mundo de ríos quebrados y distancias inasibles
en la patita de ese gato quebrada por un automóvil,
y yo oigo el canto de la lombriz
en el corazón de muchas niñas.
Óxido, fermento, tierra estremecida.

Tierra tú mismo que nadas por los números de la oficina.
¿Qué voy a hacer? ¿Ordenar los paisajes?
¿Ordenar los amores que luego son fotografías,
que luego son pedazos de madera y bocanadas de sangre?
No, no; yo denuncio.
Yo denuncio la conjura
de estas desiertas oficinas
que no radian las agonías,
que borran los programas de la selva,
y me ofrezco a ser comido por las vacas estrujadas
cuando sus gritos llenan el valle
donde el Hudson se emborracha con aceite.

Cementerio judío

Las alegres fiebres huyeron a las maromas de los barcos
y el judío empujó la verja con el pudor helado del interior de
    las lechugas.

Los niños de Cristo dormían
y el agua era una paloma
y la madera era una garza
y el plomo era un colibrí
y aun las vivas prisiones de fuego
estaban consoladas por el salto de la langosta.

Los niños de Cristo bogaban y los judíos llenaban los muros
con un solo corazón de paloma
por el que todos querían escapar.
Las niñas de Cristo cantaban y las judías miraban la muerte
con un solo ojo de faisán
vidriado por la angustia de un millón de paisajes.

Los médicos ponen en el níquel sus tijeras y guantes de goma
cuando los cadáveres sienten en los pies
la terrible claridad de otra luna enterrada.
Pequeños dolores ilesos se acercan a los hospitales
y los muertos se van quitando un traje de sangre cada día.

Las arquitecturas de escarcha,
las liras y gemidos que se escapan de las hojas diminutas
en otoño mojando las últimas vertientes,
se apagaban en el negro de los sombreros de copa.

La hierba celeste y sola de la que huye con miedo el rocío
y las blancas entradas de mármol que conducen al aire duro
mostraban su silencio roto por las huellas dormidas de los
    zapatos.

El judío empujó la verja,
pero el judío no era un puerto
y las barcas de nieve se agolparon
por las escalerillas de su corazón.
Las barcas de nieve que acechan
un hombre de agua que las ahogue.
Las barcas de los cementerios
que a veces dejan ciegos a los visitantes.

Los niños de Cristo dormían
y el judío ocupó su litera.
Tres mil judíos lloraban en el espanto de las galerías
porque reunían entre todos con esfuerzo media paloma,
porque uno tenía la rueda de un reloj
y otro un botín con orugas parlantes
y otro una lluvia nocturna cargada de cadenas
y otro la uña de un ruiseñor que estaba vivo
y porque la media paloma gemía
derramando una sangre que no era la suya.

Las alegres fiebres bailaban por las cúpulas humedecidas
y la luna copiaba en su mármol
nombres viejos y cintas ajadas.
Llegó la gente que come por detrás de las yertas columnas
y los asnos de blancos dientes
con los especialistas de las articulaciones.
Verdes girasoles temblaban
por los páramos del crepúsculo
y todo el cementerio era una queja
de bocas de cartón y trapo seco.
Ya los niños de Cristo se dormían
cuando el judío, apretando los ojos,
se cortó las manos en silencio
al escuchar los primeros gemidos.

Nueva York, 18 de enero de 1930

Crucifixión

La luna pudo detenerse al fin por la curva blanquísima de los
    caballos.
Un rayo de luz violenta que se escapaba de la herida
proyectó en el cielo el instante de la circuncisión de un niño
    muerto.

La sangre bajaba por el monte y los ángeles la buscaban,
pero los cálices eran de viento y al fin llenaban los zapatos.
Cojos perros fumaban sus pipas y un olor de cuero caliente
ponía grises los labios redondos de los que vomitaban en las
    esquinas.
Y llegaban largos alaridos por el sur de la noche seca.
Era que la luna quemaba con sus bujías el falo de los caballos.
Un sastre especialista en púrpura
había encerrado a las tres santas mujeres

y les enseñaba una calavera por los vidrios de la ventana.
Los niños en el arrabal rodeaban a un camello blanco
que lloraba asustado porque al alba
tendría que pasar sin remedio por el ojo de una aguja.
¡Oh cruz! ¡Oh clavos! ¡Oh espina!
¡Oh espina clavada en el hueso hasta que se oxiden los pla-
    netas!
Como nadie volvía la cabeza, el cielo pudo desnudarse.
Entonces se oyó la gran voz y los fariseos dijeron:
Esa maldita vaca tiene las tetas llenas de leche.

La muchedumbre cerraba las puertas
y la lluvia bajaba por las calles decidida a mojar el corazón
mientras la tarde se puso turbia de latidos y leñadores
y la oscura ciudad agonizaba bajo el martillo de los carpinteros.
Esa maldita vaca
tiene las tetas llenas de perdigones,
dijeron los fariseos.
Pero la sangre mojó sus pies y los espíritus inmundos
estrellaban ampollas de laguna sobre las paredes del templo.
Se supo el momento preciso de la salvación de nuestra vida
porque la luna lavó con agua
las quemaduras de los caballos
y no la niña viva que callaron en la arena.
Entonces salieron los fríos cantando sus canciones
y las ranas encendieron sus lumbres en la doble orilla del río.
Esa maldita vaca, maldita, maldita, maldita,
no nos dejará dormir, dijeron los fariseos,
y se alejaron a sus casas por el tumulto de la calle,
dando empujones a los borrachos y escupiendo la sal de los
    sacrificios
mientras la sangre los seguía con un balido de cordero.

Fue entonces
y la tierra despertó arrojando temblorosos ríos de polilla.

Nueva York, 18 de octubre de 1930

VIII
Dos odas

A mi editor Armando Guibert

Grito hacia Roma
Desde la torre del Chrysler Building

Manzanas levemente heridas
por finos espadines de plata,
nubes rasgadas por una mano de coral
que lleva en el dorso una almendra de fuego,
peces de arsénico como tiburones,
tiburones como gotas de llanto para cegar una multitud,
rosas que hieren
y agujas instaladas en los caños de la sangre,
mundos enemigos y amores cubiertos de gusanos,
caerán sobre ti. Caerán sobre la gran cúpula
que unta de aceite las lenguas militares,
donde un hombre se orina en una deslumbrante paloma
y escupe carbón machacado
rodeado de miles de campanillas.

Porque ya no hay quien reparta el pan y el vino,
ni quien cultive hierbas en la boca del muerto,
ni quien abra los linos del reposo,
ni quien llore por las heridas de los elefantes.
No hay más que un millón de herreros
forjando cadenas para los niños que han de venir.
No hay más que un millón de carpinteros
que hacen ataúdes sin cruz.
No hay más que un gentío de lamentos
que se abren las ropas en espera de la bala.

El hombre que desprecia la paloma debía hablar,
debía gritar desnudo entre las columnas
y ponerse una inyección para adquirir la lepra
y llorar un llanto tan terrible
que disolviera sus anillos y sus teléfonos de diamante.
Pero el hombre vestido de blanco
ignora el misterio de la espiga,
ignora el gemido de la parturienta,
ignora que Cristo puede dar agua todavía,
ignora que la moneda quema el beso de prodigio
y da la sangre del cordero al pico idiota del faisán.

Los maestros enseñan a los niños
una luz maravillosa que viene del monte;
pero lo que llega es una reunión de cloacas
donde gritan las oscuras ninfas del cólera.
Los maestros señalan con devoción las enormes cúpulas
    sahumadas,
pero debajo de las estatuas no hay amor,
no hay amor bajo los ojos de cristal definitivo.
El amor está en las carnes desgarradas por la sed,
en la choza diminuta que lucha con la inundación;
el amor está en los fosos donde luchan las sierpes del hambre,
en el triste mar que mece los cadáveres de las gaviotas
y en el oscurísimo beso punzante debajo de las almohadas.
Pero el viejo de las manos traslúcidas
dirá: amor, amor, amor,
aclamado por millones de moribundos.
Dirá: amor, amor, amor,
entre el tisú estremecido de ternura;
dirá: paz, paz, paz,
entre el tirite de cuchillos y melenas de dinamita.
Dirá: amor, amor, amor,
hasta que se le pongan de plata los labios.

Mientras tanto, mientras tanto, ¡ay!, mientras tanto,
los negros que sacan las escupideras,
los muchachos que tiemblan bajo el terror pálido de los
   directores,
las mujeres ahogadas en aceites minerales,
la muchedumbre de martillo, de violín o de nube,
ha de gritar aunque le estrellen los sesos en el muro,
ha de gritar frente a las cúpulas,
ha de gritar loca de fuego,
ha de gritar loca de nieve,
ha de gritar con la cabeza llena de excremento,
ha de gritar como todas las noches juntas,
ha de gritar con voz tan desgarrada
hasta que las ciudades tiemblen como niñas
y rompan las prisiones del aceite y la música.
Porque queremos el pan nuestro de cada día,
flor de aliso y perenne ternura desgranada,
porque queremos que se cumpla la voluntad de la Tierra
que da sus frutos para todos.

Oda a Walt Whitman

Por el East River y el Bronx
los muchachos cantaban enseñando sus cinturas.
Con la rueda, el aceite, el cuero y el martillo
noventa mil mineros sacaban la plata de las rocas
y los niños dibujaban escaleras y perspectivas.

Pero ninguno se dormía,
ninguno quería ser río,
ninguno amaba las hojas grandes,
ninguno la lengua azul de la playa.

Por el East River y el Queensborough
los muchachos luchaban con la industria,
y los judíos vendían al fauno del río
la rosa de la circuncisión,
y el cielo desembocaba por los puentes y los tejados
manadas de bisontes empujadas por el viento.

Pero ninguno se detenía,
ninguno quería ser nube,
ninguno buscaba los helechos
ni la rueda amarilla del tamboril.

Cuando la luna salga
la poleas rodarán para turbar al cielo;
un límite de agujas cercará la memoria
y los ataúdes se llevarán a los que no trabajan.

Nueva York de cieno,
Nueva York de alambres y de muerte:
¿Qué ángel llevas oculto en la mejilla?
¿Qué voz perfecta dirá las verdades del trigo?
¿Quién el sueño terrible de tus anémonas manchadas?

Ni un solo momento, viejo hermoso Walt Whitman,
he dejado de ver tu barba llena de mariposas,
ni tus hombros de pana gastados por la luna,
ni tus muslos de Apolo virginal,
ni tu voz como una columna de ceniza;
anciano hermoso como la niebla
que gemías igual que un pájaro
con el sexo atravesado por una aguja,
enemigo del sátiro,
enemigo de la vid
y amante de los cuerpos bajo la burda tela.

Ni un solo momento, hermosura viril
que en montes de carbón, anuncios y ferrocarriles,
soñabas ser un río y dormir como un río
con aquel camarada que pondría en tu pecho
un pequeño dolor de ignorante leopardo.

Ni un solo momento, Adán de sangre, Macho,
hombre solo en el mar, viejo hermoso Walt Whitman,
porque por las azoteas,
agrupados en los bares,
saliendo en racimos de las alcantarillas,
temblando entre las piernas de los *chauffeurs*
o girando en las plataformas del ajenjo,
los maricas, Walt Whitman, te señalan.

¡También ése! ¡También! Y se despeñan
sobre tu barba luminosa y casta
rubios del norte, negros de la arena,
muchedumbre de gritos y ademanes,
como los gatos y como las serpientes,
los maricas, Walt Whitman, los maricas,
turbios de lágrimas, carne para fusta,
bota o mordisco de los domadores.

¡También ése! ¡También! Dedos teñidos
apuntan a la orilla de tu sueño
cuando el amigo come tu manzana
con un leve sabor de gasolina
y el sol canta por los ombligos
de los muchachos que juegan bajo los puentes.

Pero tú no buscabas los ojos arañados,
ni el pantano oscurísimo donde sumergen a los niños,
ni la saliva helada,
ni las curvas heridas como panza de sapo
que llevan los maricas en coches y en terrazas
mientras la luna los azota por las esquinas del terror.

Tú buscabas un desnudo que fuera como un río.
Toro y sueño que junte la rueda con el alga,
padre de tu agonía, camelia de tu muerte
y gimiera en las llamas de tu ecuador oculto.

Porque es justo que el hombre no busque su deleite
en la selva de sangre de la mañana próxima.
El cielo tiene playas donde evitar la vida
y hay cuerpos que no deben repetirse en la aurora.

Agonía, agonía, sueño, fermento y sueño.
Éste es el mundo, amigo, agonía, agonía.
Los muertos se descomponen bajo el reloj de las ciudades.
La guerra pasa llorando con un millón de ratas grises,
los ricos dan a sus queridas
pequeños moribundos iluminados
y la vida no es noble, ni buena, ni sagrada.

Puede el hombre, si quiere, conducir su deseo
por vena de coral o celeste desnudo;
mañana los amores serán rocas y el Tiempo
una brisa que viene dormida por las ramas.

Por eso no levanto mi voz, viejo Walt Whitman,
contra el niño que escribe
nombre de niña en su almohada,
ni contra el muchacho que se viste de novia
en la oscuridad del ropero,
ni contra los solitarios de los casinos
que beben con asco el agua de la prostitución,
ni contra los hombres de mirada verde
que aman al hombre y queman sus labios en silencio.
Pero sí contra vosotros, maricas de las ciudades,
de carne tumefacta y pensamiento inmundo.
Madres de lodo. Arpías. Enemigos sin sueño
del Amor que reparte coronas de alegría.

Contra vosotros siempre, que dais a los muchachos
gotas de sucia muerte con amargo veneno.
Contra vosotros siempre,
«Fairies» de Norteamérica,
«Pájaros» de La Habana,
«Jotos» de Méjico,
«Sarasas» de Cádiz,
«Apios» de Sevilla,
«Cancos» de Madrid,
«Floras» de Alicante,
«Adelaidas» de Portugal.

¡Maricas de todo el mundo, asesinos de palomas!
Esclavos de la mujer. Perras de sus tocadores.
Abiertos en las plazas, con fiebre de abanico
o emboscados en yertos paisajes de cicuta.

¡No haya cuartel! La muerte
mana de vuestros ojos
y agrupa flores grises en la orilla del cieno.
¡No haya cuartel! ¡¡Alerta!!
Que los confundidos, los puros,
los clásicos, los señalados, los suplicantes,
os cierren las puertas de la bacanal.

Y tú, bello Walt Whitman, duerme orillas del Hudson
con la barba hacia el polo y las manos abiertas.
Arcilla blanda o nieve, tu lengua está llamando
camaradas que velen tu gacela sin cuerpo.

Duerme: no queda nada.
Una danza de muros agita las praderas
y América se anega de máquinas y llanto.
Quiero que el aire fuerte de la noche más honda
quite flores y letras del arco donde duermes,
y un niño negro anuncie a los blancos del oro
la llegada del reino de la espiga.

IX
Huida de Nueva York

Dos valses hacia la civilización

Pequeño vals vienés

En Viena hay diez muchachas,
un hombro donde solloza la muerte
y un bosque de palomas disecadas.
Hay un fragmento de la mañana
en el museo de la escarcha.
Hay un salón con mil ventanas.

¡Ay, ay, ay, ay!
Toma este vals con la boca cerrada.

Este vals, este vals, este vals,
de sí, de muerte y de coñac
que moja su cola en el mar.

Te quiero, te quiero, te quiero,
con la butaca y el libro muerto,
por el melancólico pasillo,
en el oscuro desván del lirio,
en nuestra cama de la luna
y en la danza que sueña la tortuga.

¡Ay, ay, ay, ay!
Toma este vals de quebrada cintura.

En Viena hay cuatro espejos
donde juegan tu boca y los ecos.

Hay una muerte para piano
que pinta de azul a los muchachos.
Hay mendigos por los tejados.
Hay frescas guirnaldas de llanto.

¡Ay, ay, ay, ay!
Toma este vals que se muere en mis brazos.

Porque te quiero, te quiero, amor mío,
en el desván donde juegan los niños,
soñando viejas luces de Hungría
por los rumores de la tarde tibia,
viendo ovejas y lirios de nieve
por el silencio oscuro de tu frente.

¡Ay, ay, ay, ay!
Toma este vals del «Te quiero siempre».

En Viena bailaré contigo
con un disfraz que tenga
cabeza de río.
¡Mira qué orillas tengo de jacintos!
Dejaré mi boca entre tus piernas,
mi alma en fotografías y azucenas,
y en las ondas oscuras de tu andar
quiero, amor mío, amor mío, dejar,
violín y sepulcro, las cintas del vals.

Vals en las ramas

Homenaje a Vicente Aleixandre
por su poema «El vals»

Cayó una hoja
y dos
y tres.
Por la luna nadaba un pez.
El agua duerme una hora
y el mar blanco duerme cien.
La dama
estaba muerta en la rama.
La monja
cantaba dentro de la toronja.
La niña
iba por el pino a la piña.
Y el pino
buscaba la plumilla del trino.
Pero el ruiseñor
lloraba sus heridas alrededor.
Y yo también
porque cayó una hoja
y dos
y tres.
Y una cabeza de cristal
y un violín de papel.
Y la nieve podría con el mundo
si la nieve durmiera un mes,
y las ramas luchaban con el mundo
una a una,
dos a dos,
y tres a tres.
¡Oh duro marfil de carnes invisibles!
¡Oh golfo sin hormigas del amanecer!
Con el muuu de las ramas,

con el ay de las damas,
con el croo de las ranas,
y el gloo amarillo de la miel.
Llegará un torso de sombra
coronado de laurel.
Será el cielo para el viento
duro como una pared
y las ramas desgajadas
se irán bailando con él.
Una a una
alrededor de la luna,
dos a dos
alrededor del sol,
y tres a tres
para que los marfiles se duerman bien.

X
El poeta llega a La Habana

A don Fernando Ortiz

Son de negros en Cuba

Cuando llegue la luna llena iré a Santiago de Cuba,
iré a Santiago,
en un coche de agua negra
iré a Santiago.
Cantarán los techos de palmera,
iré a Santiago.
Cuando la palma quiere ser cigüeña,
iré a Santiago
y cuando quiere ser medusa el plátano,
iré a Santiago.
Iré a Santiago
con la rubia cabeza de Fonseca.
Iré a Santiago.
Y con el rosa de Romeo y Julieta
iré a Santiago.
Mar de papel y plata de monedas.
Iré a Santiago.
¡Oh Cuba! ¡Oh ritmo de semillas secas!
Iré a Santiago.
¡Oh cintura caliente y gota de madera!
Iré a Santiago.
Arpa de troncos vivos. Caimán. Flor de tabaco.
Iré a Santiago.
Siempre he dicho que yo iría a Santiago
en un coche de agua negra.
Iré a Santiago.

Brisa y alcohol en las ruedas,
iré a Santiago.
Mi coral en la tiniebla,
iré a Santiago.
El mar ahogado en la arena,
iré a Santiago.
Calor blanco, fruta muerta,
iré a Santiago.
¡Oh bovino frescor de cañavera!
¡Oh Cuba! ¡Oh curva de suspiro y barro!
Iré a Santiago.

De «Tierra y luna»

Tierra y luna

Me quedo con el transparente hombrecillo
que come los huevos de la golondrina.
Me quedo con el niño desnudo
que pisotean los borrachos de Brooklyn.
Con las criaturas mudas que pasan bajo los arcos.
Con el arroyo de venas ansioso de abrir sus manecitas.

Tierra tan sólo. Tierra.
Tierra para los manteles estremecidos,
para la pupila viciosa de nube,
para las heridas recientes y el húmedo pensamiento.
Tierra para todo lo que huye de la Tierra.

No es la ceniza en vilo de las cosas quemadas,
ni los muertos que mueven sus lenguas bajo los árboles.
Es la Tierra desnuda que bala por el cielo
y deja atrás los grupos ligeros de ballenas.

Es la tierra alegrísima, imperturbable nadadora,
la que yo encuentro en el niño y en las criaturas que pasan los
    arcos.
Viva tierra de mi pulso y del baile de los helechos
que deja a veces por el aire un duro perfil de Faraón.

Me quedo con la mujer fría
donde se queman los musgos inocentes.
Me quedo con los borrachos de Brooklyn
que pisan al niño desnudo.
Me quedo con los signos desgarrados
de la lenta comida de los osos.

Pero entonces bajó la luna despeñada por las escaleras
poniendo las ciudades de hule celeste y talco sensitivo,

llenando de pies de mármol la llanura sin recodos
y olvidando, bajo las sillas, diminutas carcajadas de algodón.

¡Oh Diana, Diana! Diana vacía.
Convexa resonancia donde la abeja se vuelve loca.
Mi amor es paso, tránsito, larga muerte gustada,
nunca la piel ilesa de tu desnudo huido.

Es Tierra ¡Dios mío! Tierra lo que vengo buscando.
Embozo de horizonte, latido y sepultura.
Es dolor que se acaba y amor que se consume.
Torre de sangre abierta con las manos quemadas.

Pero la luna subía y bajaba las escaleras,
repartiendo lentejas desangradas en los ojos,
dando escobazos de plata a los niños de los muelles
y borrando mi apariencia por el término del aire.

Pequeño poema infinito

Para Luis Cardoza y Aragón

Equivocar el camino
es llegar a la nieve
y llegar a la nieve
es pacer durante varios siglos las hierbas de los cementerios.
Equivocar el camino
es llegar a la mujer,
la mujer que no teme a la luz,
la mujer que mata dos gallos en un segundo,
la luz que no teme a los gallos
y los gallos que no saben cantar sobre la nieve.
Pero si la nieve se equivoca de corazón
puede llegar el viento Austro

y como el aire no hace caso de los gemidos
tendremos que pacer otra vez las hierbas de los cementerios.
Yo vi dos dolorosas espigas de cera
que enterraban un paisaje de volcanes
y vi dos niños locos
que empujaban llorando las pupilas de un asesino.
Pero el dos no ha sido nunca un número
porque es una angustia y su sombra,
porque es la guitarra donde el amor se desespera,
porque es la demostración del otro infinito que no es suyo
y es las murallas del muerto
y el castigo de la nueva resurrección sin finales.
Los muertos odian el número dos,
pero el número dos adormece a las mujeres,
y como la mujer teme la luz,
la luz tiembla delante de los gallos
y los gallos sólo saben volar sobre la nieve,
tendremos que pacer sin descanso las hierbas de los cemen-
    terios.

Canción de la muerte pequeña

Prado mortal de lunas
y sangre bajo tierra.
Prado de sangre vieja.

Luz de ayer y mañana.
Cielo mortal de hierba.
Luz y noche de arena.

Me encontré con la Muerte.
Prado mortal de tierra.
Una muerte pequeña.

El perro en el tejado.
Sola mi mano izquierda
atravesaba montes sin fin
de flores secas.

Catedral de ceniza.
Luz y noche de arena.
Una muerte pequeña.

Una muerte y yo un hombre.
Un hombre solo, y ella
una muerte pequeña.

Prado mortal de lunas.
La nieve gime y tiembla
por detrás de la puerta.

Un hombre, ¿y qué? Lo dicho.
Un hombre solo y ella.
Prado, amor, luz y arena.

Omega
Poema para muertos

Las hierbas.

Yo me cortaré la mano derecha.
Espera.

Las hierbas.

Tengo un guante de mercurio y otro de seda.
Espera.

¡Las hierbas!

No solloces. Silencio. Que no nos sientan.
Espera.

¡Las hierbas!
Se cayeron las estatuas
al abrirse la gran puerta.

¡¡Las hierbaaas!!

Poemas sueltos II

Poemas sueltos II

Dos normas

[Dibujo de la luna]

Norma de ayer encontrada
sobre mi noche presente.
Resplandor adolescente
que se opone a la nevada.
No pueden darte posada
mis dos niñas de sigilo,
morenas de luna en vilo
con el corazón abierto;
pero mi amor busca el huerto
donde no muere tu estilo.

[Dibujo del sol]

Norma de seno y cadera
baja la rama tendida,
antigua y recién nacida
virtud de la primavera.
Ya mi desnudo quisiera
ser dalia de tu destino,
abeja, rumor o vino
de tu número y locura;
pero mi amor busca pura
locura de brisa y trino.

El poeta pide ayuda a la Virgen

Pido a la divina Madre de Dios,
Reina celeste de todo lo criado,
me dé la pura luz de los animalitos
que tienen una sola letra en su vocabulario.
Animales sin alma. Simples formas.
Lejos de la despreciable sabiduría del gato.
Lejos de la profundidad ficticia de los búhos.
Lejos de la escultórica sapiencia del caballo.
Criaturas que aman sin ojos,
con un solo sentido de infinito ondulado,
y que se agrupan en grandes montones
para ser comidas por los pájaros.
Pido la sola dimensión
que tienen los pequeños animales planos,
para narrar cosas cubiertas de tierra
bajo la dura inocencia del zapato.
No hay quien llore porque comprenda
el millón de muertecitas que tiene el mercado.
Esa muchedumbre china de las cebollas decapitadas
y ese gran sol amarillo de viejos peces aplastados.

Tú, Madre siempre terrible. Ballena de todos los cielos.
Tú, Madre siempre bromista. Vecina del perejil prestado.
Sabes que yo comprendo la carne mínima del mundo
para poder expresarlo.

Infancia y muerte

Para buscar mi infancia, ¡Dios mío!,
comí naranjas podridas, papeles viejos, palomares vacíos,
y encontré mi cuerpecito comido por las ratas
en el fondo del aljibe con las cabelleras de los locos.
Mi traje de marinero
no estaba empapado con el aceite de las ballenas,
pero tenía la eternidad vulnerable de las fotografías.
Ahogado, sí, bien ahogado, duerme, hijito mío, duerme,
niño vencido en el colegio y en el vals de la rosa herida,
asombrado con el alba oscura del vello sobre los muslos,
asombrado con su propio hombre que masticaba tabaco en
    su costado siniestro.
Oigo un río seco lleno de latas de conserva
donde cantan las alcantarillas y arrojan las camisas llenas de
    sangre.
Un río de gatos podridos que fingen corolas y anémonas
para engañar a la luna y que se apoye dulcemente en ellos.
Aquí solo con mi ahogado.
Aquí solo con la brisa de musgos fríos y tapaderas de hojalata.
Aquí, solo, veo que ya me han cerrado la puerta.
Me han cerrado la puerta y hay un grupo de muertos
que juega al tiro al blanco y otro grupo de muertos
que busca por la cocina las cáscaras de melón
y un solitario, azul, inexplicable muerto
que me busca por las escaleras, que mete las manos en el
    aljibe
mientras los astros llenan de ceniza las cerraduras de las cate-
    drales
y las gentes se quedan de pronto con todos los trajes peque-
    ños.

Para buscar mi infancia, ¡Dios mío!,
comí limones estrujados, establos, periódicos marchitos,

pero mi infancia era una rata que huía por un jardín oscurí-
    simo,
una rata satisfecha, mojada por el agua simple,
una rata para el asalto de los grandes almacenes
y que llevaba un anda de oro entre sus dientes diminutos.

Cómo canta una ciudad
de noviembre a noviembre

Señoras y señores:

Como el niño que enseña lleno de asombro a su madre vestida de color vivo para la fiesta, así quiero mostraros hoy a mi ciudad natal. A la ciudad de Granada. Para ello tengo que poner ejemplos de música y los tengo que cantar. Esto es difícil porque yo no canto como cantante sino como poeta, mejor, como un mozo simple que va guiando sus bueyes. Tengo poca voz y la garganta delicada. Así pues, nada tiene de extraño que se me escape eso que la gente llama un gallo. Pero si se escapa estoy seguro que no será el gallo corrosivo de los cantantes, que les pica los ojos y destruye su gloria, sino que yo lo convertiré en un pequeño gallito de plata que pondré amorosamente sobre el dulce cuello de la muchacha de Montevideo más melancólica que haya en el salón.

Un granadino ciego de nacimiento y ausente muchos años de la ciudad sabría la estación del año por lo que siente cantar en las calles.

Nosotros no vamos a llevar nuestros ojos en la visita. Vamos a dejarlos sobre un plato de nieve para que no presuma más Santa Lucía.

¿Por qué se ha de emplear siempre la vista y no el olfato o el gusto para estudiar una ciudad? El alfajor y la torta alajú y el mantecado de Laujar dicen tanto de Granada como el alicatado o el arco morisco; y el mazapán de Toledo con su monstruoso ropaje de ciruelas y perlas de anís, inventado por un cocinero de Carlos V, expresa el germanismo del emperador con más agudeza que su roja barbilla. Mientras que una catedral permanece clavada en su época, desmoronando su perfil, eterna sin poder dar un paso al día próximo, una canción salta de pronto de su época a la nuestra, viva y temblorosa como una rana, con su alegría o su melancolía recientes,

verificando idéntico prodigio que la semilla que florece al salir de la tumba del Faraón. Así pues, vamos a oír a la ciudad
de Granada.

El año tiene cuatro estaciones, a saber, Invierno, Primavera, Verano y Otoño.

Granada tiene dos ríos, ochenta campanarios, cuatro mil
acequias, cincuenta fuentes, mil y un surtidores y cien mil habitantes. Tiene una fábrica de hacer guitarras y bandurrias,
una tienda donde venden pianos y acordeones y armónicas y
sobre todo tambores. Tiene dos paseos para cantar, el Salón
y la Alhambra, y uno para llorar, la Alameda de los Tristes,
verdadero vértice de todo el romanticismo europeo, y tiene
una legión de pirotécnicos que construyen torres de ruido con
un arte gemelo al Patio de los Leones, que han de irritar al
agua cuadrada de los estanques.

La Sierra pone fondo de roca o fondo de nieve o fondo
de verde sueño sobre los cantos que no pueden volar, que se
caen sobre los tejados, que se queman las manecitas en la
lumbre o se ahogan en las secas espigas de julio.

Estos cantos son la fisonomía de la ciudad y en ellos vamos
a ver su ritmo y su temperatura.

Nos vamos acercando con los oídos y el olfato y la primera
sensación que tenemos es un olor a juncia, hierbabuena, a mundo vegetal suavemente aplastado por las patas de mulos y caballos y bueyes que van y vienen en todas direcciones por la
vega. En seguida el ritmo del agua. Pero no un agua loca que va
donde quiere. Agua con ritmo y no con *rumor*, agua medida,
justa, siguiendo un cauce geométrico y acompasada en una obra
de regadío. Agua que riega y canta aquí abajo y agua que sufre
y gime llena de diminutos violines blancos allá en el Generalife.

No hay juego de agua en Granada. Eso se queda para Versalles, donde el agua es un espectáculo, donde es abundante
como el mar, orgullosa arquitectura mecánica, y no tiene el
sentido del canto. El agua de Granada sirve para apagar la
sed. Es agua viva que se une al que la bebe o al que la oye, o
al que desea morir en ella. Sufre una pasión de surtidores
para quedar yacente y definitiva en el estanque. Juan Ramón
Jiménez lo ha dicho:

> ¡Oh, qué desesperación
> de traída y de llevada,
> qué llegar al rincón último
> en repetición sonámbula,
> qué darse con la cabeza
> en las finales murallas!
> Se ha dormido el agua y sueña
> que la desenlagrimaban...

Después hay dos valles. Dos ríos. En ellos el agua ya no canta, es un sordo rumor, una niebla mezclada con los chorros de viento que manda la Sierra. El Genil coronado de chopos y el Dauro coronado de lirios.

Pero todo justo, con su proporción humana. Aire y Agua en poca cantidad, lo necesario para los oídos nuestros. Ésta es la distinción y el encanto de Granada. Cosas para dentro de la habitación, patio chico, música chica, agua pequeña, aire para que baile sobre nuestros dedos.

El mar Cantábrico o el viento fuerte que se despeña por las rocas de Ronda asusta al granadino asomado, enmarcado, definido, en su ventana. El aire se amansa y el agua, porque los elementos de la Naturaleza en hervor rompen la tónica de la escala humana y anulan, agotan la personalidad del hombre que no puede dominarlos y pierde su paisaje y su sueño. El granadino ve las cosas con los gemelos al revés. Por eso Granada no dio jamás héroes, por eso Boabdil, el más ilustre granadino de todos los tiempos, la entregó a los castellanos, y por eso se retira en todas las épocas a sus diminutas habitaciones particulares decoradas por la luna.

Granada está hecha para la música porque es una ciudad encerrada, una ciudad entre sierras donde la melodía es devuelta y limitada y retenida por paredes y rocas. La música la tienen las ciudades del interior. Sevilla y Málaga y Cádiz se escapan por sus puertos y Granada no tiene más salida que su alto puerto natural de estrellas. Está recogida, apta para el ritmo y el eco, médula de la música.

Su expresión más alta no es la poética, sino la musical, con una ancha avenida que lleva a la mística. Por eso no tiene como Sevilla, ciudad de Don Juan, ciudad del amor, una expresión dramática, sino lírica, y si Sevilla culmina en Lope y en Tirso y en Beaumarchais y en Zorrilla y en la prosa de Bécquer, Granada culmina en su orquesta de surtidores llenos de pena andaluza y en el vihuelista Narváez y en Falla y Debussy. Y si en Sevilla el elemento humano domina el paisaje y entre cuatro paredes se pasean don Pedro y don Alonso y el duque Octavio de Nápoles y Fígaro y Mañara, en Granada se pasean los fantasmas por sus dos palacios vacíos, y la espuela se convierte en una hormiga lenta que corre por un infinito pavimento de mármol, y la carta de amor en un puñado de hierba y la espada en una mandolina delicada que sólo arañas y ruiseñores se atreven a pulsar.

Hemos llegado a Granada a finales de noviembre. Hay un olor a paja quemada y las hojas en montones comienzan a pudrirse. Llueve y las gentes están en sus casas. Pero en medio de la Puerta Real hay varios puestos de zambombas. La Sierra está cubierta de nubes y tenemos la seguridad de que aquí tiene cabida toda la lírica del norte. Una muchacha de Armilla o de Santa Fe o de Atarfe, sirvienta, compra una zambomba y canta esta canción:

«Los cuatro muleros».[1]

Éste es el ritmo de un villancico que se repite por todos los ámbitos de la vega y que se llevaron los moros de Granada al África, donde todavía en Túnez lo suenan así:

(Música de moros.)

Estos «Cuatro muleros» se cantan al lado del rescoldo de paja de habas en toda la muchedumbre de pueblos que rodean la ciudad, en la corona de pueblos que suben por la Sierra.

1. Véase Federico García Lorca, *Obras Completas*, Galaxia Gutenberg-Círculo de Lectores, vol. I, p. 804.

Pero avanza diciembre, el cielo se queda limpio, llegan las manadas de pavos y un son de panderetas, chicharras y zambombas se apodera de la ciudad. Por las noches dentro de las casas cerradas se sigue oyendo el mismo ritmo, que sale por las ventanas y las chimeneas como nacido directamente de la tierra. Las voces van subiendo de tono, las calles se llenan de puestos iluminados, de grandes montones de manzanas, las campanas de media noche se unen con los esquilmes que tocan las monjas al nacer el alba, la Alhambra está más oscura que nunca, más lejana que nunca, las gallinas abandonan sus huevos sobre pajas llenas de escarcha. Ya están las monjas Tomasas poniendo a san José un sombrero plano color amarillo y a la Virgen una mantilla con su peineta. Ya están las ovejas de barro y los perritos de lana subiendo por las escaleras hacia el musgo artificial. Comienzan a sonar las carrañacas y entre palillos y tapaderas y rayadores y almireces de cobre cantan el alegrísimo romance pascual de «Los peregrinitos»:

«Romance pascual de los pelegrinitos».[1]

Lo canta la gente en las calles en grupos báquicos, lo cantan los niños con las criadas, lo cantan las rameras borrachas en esos coches con las cortinas corridas, lo cantan los soldados acordándose de sus pueblos, mientras se retratan en las barandillas del Genil.

Es la alegría de la calle y la broma andaluza y la finura entera de un pueblo cultísimo.

Pero nos salimos de las calles y nos vamos al barrio de la judería y lo encontramos desierto. Y aquí oímos este villancinco lleno de una melancolía oculta, antípoda de «Los pelegrinitos».

¿Quién lo canta? Ésta es la voz más pura de Granada, la voz elegíaca, el choque de Oriente con Occidente en dos palacios, rotos y llenos de fantasmas. El de Carlos V y la Alhambra.

---

1. Véase Federico García Lorca, *Obras Completas*, Galaxia Gutenberg-Círculo de Lectores, vol. I, pp. 809-810.

POR LA CALLE ABAJITO

[Por la calle abajito
va quien yo quiero.
No le he visto la cara
con el sombrero.

Malhaya sea el sombrero
que tanto tapa.
Yo le compraré uno
para la Pascua.]

El último villancico se escapa y la ciudad queda dormida en los hielos de enero.

Para febrero, como el sol luce y orea, sale la gente al sol y hacen meriendas y mecedores colgados de los olivos donde se oye el mismo uyuí de las montañas del norte.

La gente canta en los alrededores de Granada con el agua oculta bajo un leve témpano de hielo. Los niños crecidos se tienden para ver las piernas a las que están en el columpio, los mayores de reojo. El aire es todavía frío.

Ahora las calles de los arrabales están tranquilas. Algunos perros, aire de olivar, y de pronto, ¡plas!, un cubo de agua sucia que arrojan de una puerta. Pero los olivares están llenos.

LA NIÑA SE ESTÁ MECIENDO

[La niña se está meciendo,
su amante la está mirando
y le dice: Niña mía,
la soga se está quebrando.

La soga se quiebra,
¿dónde irá a parar?
A los callejones
de San Nicolás.]

Algunas de estas canciones tienen una pureza de cantarcillo del siglo xv:

> A los olivaritos
> voy por las tardes
> a ver cómo menea
> la hoja el aire,
> la hoja el aire,
> a ver cómo menea
> la hoja el aire,

que equivale a aquella maravillosa de 1560, con melodía de Juan Vásquez, que dice:

> De los álamos vengo, madre,
> de ver cómo los menea el aire.
>
> De los álamos de Sevilla
> de ver a mi dulce amiga.
>
> De los álamos de Granada
> de ver a mi bien amada.
>
> De ver cómo los menea el aire
> de los álamos vengo, madre.

La más pura supervivencia clásica anima estos cantos de olivar.

No es esto raro en España, donde todavía se cantan en toda su pureza las cosas de Juan del Encina, de Salinas, de Fuenllana y Pisador, y surgen de pronto vivas en Galicia o en Ávila.

Al anochecer vuelve la gente de los olivares y en muchos sitios sigue la reunión bajo techado.

Pero al llegar la primavera y asomar las puntas verdes de los árboles, comienzan a abrirse los balcones y el paisaje se transforma de un modo insospechado. Hemos llegado de la nieve para caer en el laurel y en todos los perfiles del sur.

Ya las niñas comienzan a estar en la calle, y en mi infancia un poeta vulgar a quien llamaban Miracielos salía a sentarse en un banco de los jardines. Las barricas traen el vino nuevo de la costa y la ciudad entre dos luces canta esta canción anunciadora de los Toros, canción de forma pura, como el aire del último día de marzo:

«En el Café de Chinitas».[1]

¿Por qué pasa? Dos comadres se encuentran a la salida del Humilladero, por donde entraron los Reyes Católicos:

> Comadre, ¿de dónde vienes?
> Comadre, vengo de Granada.
> Comadre, ¿qué pasa allí?
> Comadre, no pasa nada,
> están haciendo cestillos
> y repicando las campanas.

De mayo a junio, Granada es un campaneo incesante. Los estudiantes no pueden estudiar. En la plaza de Bibarrambla las campanas de la catedral, campanas submarinas con algas y nubes, no dejan hablar a los campesinos. Las campanas de San Juan de Dios lanzan por el aire un retablo barroco de lamentos y golpetazos de bronce, y sin embargo la Alhambra está más sola que nunca, más vacía que nunca, despellejada, muerta, ajena a la ciudad, más lejana que nunca. Pero en las calles hay carritos con helados y puestos de pan de aceite con pasas y ajonjolí y hombres que venden barretas de miel con garbanzos.

Asoman los gigantes y el dragón de la Tarasca y los enanitos del Corpus. De pronto las granadinas, con sus hermosos brazos desnudos y sus vientres como magnolias oscuras, abren en la calle quitasoles verdes, naranja, azules, entre el frenesí de las iluminaciones y de los violines y de los coches enjaezados, en un *carrousel* de amor, de galantería, de nostalgia en el castillo de irás y no volverás de los fuegos artificiales.

1. Véase Federico García Lorca, *Obras Completas*, Galaxia Gutenberg-Círculo de Lectores, vol. I, p. 808.

Por el lado de la vega una nube de pitos de feria; por el lado de la calle de Elvira, de la viejísima

> Calle de Elvira,
> donde viven las manolas,
> las que suben a la Alhambra
> las tres y las cuatro solas,

esta canción expresiva de la ciudad:

> «Las tres hojas».[1]

En el último fuego de artificio que se dispara en Granada se oye lo que se llama trueno gordo y toda la gente, en un día, se marcha al campo y dejan a la ciudad entregada al estío, que llega en una hora. Las señoras cubren las butacas con blancas fundas y cierran los balcones. La gente que no se va vive en los patios y en las salas bajas meciéndose en sus mecedoras y bebiendo agua fresca en el rojo mojado de los búcaros. Se empieza a pensar de noche y se empieza a vivir de noche. Es la época en que la ciudad canta acompañada de guitarras los fandangos o granadinas tan peculiares y con tanta hondura de paisaje.

Todo el romancero se vuelca en bocas de los niños. Las más bellas baladas no superadas por ningún poeta del romanticismo, las más sangrientas leyendas, los juegos de palabras más insospechados. Aquí los ejemplos son inagotables. Vamos a escoger uno que cantan los niños de algunos pueblos y las niñas de la Plaza Larga del Albaicín.

En la noche de agosto no hay quien no se deje prender por esta melodía tierna del romance del duque de Alba,

DUQUE DE ALBA

> [–Se oyen voces, se oyen voces,
> se oyen voces en Sevilla

1. Véase Federico García Lorca, *Obras Completas*, Galaxia Gutenberg-Círculo de Lectores, vol. I, p. 804-805.

que el duque de Alba se casa
con otra y a ti te olvida.
—Si se casa, que se case,
¿a mí qué se me daría?
—Mira si te importa, hermana,
que tu honra está perdida.
Se subió a una habitación
donde bordaba y cosía;
se ha asomado a una ventana
que por la plaza caía;
le ha visto venir al Duque
con otra en su compañía;
le hizo una contraseña
por ver si se la cogía.
—¿Qué me querrá Ana, Ana,
qué me querrá Ana María?
—Duque de Alba, duque de Alba,
duque de Alba de mi vida,
que me han dicho que te casas
con dama de gran valía.
—¿Quién te ha dicho la verdad,
que no te ha dicho mentira?
Mañana será mi boda,
a convidarte venía.

Al oír estas palabras,
muerta en el suelo caía.
Médicos y cirujanos
todos corren a porfía.
Trataron de abrirle el pecho
para ver de qué moría.
A un lado del corazón
dos letras de oro tenía;
en la una decía «Duque»
y en la otra «de mi vida».
—Si yo lo hubiera sabido,
que tú tanto me querías,
no te hubiera yo olvidado,
paloma del alma mía.]

Tenemos que ir todos de puntillas por este camino de tierra roja, bordeado de chumberas, a una reunión agrupada en un recodo del monte.

Bailan y cantan. Se acompañan con guitarra, castañuelas, y tocan además instrumentos pastoriles, panderos y triángulos.

Son las gentes que cantan las roas y las alboreás y las cachuchas y este zorongo que tanto ha influido en la música de Falla.

(Se toca.)

Por los fondos amarillos y por los montes viene el día y con su luz las canciones de siega y de trilla, pero este medio rural no penetra en Granada.

Septiembre, el que no tenga ropa que tiemble.

Vamos llegando al último radio de la rueda.

> La rueda, que gire la rueda.
> El Otoño asoma por las alamedas.

Y asoman las ferias. Las ferias con nueces, con azufaifas, con rojas acerolas, con muchedumbre de membrillos, con torres de jalluyos y panes de azúcar de la panadería del Corzo.

San Miguel en su cerro blande una espada rodeado de girasoles.

¿Recordáis mi romancero?

> San Miguel lleno de encajes
> en la alcoba de su torre,
> enseña sus bellos muslos
> ceñidos por los faroles.
> Arcángel domesticado
> en el gesto de las doce
> finge una cólera dulce
> de plumas y ruiseñores.
> San Miguel canta en los vidrios,
> Efebo de tres mil noches
> fragante de agua colonia
> y lejano de las flores.

[...]
San Miguel se estaba quieto
en la alcoba de su torre,
con las enaguas cuajadas
de espejitos y entredoses.
San Miguel, rey de los globos
y de los números nones,
en el primor berberisco
de gritos y miradores.

Primor berberisco de gritos y miradores es la Granada vista desde el Cerro del Aceituno. Es un canto confuso lo que se oye. Es todo el canto de Granada a la vez: ríos, voces, cuerdas, frondas, procesiones, mar de frutas y tatachín de columpios.

Pero acabada la alegría de San Miguel, el Otoño con ruido de agua viene tocando en todas las puertas.

Tan, tan.
¿Quién es?
El Otoño otra vez.
¿Qué quiere de mí?
El frescor de tu sien.
No te lo quiero dar.
Yo te lo quitaré.
Tan, tan.
¿Quién es?
El Otoño otra vez.

Las eras se llenan de hierbas con la primera lluvia. Como hay cierto fresquillo la gente no va a los jardines y Miracielos está sentado en su mesa de camilla. Pero los crepúsculos llenan todo el cielo; anulan el paisaje las enormes nubes y las luces más raras patinan sobre los tejados o duermen en la torre de la catedral. Otra vez oímos la voz de la verdadera melancolía:

Por aquella ventana
que cae al río
échame tu pañuelo
que vengo herido.

> Por aquella ventana
> que cae al huerto
> échame tu pañuelo
> que vengo muerto.

> Por aquella ventana
> que cae al agua
> échame tu pañuelo,
> se me va el alma.

Ocurre que los niños no quieren ir a la escuela porque juegan al trompo.

Ocurre que en las salas empiezan a encender lamparillas para los finados.

Ocurre que estamos en noviembre.

Hay un olor a paja quemada y las hojas en montones, ¿recordáis?, comienzan a pudrirse. Llueve y las gentes están en sus casas.

Pero en medio de la Puerta Real hay ya varios puestos de zambombas.

Una muchacha de Armilla o de Santa Fe o de Atarfe, con un año más, quizá vestida de luto, canta para los niños de sus señores:

> De los cuatro muleros
> que van al agua
> el de la mula torda
> me roba el alma.

> De los cuatro muleros
> que van al río
> el de la mula torda
> es mi *marío*.

Hemos dado la vuelta al año. Así será siempre. Antes y ahora. Nos vamos y Granada se queda. Eterna en el tiempo y fugitiva en estas pobres manos del más pequeño de sus hijos.

Diván del Tamarit

Gacelas

Gacela primera
Del amor imprevisto

Nadie comprendía el perfume
de la oscura magnolia de tu vientre.
Nadie sabía que martirizabas
un colibrí de amor entre los dientes.

Mil caballitos persas se dormían
en la plaza con luna de tu frente,
mientras que yo enlazaba cuatro noches
tu cintura, enemiga de la nieve.

Entre yeso y jazmines, tu mirada
era un pálido ramo de simientes.
Yo busqué, para darte, por mi pecho
las letras de marfil que dicen *siempre*.

Siempre, siempre: jardín de mi agonía,
tu cuerpo fugitivo para siempre,
la sangre de tus venas en mi boca,
tu boca ya sin luz para mi muerte.

Gacela II
De la terrible presencia

Yo quiero que el agua se quede sin cauce.
Yo quiero que el viento se quede sin valles.

Quiero que la noche se quede sin ojos
y mi corazón sin la flor del oro;

que los bueyes hablen con las grandes hojas
y que la lombriz se muera de sombra;

que brillen los dientes de la calavera
y los amarillos inunden la seda.

Puedo ver el duelo de la noche herida
luchando enroscada con el mediodía.

Resisto un ocaso de verde veneno
y los arcos rotos donde sufre el tiempo.

Pero no ilumines tu limpio desnudo
como un negro cactus abierto en los juncos.

Déjame en un ansia de oscuros planetas,
pero no me enseñes tu cintura fresca.

Gacela III
Del amor desesperado

La noche no quiere venir
para que tú no vengas,
ni yo pueda ir.

Pero yo iré,
aunque un sol de alacranes me coma la sien.

Pero tú vendrás
con la lengua quemada por la lluvia de sal.

El día no quiere venir
para que tú no vengas,
ni yo pueda ir.

Pero yo iré
entregando a los sapos mi mordido clavel.

Pero tú vendrás
por las turbias cloacas de la oscuridad.

Ni la noche ni el día quieren venir
para que por ti muera
y tú mueras por mí.

Gacela IV
Del amor que no se deja ver

Solamente por oír
la campana de la Vela
te puse una corona de verbena.

Granada era una luna
ahogada entre las yedras.

Solamente por oír
la campana de la Vela
desgarré mi jardín de Cartagena.

Granada era una corza
rosa por las veletas.

Solamente por oír
la campana de la Vela
me abrasaba en tu cuerpo
sin saber de quién era.

Gacela V
Del niño muerto

Todas las tardes en Granada,
todas las tardes se muere un niño.
Todas las tardes el agua se sienta
a conversar con sus amigos.

Los muertos llevan alas de musgo.
El viento nublado y el viento limpio

son dos faisanes que vuelan por las torres
y el día es un muchacho herido.

No quedaba en el aire ni una brizna de alondra
cuando yo te encontré por las grutas del vino.
No quedaba en la tierra ni una miga de nube
cuando te ahogabas por el río.

Un gigante de agua cayó sobre los montes
y el valle fue rodando con perros y con lirios.
Tu cuerpo, con la sombra violeta de mis manos,
era, muerto en la orilla, un arcángel de frío.

Gacela VI
De la raíz amarga

Hay una raíz amarga
y un mundo de mil terrazas.

Ni la mano más pequeña
quiebra la puerta del agua.

¿Dónde vas, adónde, dónde?
Hay un cielo de mil ventanas
–batalla de abejas lívidas–
y hay una raíz amarga.

Amarga.

Duele en la planta del pie
el interior de la cara,
y duele en el tronco fresco
de noche recién cortada.

¡Amor, enemigo mío,
muerde tu raíz amarga!

Gacela VII
Del recuerdo de amor

No te lleves tu recuerdo.
Déjalo solo en mi pecho,

temblor de blanco cerezo
en el martirio de Enero.

Me separa de los muertos
un muro de malos sueños.

Doy pena de lirio fresco
para un corazón de yeso.

Toda la noche, en el huerto
mis ojos, como dos perros.

Toda la noche, corriendo
los membrillos de veneno.

Algunas veces el viento
es un tulipán de miedo,

es un tulipán enfermo,
la madrugada de invierno.

Un muro de malos sueños
me separa de los muertos.

La hierba cubre en silencio
el valle gris de tu cuerpo.

Por el arco del encuentro
la cicuta está creciendo.

Pero deja tu recuerdo,
déjalo solo en mi pecho.

Gacela VIII
De la muerte oscura

Quiero dormir el sueño de las manzanas,
alejarme del tumulto de los cementerios.
Quiero dormir el sueño de aquel niño
que quería cortarse el corazón en alta mar.

No quiero que me repitan que los muertos no pierden la
    sangre;
que la boca podrida sigue pidiendo agua.
No quiero enterarme de los martirios que da la hierba,
ni de la luna con boca de serpiente
que trabaja antes del amanecer.

Quiero dormir un rato,
un rato, un minuto, un siglo;
pero que todos sepan que no he muerto;
que hay un establo de oro en mis labios;
que soy el pequeño amigo del viento Oeste;
que soy la sombra inmensa de mis lágrimas.

Cúbreme por la aurora con un velo,
porque me arrojará puñados de hormigas,

y moja con agua dura mis zapatos
para que resbale la pinza de su alacrán.

Porque quiero dormir el sueño de las manzanas
para aprender un llanto que me limpie de tierra;
porque quiero vivir con aquel niño oscuro
que quería cortarse el corazón en alta mar.

Gacela IX
Del amor maravilloso

Con todo el yeso
de los malos campos,
eras junco de amor, jazmín mojado.

Con sur y llama
de los malos cielos,
eras rumor de nieve por mi pecho.

Cielos y campos
anudaban cadenas en mis manos.

Campos y cielos
azotaban las llagas de mi cuerpo.

Gacela X
De la huida

Me he perdido muchas veces por el mar
con el oído lleno de flores recién cortadas,

con la lengua llena de amor y de agonía.
Muchas veces me he perdido por el mar,
como me pierdo en el corazón de algunos niños.

No hay nadie que, al dar un beso,
no sienta la sonrisa de la gente sin rostro,
ni hay nadie que, al tocar un recién nacido,
olvide las inmóviles calaveras de caballo.

Porque las rosas buscan en la frente
un duro paisaje de hueso
y las manos del hombre no tienen más sentido
que imitar a las raíces bajo tierra.

Como me pierdo en el corazón de algunos niños,
me he perdido muchas veces por el mar.
Ignorante del agua, voy buscando
una muerte de luz que me consuma.

Gacela XI
Del amor con cien años

Suben por la calle
los cuatro galanes.

Ay, ay, ay, ay.

Por la calle abajo
van los tres galanes.

Ay, ay, ay.

Se ciñen el talle
esos dos galanes.

Ay, ay.

¡Cómo vuelve el rostro
un galán y el aire!

Ay.

Por los arrayanes
se pasea nadie.

Casidas

Casida primera
Del herido por el agua

Quiero bajar al pozo,
quiero subir los muros de Granada,
para mirar el corazón pasado
por el punzón oscuro de las aguas.

El niño herido gemía
con una corona de escarcha.
Estanques, aljibes y fuentes
levantaban al aire sus espadas.
¡Ay qué furia de amor, qué hiriente filo,
qué nocturno rumor, qué muerte blanca!
¡Qué desiertos de luz iban hundiendo
los arenales de la madrugada!

El niño estaba solo
con la ciudad dormida en la garganta.
Un surtidor que viene de los sueños
lo defiende del hambre de las algas.
El niño y su agonía, frente a frente,
eran dos verdes lluvias enlazadas.
El niño se tendía por la tierra
y su agonía se curvaba.

Quiero bajar al pozo,
quiero morir mi muerte a bocanadas,
quiero llenar mi corazón de musgo,
para ver al herido por el agua.

Casida II
Del llanto

He cerrado mi balcón
porque no quiero oír el llanto,
pero por detrás de los grises muros
no se oye otra cosa que el llanto.

Hay muy pocos ángeles que canten,
hay muy pocos perros que ladren,
mil violines caben en la palma de mi mano.

Pero el llanto es un perro inmenso,
el llanto es un ángel inmenso,
el llanto es un violín inmenso,
las lágrimas amordazan al viento,
y no se oye otra cosa que el llanto.

Casida III
De los ramos

Por las arboledas del Tamarit
han venido los perros de plomo
a esperar que se caigan los ramos,
a esperar que se quiebren ellos solos.

El Tamarit tiene un manzano
con una manzana de sollozos.
Un ruiseñor agrupa los suspiros
y un faisán los ahuyenta por el polvo.

Pero los ramos son alegres,
los ramos son como nosotros.
No piensan en la lluvia y se han dormido,
como si fueran árboles, de pronto.

Sentados con el agua en las rodillas
dos valles aguardaban al Otoño.
La penumbra con paso de elefante
empujaba las ramas y los troncos.

Por las arboledas del Tamarit
hay muchos niños de velado rostro
a esperar que se caigan mis ramos,
a esperar que se quiebren ellos solos.

Casida IV
De la mujer tendida

Verte desnuda es recordar la Tierra,
la Tierra lisa, limpia de caballos.
La Tierra sin un junco, forma pura
cerrada al porvenir: confín de plata.

Verte desnuda es comprender el ansia
de la lluvia que busca débil talle,
o la fiebre del mar de inmenso rostro
sin encontrar la luz de su mejilla.

La sangre sonará por las alcobas
y vendrá con espadas fulgurantes,
pero tú no sabrás dónde se ocultan
el corazón de sapo o la violeta.

Tu vientre es una lucha de raíces,
tus labios son un alba sin contorno.
Bajo las rosas tibias de la cama
los muertos gimen esperando turno.

Casida V
Del sueño al aire libre

Flor de jazmín y toro degollado.
Pavimento infinito. Mapa. Sala. Arpa. Alba.
La niña sueña un toro de jazmines
y el toro es un sangriento crepúsculo que brama.

Si el cielo fuera un niño pequeñito,
los jazmines tendrían mitad de noche oscura,
y el toro circo azul sin lidiadores,
y un corazón al pie de una columna.

Pero el cielo es un elefante,
el jazmín es un agua sin sangre
y la niña es un ramo nocturno
por el inmenso pavimento oscuro.

Entre el jazmín y el toro
o garfios de marfil o gente dormida.
En el jazmín un elefante y nubes
y en el toro el esqueleto de la niña.

Casida VI
De la mano imposible

Yo no quiero más que una mano,
una mano herida, si es posible.
Yo no quiero más que una mano,
aunque pase mil noches sin lecho.

Sería un pálido lirio de cal,
sería una paloma amarrada a mi corazón,
sería el guardián que en la noche de mi tránsito
prohibiera en absoluto la entrada a la luna.

Yo no quiero más que esa mano
para los diarios aceites y la sábana blanca de mi agonía.
Yo no quiero más que esa mano
para tener un ala de mi muerte.

Lo demás todo pasa.
Rubor sin nombre ya. Astro perpetuo.
Lo demás es lo otro; viento triste,
mientras las hojas huyen en bandadas.

Casida VII
De la rosa

La rosa,
no buscaba la aurora:
casi eterna en su ramo,
buscaba otra cosa.

La rosa,
no buscaba ni ciencia ni sombra:
confín de carne y sueño,
buscaba otra cosa.

La rosa,
no buscaba la rosa:
inmóvil por el cielo
buscaba otra cosa.

Casida VIII
De la muchacha dorada

La muchacha dorada
se bañaba en el agua
y el agua se doraba.

Las algas y las ramas
en sombra la asombraban,
y el ruiseñor cantaba
por la muchacha blanca.

Vino la noche clara,
turbia de plata mala,
con peladas montañas
bajo la brisa parda.

La muchacha mojada
era blanca en el agua
y el agua, llamarada.

Vino el alba sin mancha
con cien caras de vaca,
yerta y amortajada
con heladas guirnaldas.

La muchacha de lágrimas,
se bañaba entre llamas,
y el ruiseñor lloraba
con las alas quemadas.

La muchacha dorada
era una blanca garza
y el agua la doraba.

Casida IX
De las palomas oscuras

A Claudio Guillén

Por las ramas del laurel
vi dos palomas oscuras.

La una era el sol,
la otra la luna.
«Vecinitas», les dije,
«¿dónde está mi sepultura?»
«En mi cola», dijo el sol.
«En mi garganta», dijo la luna.
Y yo que estaba caminando
con la tierra por la cintura
vi dos águilas de nieve
y una muchacha desnuda.
La una era la otra
y la muchacha era ninguna.
«Aguilitas», les dije,
«¿dónde está mi sepultura?»
«En mi cola», dijo el sol.
«En mi garganta», dijo la luna.
Por las ramas del laurel
vi dos palomas desnudas.
La una era la otra
y las dos eran ninguna.

Seis poemas galegos

Madrigal â cibdá de Santiago

Chove en Santiago
meu doce amor.
Camelia branca do ar
brila entebrecido o sol.

Chove en Santiago
na noite escura.
Herbas de prata e sono
cobren a valeira lúa.

Olla a choiva pol-a rúa,
laio de pedra e cristal.
Olla no vento esvaído
soma e cinza do teu mar.

Soma e cinza do teu mar
Santiago, lonxe do sol;
ágoa de mañán anterga
trema no meu corazón.

Romaxe de Nosa Señora da Barca

¡Ay ruada, ruada, ruada
da Virxe pequena
e a súa barca!

A Virxe era de pedra
e a súa coroa de prata.
Marelos os catro bois
que no seu carro a levaban.

Pombas de vidro traguían
a choiva pol-a montana.
Mortos e mortas de néboa
pol-os sendeiros chegaban.

¡Virxe, deixa a túa cariña
nos doces ollos das vacas
e leva sobr'o teu manto
as froles da amortallada!

Pol-a testa de Galicia
xa ven salaiando ai-alba.
A Virxe mira pr'o mar
dend'a porta da súa casa.

¡Ay ruada, ruada, ruada
da Virxe pequena
e a súa barca!

Cántiga do neno da tenda

Bos Aires ten unha gaita
sobor do Río da Prata,
que a toca o vento do norde
coa súa gris boca mollada.
¡Triste Ramón de Sismundi!
Xunto â rúa d'Esmeralda
c'unha basoira de xesta
sacaba o polvo das caixas.
Ao longo das rúas infindas
os galegos paseiaban
soñando un val imposíbel
na verde riba da pampa.

¡Triste Ramón de Sismundi!
Sintéu a muiñeira d'ágoa
mentres sete bois de lúa
pacían na súa lembranza.
Foise pr'a veira do río,
veira do Río da Prata.
Sauces e cabalos múos
creban o vidro das ágoas.
Non atopóu o xemido
malencónico da gaita,
non víu ô inmenso gaiteiro
coa boca frolida d'alas;
triste Ramón de Sismundi,
veira do Río da Prata,
víu na tarde amortecida
bermello muro de lama.

Noiturnio do adoescente morto

Imos silandeiros orela do vado
pra ver ô adoescente afogado.

Imos silandeiros veiriña do ar,
antes que ise río o leve pr'o mar.

Súa i-alma choraba, ferida e pequena
embaixo os arumes de pinos e d'herbas.

Ágoa despenada baixaba da lúa
cobrindo de violas a montana núa.

O vento deixaba camelias de soma
na lumieira murcha da súa triste boca.

¡Vinde mozos loiros do monte e do prado
pra ver ô adoescente afogado!

¡Vinde xente escura do cume e do val
antes que ise río o leve pr'o mar!

O leve pr'o mar de curtiñas brancas
onde van e vên vellos bois de ágoa.

¡Ay, cómo cantaban os albres do Sil
sobre a verde lúa, coma un tamboril!

¡Mozos, imos, vinde, aixiña, chegar
porque xa ise río o leva pr'o mar!

Canzón de cuna pra Rosalía Castro, morta

¡Érguete, miña amiga,
que xa cantan os galos do día!
¡Érguete, miña amada,
porque o vento muxe coma unha vaca!

Os arados van e vên
dende Santiago a Belén.
Dende Belén a Santiago
un anxo ven en un barco.
Un barco de prata fina
que trai a door de Galicia.
Galicia deitada e queda
transida de tristes herbas.
Herbas que cobren teu leito
e a negra fonte dos teus cabelos.
Cabelos que van ô mar
onde as nubens teñen seu nidio pombal.

¡Érguete, miña amiga,
que xa cantan os galos do día!
¡Érguete, miña amada,
porque o vento muxe coma unha vaca!

Danza da lúa en Santiago

¡Fita aquel branco galán,
fita seu transido corpo!

É a lúa que baila
na Quintana dos mortos.

Fita seu corpo transido,
negro de somas e lobos.

Nai: A lúa está bailando
na Quintana dos mortos.

¿Quén fire poldro de pedra
na mesma porta do sono?

¡É a lúa! ¡É a lúa
na Quintana dos mortos!

¿Quén fita meus grises vidros
cheos de nubens seus ollos?

É a lúa, é a lúa
na Quintana dos mortos.

Déixame morrer no leito
soñando na frol d'ouro.

Nai: A lúa está bailando
na Quintana dos mortos.

¡Ai filla, c'o ar do ceo
vólvome branca de pronto!

Non é o ar, é a triste lúa
na Quintana dos mortos.

¿Quén xime co-este xemido
d'inmenso boi malencónico?

Nai: É a lúa, é a lúa
na Quintana dos mortos.

¡Sí, a lúa, a lúa
coroada de toxo,
que baila, e baila, e baila
na Quintana dos mortos!

Ensayo o poema
sobre el toro en España

Señores radioyentes:

El verano con cintas rojas y rumores de oro seco cubre valles y montes de España. El aire enjuto, que teme san Juan de la Cruz porque agosta las metálicas flores de su cántico, aire expirante por cien bocas que cantó Góngora, aire que es un inmenso pecho de arena sembrado de cactus diminutos, lleva nieblas calientes desde los riscos de Pancorbo al muro blanco de Cádiz, que sorprendió el primer sueño de lord Byron. Por el norte, alguna llovizna. Las olas vienen empapadas con el gris-plata de Inglaterra. Pero calor también. Entre los verdes húmedos que quieren ser europeos y no pueden, la torre morena, las acentuadas caderas de una muchacha, el escándalo, el signo o el rastro de la personalidad hispana.

Si yo pienso ahora en la República Argentina, en esa larga antología de climas que es vuestro país, la veo como una gran mujer alegórica, oleográfica y tierna, con la frente coronada por ramas y víboras del Chaco y los pies en las azuladas nieves del sur. Mire por donde mire, el ojo soñoliento del caballo bajo la triste luna de las hierbas o el galope del amanecer entre el mar de crin o el mar de lana.

Balido, relincho y mugido suenan melancólicamente bajo la inagotable cornucopia que os vuelca sin cesar espigas y agua de oro.

Un viejo dirá que la Pampa es un sueño, un muchacho que es un excelente campo de *football,* un poeta mirará al cielo para verla mejor.

Si vosotros pensáis en esta España desde la que hablo, pensaréis, como yo lo he hecho con vuestro país, en la forma que tiene en el mapa. Los niños saben muy bien que Francia tiene forma de cafetera, Italia de una bota de montar, que la India tiene una trompa de elefante que empuja suavemente a Ceilán, que Suecia y Noruega forman un rizado perro que nada en el mar del frío, que Islandia es una rosa puesta en la mejilla de la esfera armilar. Los niños no, porque no han podido imaginarlo, pero los mayores sí, porque nos lo han enseñado, sabemos que España tiene la forma de la piel de un toro extendida. No adopta, como Chile, forma de serpiente anaconda, sino forma de piel de animal y de animal sacrificado. En esta estructura de símbolo geográfico está lo más hondo, rutilante, complejo del carácter español.

En mitad del verano ibérico se ve una forma negra, definida, rápida, llena de una pasión que hace estremecer a la criatura más fría, una hermosa forma que salta, a la que se mira con respeto, con miedo y, esto es lo extraordinario, con inmensa alegría, y que lleva *media luna las armas de su frente*, para usar expresión gongorina, que lleva dos cuernos agudos donde reside su potencia y su sabiduría.

En mitad del verano ibérico se oye un mugido que hace llorar a los niños de pecho y atrancar las puertas de las callecitas que bajan al Guadalquivir o que bajan al Tormes. No ha salido de establo este mugido, ni de las dulces pajas del reposo, ni de la carreta, ni de los horribles mataderos provinciales, sucios de continuas hecatombes. Este mugido sale de un circo, de un viejo templo, y atraviesa el cielo seguido por una caliente pedrea de voces humanas.

Este mugido de dolor ha salido de las frenéticas plazas de toros y expresa una comunión milenaria, una ofrenda oscura a la Venus tartesa del Rocío, viva antes que Roma y Jerusalén tuvieran murallas, un sacrificio a la dulce diosa madre de todas las vacas, reina de las ganaderías andaluzas olvidada por la civilización en las solitarias marismas de Huelva.

En mitad del verano ibérico se abren las plazas, es decir, los altares. El hombre sacrifica al bravo toro, hijo de la dulcísima vaca, diosa del amanecer que vive en el rocío. La inmensa vaca celestial, madre continuamente desangrada, pide también el holocausto del hombre y naturalmente lo tiene. Cada año caen los mejores toreros, destrozados, desgarrados por los afilados cuernos de algunos toros que cambian por un terrible momento su papel de víctimas en papel de sacrificadores. Parece como si el toro, por un instinto revelado o por secreta ley desconocida, elige el torero más heroico para llevárselo, como en las tauromaquias de Creta, a la virgen más pura y delicada.

Desde Pepe-Hillo hasta mi inolvidable Ignacio Sánchez Mejías, pasando por Espartero, Antonio Montes y Joselito, hay una cadena de muertos gloriosos, de españoles sacrificados por una religión oscura, incomprensible para casi todos, pero que constituye la llama perenne que hace posible la gentileza, la galantería, la generosidad, la bravura sin ambiciones donde se enciende el carácter inalterable de este pueblo. El español se siente de pronto arrastrado por una fuerza seria que le lleva al juego con el toro, fuerza irreflexiva que no se explica el mismo que la siente y está basada en una emoción en la que intervienen los muertos asomados en sus inmóviles barreras y contrabarreras de luz lunar.

Se dice que el torero va a la plaza por ganar dinero, posición social, gloria, aplausos, y no es verdad. El torero va a la plaza para encontrarse solo con el toro, al que tiene mucho que decir y al que teme y adora al mismo tiempo. Le gustan los aplausos y lo animan, pero él está embebido en su rito y oye y ve al público como si estuviera en otro mundo. Y, efectivamente, está. Está en un mundo de creación y de abstracción constante por el público de los toros: es el único público que no es de espectadores, sino de actores. Cada hombre torea al toro al mismo tiempo que el torero, no siguiendo el vuelo del capote, sino con otro capote imaginario y de manera distinta de la que está viendo.

Así, pues, el torero es una forma sobre la que descansa el ansia distinta de miles de personas y el toro el único verdadero primer actor del drama.

La gana, el deseo de torear muerde en el muchacho como un gato garduño que le saltara a los ojos, mucho antes de que éste sepa que el toreo es un arte exquisito, que tiene genios, épocas y escuelas. Esta gana, este deseo es la raíz de la fiesta y puede existir porque late en todos los españoles de todos los tiempos. Por eso pueden ser actores en la plaza al mismo tiempo que el torero, que es el especializado; por eso pueden encontrar natural y no milagroso el espectáculo increíble de una verónica de la escuela de Belmonte o un farol, en la misma cabeza del toro, del antiguo temple de Rafael *el Gallo*.

Este deseo profundo de ir al toro constituye, en gran parte de la juventud popular española, un tormento tan grande que es preferible la muerte antes que sufrirlo. Muchos jóvenes se arrojan a la plaza desde los tendidos con un trapito rojo y una caña en vez de espada, como verdaderos *ecce-homos* de la fiesta, para dar unos pases que acaban muchas veces con la muerte; o se desnudan para pasar el río y torear desnudos a la luz de la luna expuestos a las mil y una heridas de un cuerpo sin defensa; o emprenden verdaderas odiseas a través de montes y llanos siempre con el terrible deseo de una muerte hermosa o la maravilla de doblarse el cuerpo de la fiera a sus cinturas juveniles de elegidos. No hace mucho me decía un joven que se quiere dedicar a torero: «Ayer estuve solo en el campo y me entró de pronto una afición tan grande que me eché a llorar».

La *Fortis salmantina*, torre de Salamanca que se asoma al espejo del Tormes, y la Giralda de Sevilla, enjaezada como una mula de feria, torre que se mira en el Guadalquivir, son los dos minaretes bajo los cuales se desarrolla la afición al toro de los españoles. Claro que todo viene del sur: el pasodoble torero tiene en todos los casos sangre andaluza y toda escuela y ciencia taurina brotan de Sierra Morena para abajo. Pero hoy la Castilla dorada de Salamanca tiene ganaderías bravas, toros de sangre que juegan con ímpetu en las plazas de la nación. El toro de lidia es una fiera que solamente puede crecer con la hierba mágica de las marismas del Guadalquivir, río de Fernando de Herrera y de Góngora, o con las praderas del Tormes, río de Lope de Vega y fray Luis de León; que es una verdadera fiera, inservible para la agricultura, y que si se lleva a la ternura pacífica de Galicia se convierte en buey útil, a la primera generación.

Alrededor de estas dos torres insignes, teología la salmantina y canto la sevillana, se desarrolla en drama vivo esta apetencia, esta gana de toro de que os hablo, que en este instante, entre cintas rojas y rumores de oro seco, estremece valles y montes de España. Entre las campanas de la torre salmantina, empapadas de cultura universitaria renacentista, y las campanas de Sevilla, plateadas de oriente medieval, hay un rosario de pechos heridos, un zigzag de borlas de oro, de banderillas de papel, y un gigantesco toro negro, cantado y analizado ya por el gran poeta difunto Fernando Villalón, un maravilloso toro de sombra a cuyo mugido se cierran las puertas de los pueblecitos y que hace sonar clarines de muerte en los pechos de los muchachos pobres, de los muchachos aficionados que lo ansían.

En mitad del verano ibérico, esperando ver siempre nuevas corridas, me despido de los radioyentes argentinos, que me oirán ahora acariciados por las nieblas del Río de la Plata.

Agosto de 1935

Llanto por
Ignacio Sánchez Mejías

A mi querida amiga
Encarnación López Júlvez

La cogida y la muerte

A las cinco de la tarde.
Eran las cinco en punto de la tarde.
Un niño trajo la blanca sábana
a las cinco de la tarde.
Una espuerta de cal ya prevenida
a las cinco de la tarde.
Lo demás era muerte y sólo muerte
a las cinco de la tarde.

El viento se llevó los algodones
a las cinco de la tarde.
Y el óxido sembró cristal y níquel
a las cinco de la tarde.
Ya luchan la paloma y el leopardo
a las cinco de la tarde.
Y un muslo con un asta desolada
a las cinco de la tarde.
Comenzaron los sones de bordón
a las cinco de la tarde.
Las campanas de arsénico y el humo
a las cinco de la tarde.

En las esquinas grupos de silencio
a las cinco de la tarde.
¡Y el toro solo corazón arriba!
a las cinco de la tarde.
Cuando el sudor de nieve fue llegando
a las cinco de la tarde,
cuando la plaza se cubrió de yodo
a las cinco de la tarde,
la muerte puso huevos en la herida

a las cinco de la tarde.
A las cinco de la tarde.
A las cinco en punto de la tarde.

Un ataúd con ruedas es la cama
a las cinco de la tarde.
Huesos y flautas suenan en su oído
a las cinco de la tarde.
El toro ya mugía por su frente
a las cinco de la tarde.
El cuarto se irisaba de agonía
a las cinco de la tarde.
A lo lejos ya viene la gangrena
a las cinco de la tarde.
Trompa de lirio por las verdes ingles
a las cinco de la tarde.
Las heridas quemaban como soles
a las cinco de la tarde,
y el gentío rompía las ventanas
a las cinco de la tarde.
A las cinco de la tarde.
¡Ay qué terribles cinco de la tarde!
¡Eran las cinco en todos los relojes!
¡Eran las cinco en sombra de la tarde!

2

La sangre derramada

¡Que no quiero verla!

Dile a la luna que venga,
que no quiero ver la sangre
de Ignacio sobre la arena.

¡Que no quiero verla!

La luna de par en par,
caballo de nubes quietas,
y la plaza gris del sueño
con sauces en las barreras.

¡Que no quiero verla!

Que mi recuerdo se quema.
¡Avisad a los jazmines
con su blancura pequeña!

¡Que no quiero verla!

La vaca del viejo mundo
pasaba su triste lengua
sobre un hocico de sangres
derramadas en la arena,
y los toros de Guisando,
casi muerte y casi piedra,
mugieron como dos siglos,
hartos de pisar la tierra.

No.
¡Que no quiero verla!

Por las gradas sube Ignacio
con toda su muerte a cuestas.
Buscaba el amanecer,
y el amanecer no era.
Busca su perfil seguro,
y el sueño lo desorienta.
Buscaba su hermoso cuerpo
y encontró su sangre abierta.
¡No me digáis que la vea!

No quiero sentir el chorro
cada vez con menos fuerza;
ese chorro que ilumina
los tendidos y se vuelca
sobre la pana y el cuero
de muchedumbre sedienta.
¿Quién me grita que me asome?
¡No me digáis que la vea!

No se cerraron sus ojos
cuando vio los cuernos cerca,
pero las madres terribles
levantaron la cabeza.
Y a través de las ganaderías
hubo un aire de voces secretas,
que gritaban a toros celestes
mayorales de pálida niebla.

No hubo príncipe en Sevilla
que comparársele pueda,
ni espada como su espada
ni corazón tan de veras.
Como un río de leones
su maravillosa fuerza,
y como un torso de mármol
su dibujada prudencia.
Aire de Roma andaluza
le doraba la cabeza
donde su risa era un nardo
de sal y de inteligencia.
¡Qué gran torero en la plaza!
¡Qué buen serrano en la sierra!
¡Qué blando con las espigas!
¡Qué duro con las espuelas!
¡Qué tierno con el rocío!

¡Qué deslumbrante en la feria!
¡Qué tremendo con las últimas
banderillas de tiniebla!

Pero ya duerme sin fin.
Ya los musgos y la hierba
abren con dedos seguros
la flor de su calavera.
Y su sangre ya viene cantando:
cantando por marismas y praderas,
resbalando por cuernos ateridos,
vacilando sin alma por la niebla,
tropezando con miles de pezuñas
como una larga, oscura, triste lengua,
para formar un charco de agonía
junto al Guadalquivir de las estrellas.

¡Oh blanco muro de España!
¡Oh negro toro de pena!
¡Oh sangre dura de Ignacio!
¡Oh ruiseñor de sus venas!

No.
¡Que no quiero verla!
Que no hay cáliz que la contenga,
que no hay golondrinas que se la beban,
no hay escarcha de luz que la enfríe,
no hay canto ni diluvio de azucenas,
no hay cristal que la cubra de plata.
No.
¡¡Yo no quiero verla!!

3
Cuerpo presente

La piedra es una frente donde los sueños gimen
sin tener agua curva ni cipreses helados.
La piedra es una espalda para llevar al tiempo
con árboles de lágrimas y cintas y planetas.

Yo he visto lluvias grises correr hacia las olas
levantando sus tiernos brazos acribillados,
para no ser cazadas por la piedra tendida
que desata sus miembros sin empapar la sangre.

Porque la piedra coge simientes y nublados,
esqueletos de alondras y lobos de penumbra;
pero no da sonidos, ni cristales, ni fuego,
sino plazas y plazas y otra plaza sin muros.

Ya está sobre la piedra Ignacio el bien nacido.
Ya se acabó; ¿qué pasa? Contemplad su figura:
la muerte lo ha cubierto de pálidos azufres
y le ha puesto cabeza de oscuro minotauro.

Ya se acabó. La lluvia penetra por su boca.
El aire como loco deja su pecho hundido,
y el Amor, empapado con lágrimas de nieve,
se calienta en la cumbre de las ganaderías.

¿Qué dicen? Un silencio con hedores reposa.
Estamos con un cuerpo presente que se esfuma,
con una forma clara que tuvo ruiseñores
y la vemos llenarse de agujeros sin fondo.

¿Quién arruga el sudario? ¡No es verdad lo que dice!
Aquí no canta nadie, ni llora en el rincón,
ni pica las espuelas, ni espanta la serpiente:
aquí no quiero más que los ojos redondos
para ver ese cuerpo sin posible descanso.

Yo quiero ver aquí los hombres de voz dura.
Los que doman caballos y dominan los ríos:
los hombres que les suena el esqueleto y cantan
con una boca llena de sol y pedernales.

Aquí quiero yo verlos. Delante de la piedra.
Delante de este cuerpo con las riendas quebradas.
Yo quiero que me enseñen dónde está la salida
para este capitán atado por la muerte.

Yo quiero que me enseñen un llanto como un río
que tenga dulces nieblas y profundas orillas,
para llevar el cuerpo de Ignacio y que se pierda
sin escuchar el doble resuello de los toros.

Que se pierda en la plaza redonda de la luna
que finge cuando niña doliente res inmóvil;
que se pierda en la noche sin canto de los peces
y en la maleza blanca del humo congelado.

No quiero que le tapen la cara con pañuelos
para que se acostumbre con la muerte que lleva.
Vete, Ignacio: No sientas el caliente bramido.
Duerme, vuela, reposa: ¡También se muere el mar!

4

Alma ausente

No te conoce el toro ni la higuera,
ni caballos ni hormigas de tu casa.
No te conoce el niño ni la tarde
porque te has muerto para siempre.

No te conoce el lomo de la piedra,
ni el raso negro donde te destrozas.
No te conoce tu recuerdo mudo
porque te has muerto para siempre.

El Otoño vendrá con caracolas,
uva de niebla y montes agrupados,
pero nadie querrá mirar tus ojos
porque te has muerto para siempre.

Porque te has muerto para siempre,
como todos los muertos de la Tierra,
como todos los muertos que se olvidan
en un montón de perros apagados.

No te conoce nadie. No. Pero yo te canto.
Yo canto para luego tu perfil y tu gracia.
La madurez insigne de tu conocimiento.
Tu apetencia de muerte y el gusto de su boca.
La tristeza que tuvo tu valiente alegría.

Tardará mucho tiempo en nacer, si es que nace,
un andaluz tan claro, tan rico de aventura.
Yo canto su elegancia con palabras que gimen
y recuerdo una brisa triste por los olivos.

Sonetos

I

Sonetos del amor oscuro

Soneto de la guirnalda de rosas

¡Esa guirnalda! ¡pronto! ¡que me muero!
¡Teje deprisa! ¡canta! ¡gime! ¡canta!
Que la sombra me enturbia la garganta
y otra vez viene y mil la luz de Enero.

Entre lo que me quieres y te quiero,
aire de estrellas y temblor de planta,
espesura de anémonas levanta
con oscuro gemir un año entero.

Goza el fresco paisaje de mi herida,
quiebra juncos y arroyos delicados,
bebe en muslo de miel sangre vertida.

Pero ¡pronto! Que unidos, enlazados,
boca rota de amor y alma mordida,
el tiempo nos encuentre destrozados.

Soneto de la dulce queja

Tengo miedo a perder la maravilla
de tus ojos de estatua y el acento
que me pone de noche en la mejilla
la solitaria rosa de tu aliento.

Tengo pena de ser en esta orilla
tronco sin ramas, y lo que más siento
es no tener la flor, pulpa o arcilla,
para el gusano de mi sufrimiento.

Si tú eres el tesoro oculto mío,
si eres mi cruz y mi dolor mojado,
si soy el perro de tu señorío,

no me dejes perder lo que he ganado
y decora las aguas de tu río
con hojas de mi Otoño enajenado.

Llagas de amor

Esta luz, este fuego que devora,
este paisaje gris que me rodea,
este dolor por una sola idea,
esta angustia de cielo, mundo y hora,

este llanto de sangre que decora
lira sin pulso ya, lúbrica tea,
este peso del mar que me golpea,
este alacrán que por mi pecho mora,

son guirnalda de amor, cama de herido,
donde sin sueño, sueño tu presencia
entre las ruinas de mi pecho hundido.

Y aunque busco la cumbre de prudencia
me da tu corazón valle tendido
con cicuta y pasión de amarga ciencia.

El poeta pide a su amor que le escriba

Amor de mis entrañas, viva muerte,
en vano espero tu palabra escrita
y pienso, con la flor que se marchita,
que si vivo sin mí quiero perderte.

El aire es inmortal. La piedra inerte
ni conoce la sombra ni la evita.
Corazón interior no necesita
la miel helada que la luna vierte.

Pero yo te sufrí. Rasgué mis venas,
tigre y paloma, sobre tu cintura
en duelo de mordiscos y azucenas.

Llena, pues, de palabras mi locura
o déjame vivir en mi serena
noche del alma para siempre oscura.

El poeta dice la verdad

Quiero llorar mi pena y te lo digo
para que tú me quieras y me llores
en un anochecer de ruiseñores,
con un puñal, con besos y contigo.

Quiero matar al único testigo
para el asesinato de mis flores
y convertir mi llanto y mis sudores
en eterno montón de duro trigo.

Que no se acabe nunca la madeja
del te quiero me quieres, siempre ardida
con decrépito sol y luna vieja.

Que lo que no me des y no te pida
será para la muerte, que no deja
ni sombra por la carne estremecida.

El poeta habla por teléfono
con el amor

Tu voz regó la duna de mi pecho
en la dulce cabina de madera.
Por el sur de mis pies fue primavera
y al norte de mi frente flor de helecho.

Pino de luz por el espacio estrecho
cantó sin alborada y sementera
y mi llanto prendió por vez primera
coronas de esperanza por el techo.

Dulce y lejana voz por mí vertida.
Dulce y lejana voz por mí gustada.
Lejana y dulce voz amortecida.

Lejana como oscura corza herida.
Dulce como un sollozo en la nevada.
¡Lejana y dulce en tuétano metida!

El poeta pregunta a su amor por la «Ciudad Encantada» de Cuenca

¿Te gustó la ciudad que gota a gota
labró el agua en el centro de los pinos?
¿Viste sueños y rostros y caminos
y muros de dolor que el aire azota?

¿Viste la grieta azul de luna rota
que el Júcar moja de cristal y trinos?
¿Han besado tus dedos los espinos
que coronan de amor piedra remota?

¿Te acordaste de mí cuando subías
al silencio que sufre la serpiente
prisionera de grillos y de umbrías?

¿No viste por el aire transparente
una dalia de penas y alegrías
que te mandó mi corazón caliente?

Soneto gongorino en que el poeta manda a su amor una paloma

Este pichón del Turia que te mando,
de dulces ojos y de blanca pluma,
sobre laurel de Grecia vierte y suma
llama lenta de amor do estoy parando.

Su cándida virtud, su cuello blando,
en lirio doble de caliente espuma,

con un temblor de escarcha, perla y bruma
la ausencia de tu boca está marcando.

Pasa la mano sobre su blancura
y verás qué nevada melodía
esparce en copos sobre tu hermosura.

Así mi corazón de noche y día,
preso en la cárcel del amor oscura,
llora sin verte su melancolía.

[¡Ay voz secreta del amor oscuro!]

¡Ay voz secreta del amor oscuro!
¡ay balido sin lanas! ¡ay herida!
¡ay aguja de hiel, camelia hundida!
¡ay corriente sin mar, ciudad sin muro!

¡Ay noche inmensa de perfil seguro,
montaña celestial de angustia erguida!
¡ay perro en corazón, voz perseguida!
¡silencio sin confín, lirio maduro!

Huye de mí, caliente voz de hielo,
no me quieras perder en la maleza
donde sin fruto gimen carne y cielo.

Dejo el duro marfil de mi cabeza,
apiádate de mí, ¡rompe mi duelo!
¡que soy amor, que soy naturaleza!

El amor duerme en el pecho del poeta

Tú nunca entenderás lo que te quiero
porque duermes en mí y estás dormido.
Yo te oculto llorando, perseguido
por una voz de penetrante acero.

Norma que agita igual carne y lucero
traspasa ya mi pecho dolorido
y las turbias palabras han mordido
las alas de tu espíritu severo.

Grupo de gente salta en los jardines
esperando tu cuerpo y mi agonía
en caballos de luz y verdes crines.

Pero sigue durmiendo, vida mía.
¡Oye mi sangre rota en los violines!
¡Mira que nos acechan todavía!

Noche del amor insomne

Noche arriba los dos con luna llena,
yo me puse a llorar y tú reías.
Tu desdén era un dios, las quejas mías
momentos y palomas en cadena.

Noche abajo los dos. Cristal de pena,
llorabas tú por hondas lejanías.
Mi dolor era un grupo de agonías
sobre tu débil corazón de arena.

La aurora nos unió sobre la cama,
las bocas puestas sobre el chorro helado
de una sangre sin fin que se derrama.

Y el sol entró por el balcón cerrado
y el coral de la vida abrió su rama
sobre mi corazón amortajado.

II
Otros sonetos

En la muerte de José de Ciria y Escalante

¿Quién dirá que te vio, y en qué momento?
¡Qué dolor de penumbra iluminada!
Dos voces suenan: el reloj y el viento
mientras flota sin ti la madrugada.

Un delirio de nardo ceniciento
invade tu cabeza delicada.
¡Hombre! ¡Pasión! ¡Dolor de luz! Memento.
Vuelve hecho luna y corazón de nada.

Vuelve hecho luna: con mi propia mano
lanzaré tu manzana sobre el río
turbio de rojos peces y verano.

Y tú, arriba, en lo alto, verde y frío,
¡olvídame! Y olvida el mundo vano,
tristísimo Giocondo, amigo mío.

Soneto de homenaje a Manuel de Falla, ofreciéndole unas flores

Lira cordial de plata refulgente,
de duro acento y nervio desatado,
voces y frondas de la España ardiente
con tus manos de amor has dibujado.

En nuestra propia sangre está la fuente
que tu razón y sueños ha brotado.
Álgebra limpia de serena frente.
Disciplina y pasión de lo soñado.

Ocho provincias de la Andalucía,
olivo al aire y a la mar los remos,
cantan, Manuel de Falla, tu alegría.

Con el laurel y flores que ponemos
amigos de tu casa en este día,
pura amistad sencilla te ofrecemos.

A Carmela Condon, agradeciéndole unas muñecas

Una luz de jacinto me ilumina la mano
al escribir tu nombre de tinta y cabellera
y en la neutra ceniza de mi verso quisiera
silbo de luz y arcilla de caliente verano.

Un Apolo de hueso borra el cauce inhumano
donde mi sangre teje juncos de primavera.
Aire débil de alumbre y aguja de quimera
pone loco de espigas el silencio del grano.

En este duelo a muerte con la virgen poesía,
duelo de rosa y verso, de número y locura,
tu regalo renueva sal y vieja alegría.

¡Oh pequeña morena de delgada cintura!
¡Oh Perú de metal y de melancolía!
¡Oh España! ¡Oh luna muerta sobre la piedra dura!

Adam

A Pablo Neruda, rodeado de fantasmas

Árbol de sangre riega la mañana
por donde gime la recién parida.
Su voz deja cristales en la herida
y un gráfico de hueso en la ventana.

Mientras la luz que viene fija y gana
blancas metas de fábula que olvida
el tumulto de venas en la huida
hacia el turbio frescor de la manzana,

Adam sueña en la fiebre de la arcilla
un niño que se acerca galopando
por el doble latir de su mejilla.

Pero otro Adam oscuro está soñando
neutra luna de piedra sin semilla
donde el niño de luz se irá quemando.

Soneto

Yo sé que mi perfil será tranquilo
en el norte de un cielo sin reflejo:
mercurio de vigilia, casto espejo,
donde se quiebre el pulso de mi estilo.

Que si la yedra y el frescor del hilo
fue la norma del cuerpo que yo dejo,
mi perfil en la arena será un viejo
silencio sin rubor de cocodrilo.

Y aunque nunca tendrá sabor de llama
mi lengua de palomas ateridas
sino desierto gusto de retama,

libre signo de normas oprimidas
seré, en el cuello de la yerta rama
y en el sinfín de dalias doloridas.

Epitafio a Isaac Albéniz

Esta piedra que vemos levantada
sobre hierbas de muerte y barro oscuro,
guarda lira de sombra, sol maduro,
urna de canto sola y derramada.

Desde la sal de Cádiz a Granada,
que erige en agua su perpetuo muro,
en caballo andaluz de acento duro
tu sombra gime por la luz dorada.

¡Oh dulce muerto de pequeña mano!
¡Oh música y bondad entretejida!
¡Oh pupila de azor, corazón sano!

Duerme cielo sin fin, nieve tendida.
Sueña invierno de lumbre, gris verano.
¡Duerme en olvido de tu vieja vida!

En la tumba sin nombre de Herrera y Reissig en el cementerio de Montevideo

Túmulo de esmeraldas y epentismo
como errante pagoda submarina,
ramos de muerte y alba de sentina
ponen loco el ciprés de tu lirismo,

anémonas con fósforo de abismo
cubren tu calavera marfilina
y el aire teje una guirnalda fina
sobre la calva azul de tu bautismo.

No llega Salambó de miel helada
ni póstumo carbunclo de oro yerto
que salitró de lis tu voz pasada.

Sólo un rumor de hipnótico concierto,
una laguna turbia y disipada,
soplan entre tus sábanas de muerto.

A Mercedes en su vuelo

Una viola de luz yerta y helada
eres ya por las rocas de la altura.
Una voz sin garganta, voz oscura
que suena en todo sin sonar en nada.

Tu pensamiento es nieve resbalada
en la gloria sin fin de la blancura.
Tu perfil es perenne quemadura.
Tu corazón paloma desatada.

Canta ya por el aire sin cadena
la matinal, fragante melodía,
monte de luz y llaga de azucena.

Que nosotros aquí de noche y día
haremos en la esquina de la pena
una guirnalda de melancolía.

Poemas sueltos III

Canción

Tan, tan.
¿Quién es?
El Otoño otra vez.
¿Qué quiere el Otoño?
El frescor de tu sien.
No te lo quiero dar.
Yo te lo quiero quitar.

Tan, tan.
¿Quién es?
El Otoño otra vez.

Versos en el nacimiento de Malva Marina Neruda

Malva Marina, ¡quién pudiera verte
delfín de amor sobre las viejas olas,
cuando el vals de tu América destila
veneno y sangre de mortal paloma!

¡Quién pudiera quebrar los pies oscuros
de la noche que ladra por las rocas
y detener al aire inmenso y triste
que lleva dalias y devuelve sombra!

El Elefante blanco está pensando
si te dará una espada o una rosa;
Java, llamas de acero y mano verde,
el mar de Chile, valses y coronas.

Niñita de Madrid, Malva Marina,
no quiero darte flor ni caracola;
ramo de sal y amor, celeste lumbre,
pongo pensando en ti sobre tu boca.

Gacela del mercado matutino

Por el arco de Elvira
quiero verte pasar,
para saber tu nombre
y ponerme a llorar.

¿Qué luna gris de las nueve
te desangró la mejilla?
¿Quién recoge tu semilla
de llamarada en la nieve?
¿Qué alfiler de cactus breve
asesina tu cristal?...

Por el arco de Elvira
voy a verte pasar,
para beber tus ojos
y ponerme a llorar.

¡Qué voz para mi castigo
levantas por el mercado!
¡Qué clavel enajenado
en los montones de trigo!
¡Qué lejos estoy contigo,
qué cerca cuando te vas!

Por el arco de Elvira
voy a verte pasar,
para sentir tus muslos
y ponerme a llorar.

Canción de cuna
para Mercedes muerta

Ya te vemos dormida.
Tu barca es de madera por la orilla.

Blanca princesa de nunca.
¡Duerme por la noche oscura!
Cuerpo de tierra y de nieve.
Duerme por el alba, ¡duerme!

Ya te alejas dormida.
¡Tu barca es bruma, sueño, por la orilla!

Índice de primeros versos